JN439920

파랑새가 머문 자국

_ 톡톡 튀는 손주와 허방지방

파랑새가 머문 자국

초판 1쇄 인쇄 | 2020년 05월 20일
지은이 | 한판암
펴낸이 | 이승훈
펴낸곳 | 해드림출판사
주 소 | 서울 영등포구 경인로82길 3-4(문래동1가 39)
센터플러스빌딩 1004호(07371)
전 화 | 02-2612-5552
팩 스 | 02-2688-5568
E-mail | jlee5059@hanmail.net

등록번호 제2013-000076
등록일자 2008년 9월 29일

ISBN 979-11-5634-404-9

톡톡 튀는 손주와 허방지방

파랑새가 머문 자국

반짝이는 파랑새와 허방지방 넘던 아리랑 고개

고희의 중반을 갓 넘어선 지금 손주 유진이는 꿈이고 희망이며 삶의 이유이다. 그런 파랑새를 중학교에 진학시키면서 더 높고 푸른 세상 찾아 훨훨 비상하도록 제 아비의 품으로 돌려 보내려 한다. 그런데 세상은 쏜 화살처럼 빠르다. 어쩌다가 생후 39일 되던 날 우리 내외의 품에 파고들었던 꿈돌이 도련님이었다. 그 날부터 열네 해째를 맞이한 여태까지 조부모의 품을 세상에서 가장 행복한 둥지로 여겨왔다. 조막만 하고 무던히도 여렸던 아기가 무럭무럭 자라 끌끌한 떠꺼머리총각 냄새를 물씬 풍기며 사춘기 고개를 어슬렁거리는 사내아이로 변모해 내달엔 중학에 진학할 참이다.

뼛속까지 아날로그 세대인 까닭에 손주의 성장 과정을 디지털 방식으로 담아서 전해 줄 재간이 없었다. 차선책으로 내가 비교적 자신이 있는 글로 기록하여 남겨주면 좋겠다고 판단했다. 이런 취지에서 영유아 시절과 유치원을 비롯해 초등학교 저학년 시절까지 함께 해왔던 세월의 앙금이나 흔적들을 글로 적바림하여 '8년의 숨가쁜 동행', '은발할아버지의 손주 양육기', '초딩 손주와 우당탕탕'이라는 3권의 책으로 출간했다. 그리고 이번에 초등학교 3학년 중반부터 중학교 진학을 코앞에 둔 시점까지 함께 겪고 느끼며 해왔던 일들을 정리한 글들을 차례로 줄 세워 4번째 책으

로 발간하기로 했다. 이들은 유년기와 초등학교 시절의 톡톡 튀는 손주와 지동지서하며 넘겼던 지난날의 애틋한 흔적들을 어렴풋하게나마 되새겨볼 증적이 되리라. 따라서 먼 훗날 우리 부부가 도맡았던 아이의 어린 시절을 생생하게 되살려 볼 자료가 될지도 모르겠다. 아울러 조선 시대 묵재(默齋) 이문건(李文楗) 선생이 남겼던 양아록(養兒錄) 엇비슷한 역할을 겸한다면 더 할 수 없이 좋을 터이지만 그것은 과분한 꿈일 게다.

딴에는 큰 의미를 담은 책이다. 우선 태어난 이후 여태까지 열네 해째 아이를 돌봐왔던 주체가 아내와 나였다. 하지만 중학교에 입학하면서부터는 모든 권한을 내려놓기로 했기 때문에 이번 책은 각별한 의미를 지닌다. 게다가 아이에 대한 글을 책으로 펴내는 작업은 여기서 중단하려 한다. 그 이유이다. 초등학교까지는 매사를 지켜보며 때로는 참견을 하거나 손잡고 인도해도 어색하지 않은 순수성을 간직했기에 시시콜콜 글로 남겨도 흠이 되지 않기 때문에 별로 무리가 없었다. 그러나 청소년기에 접어든 아이의 내밀한 부분까지 들춰내 글로 쓴다는 것은 은밀한 사삿일(privacy)을 엿보는 결례이거나 인격권 침해라는 함정이 도사리고 있다는 맥락에서 멈추려 한다.

성장 과정을 올곧게 투영하기 위한 바람직한 묘책을 생각한다. 최상의 방법은 순간순간의 일상을 빠짐없이 영상자료로 담아 두었다가 소용이 닿을 때마다 되돌려 보는 방법이리라. 하지만 내게는 그런 능력이 없다. 그래서 차선책으로 하루가 다르게 변하는 시기에 무엇을 느끼고 생각하며 어떤 경험을 했었는지 살피는 것은 상당한 의의를 가지리라. 이런 관점에서 초등학교 3학년 후반기부터 중학교 온라인 개학 무렵까지(2015. 09. 28~2020. 04. 17) 아이의 행동이나 경험을 지켜보거나 관심을 가지던 사안들에 대해 정리한 내용을 차례대로 뭉뚱그려 책으로 펴내려는 것이다. 이는 할아버지의 눈이라는 프리즘을 통해 비춰진 아이의 일상을 축약해 적바림한 또 다른 형태의 성장일기인 셈이다.

대상 기간에 써 두었던 글이 모두 일흔두 개의 작품인데 책으로 펴내는 원칙을 이렇게 정했다. 일정한 기간 아이가 성장하며 보였던 특징이나 관심을 비롯해 관심을 두었던 사안 따위를 발생한 차례대로 편집하기로 했다. 그런 이유에서 가장 오래전에 쓴 글부터 날짜순으로 차례로 나열해 놓고 무조건 12개 기준의 모둠으로 구분했다. 그들을 가름하기 위해 모둠의 이름은 차례대로 학교생활 엿보기, 유진이의 봄날 소묘, 고학년으로 진급하는 날, 이소를 위한 날갯짓, 오르고 또 오르다가, 초등의 마지막 방학 등으로 붙였다. 아울러 글의 전체를 상징하는 책의 얼굴에는 '파랑새가 머문 자국'이라고 새기기로 했다.

아이의 참모습에 분단장을 하거나 각색은 과감하게 배척했다. 따라서 전반적인 느낌은 건조하고 감칠맛 없이 뻣뻣할 게다. 하지만 아이가 성장하며 겪거나 깨우침에 근접한 관찰이 전하는 메시지에 나름대로 공감할 수 있지 않을까. 돌이켜 볼 때 지난 십 수년 동안 때 묻지 않은 동심의 파랑새와 넘던 풋풋한 아리랑 고개에서 허방지방 했던 순간들이 참다운 행복이었고 크나큰 보람이었다. 이제 사랑하는 손주에게서 한발 물러서서 드높고 광활한 세상을 거침없이 비상할 꿈돌이의 자태를 느긋하게 지켜보는 할아버지의 자리에 안차할 참이다.

경자년(庚子年) 양춘(陽春)

한관암

Ⅰ. 학교생활 엿보기 | 15

Ⅲ. 고학년으로 진급하는 날 | 125

Ⅳ. 이소를 위한 날갯짓 | 183

V. 오르고 또 오르다가 | 243

Ⅵ. 초등의 마지막 방학 | 295

Ⅰ. 학교생활 엿보기

풍성하게 여문 가을

어제 한가위엔 차례를 모신 뒤에 곧바로 동네 뒷산인 청량산을 찾았다. 여느 날과 달리 등산객이 드물어 한갓져서 정상에 갔다가 돌아오는 것으로는 미진했다. 그래서 오르던 길과 반대쪽의 산 아래 동네인 덕동 가까이 내려갔다가 되짚어 돌아왔다. 그 길섶 밤나무 밑엔 알밤이 발갛게 떨어져 주워 가지고 돌아와 헤아렸더니 마흔 톨 남짓했다.

올 한가위는 토요일부터 나흘 동안 휴무이다. 그 때문에 유진이도 느긋한 마음으로 연휴를 즐길 수 있어 다행이다. 이 연휴에 무언가 뜻깊은 경험을 시켜주고 싶었다. 그래서 한가위 전날인 토요일엔 새벽 5시에 유진이와 함께 등산을 했다. 너무 깜깜해 각각 손전등을 하나씩 거머쥐고 집을 나섰다. 그래도 멧돼지가 수시로 출몰하는 지역을 지날 때는 신문지 몇 장을 둘둘 말아 불을 붙여 횃불처럼 들고 걸으면서 아이의 두려움을 쫓으며 안심시켰다. 집에서 대충 5km 정도 되는 정상에 도착할 때까지 전등이 필요했다.

기왕에 나선 길이기에 손주에게 특별한 경험을 시켜주고 싶어 알밤을 줍자고 제안 했더니 흔쾌히 동의했다. 정상에 오르는 길의 반대편으로 얼추 2km 쯤을 내려가서 길옆에 단 한 그루뿐인 밤나무에 다다랐다. 첫 새벽이라 밤새 떨어진 밤송이가 즐비했다. 알밤을 주워 아람을 챙기는 일을 손주에게 맡기고 나는 옆으로 비켜서서 지켜봤다. 열심히 줍다가 힘에 부치는지 나에게 미루며 한쪽으로 물러섰다. 그럼에도 자기 생에서 최고의 즐거운 체험이라고 낄낄거리는 모습이 마냥 행복해 보였다.

어제 한가위 날은 혼자서 산에 다녀왔다. 그리고 오늘은 아침 식사를 마치고 여덟 시 반쯤에 유진이를 데리고 등산에 나섰다. 정상까지는 외길이기 때문에 어쩔 수 없이 늘 다니던 길을 걸으며 밤이나 도토리를 비롯해 다람쥐와 산새 얘기를 주고받았다. 하늘이 맑다거나 공기가 좋다고 주저리주저리 얘기를 늘어놨다. 그런가 하면 마산 시가지와 마산만을 내려다보며 신천지라도 발견한 듯 말도 많고 감격도 유난히 격했다.

등산을 나서며 손주에게 일렀다. 오늘의 백미는 정상에서 집과 반대쪽으로 내려가는 길이라고 일러주었다. 여태까지 유진이가 다녀보지 않은 미답(未踏)으로 한적하고 험한 길을 내려가며 구경하면서 굴밤을 줍기로 했다. 급한 비탈과 바위너설을 내려 올 때는 내가 한발 앞서서 손을 잡아 주며 천천히 걸었다. 그러다가 굴밤나무 밑에 이르러 굴밤을 주웠다. 굴밤이 흐드러지게 많이 떨어졌지만, 욕심을 낼 필요가 없어 조금 줍다가 중단했다.

매일 지나치며 산속을 들여다본 느낌이다. 올해는 태풍이나 장마 피해가 없어 모든 열매들이 흘러넘칠 만큼 실하게 영글어 가고 있었다. 자세히는 알 수 없지만 몇 번 들녘을 지나치며 봤던 모습은 풍년가를 불러도 무리가 없지 싶었다. 불과 60여 년 전만 해도 춘궁기의 보릿고개인 맥령기(麥嶺期)를 위해 빌렸던 장리쌀(長利米)[1]을 갚고 나면 가을걷이한 농민에게 남는 것은 쭉정벼 몇 가마가 전부인 경우가 다반사였다. 그 시절 고달팠던 처지를 더덜이 없이 기억하는 축이 얼마나 될까?

예로부터 "더도 말고 덜도 말고 한가위만 하여라"라는 말이 있다. 농업이 산업의 근간이던 시절 춘궁기를 견뎌내며 무더운 여름 힘겹게 가꾼 오곡백과가 풍요롭게 익어가는 추석 무렵에 느끼는 기쁨과 희열을 어느 무엇에 견주랴! 게다가 휘영청 밝은 한가위 보름달이 슈퍼 문(super moon)[2]이라면 한결 밝아진 달이 있어 더 행복했을 법하다.

유진이가 인적이 거의 없는 산길을 걸으며 지천으로 나뒹구는 도토리나 굴밤을 보면서 신기해서 연신 기성을 질러대며 방방 뛰었다. 그런 와중에 가끔 풀 섶에 피어난 하얀 색깔의 구절초와 보랏빛의 쑥부쟁이꽃의 냄새를 맡으며 국화 냄새가 나지 않는다며

---

1) 장리쌀(長利米) : 쌀을 꾸어 주고(보통 춘궁기에 꾸어줌), 되돌려 받을 때(가을걷이 뒤에 돌려받음)에는 한 해의 이자로 본디 곡식의 절반 이상을 받는 변리(邊利)를 말한다.

2) 슈퍼 문(super moon) : 달은 지구의 주위를 원에 가까운 타원형으로 공전한다. 이 과정에서 달이 지구에 가장 가까이 오는 경우가 있다. 이 때 달이 가장 크게 보이는데 이를 슈퍼 문이라고 한다. 원래 이 말은 1979년 점성술사인 Richard Nolle가 만든 단어라고 전해지고 있다. 한편, 천문학에서는 슈퍼 문이라는 용어를 사용하지 않는다. 천문학에서는 근지점(近地點, perigee : 달이나 인공위성 등이 궤도상에서 지구에 가장 가까워지는 지점)과 원지점(遠地點, apogee : 달이나 인공위성 등이 궤도상에서 지구와 가장 멀어지는 지점)으로 부른다. 한편, 달이 지구와 가장 멀어서(원지점) 가장 작게 보이는 경우를 미니 문(mini moon) 혹은 마이크로 문(micro moon)이라고 한다.

가짜라고 퇴박을 했다. 집에서 가꾸는 국화와 들국화가 사뭇 다름을 조곤조곤 설명을 해주었다. 하지만 제대로 받아들였는지 모르겠다. 그래도 아무도 돌보지 않는 산속에서 꽃이 핀 게 신기하다는 애기를 했다. 그 말을 들으며 그런 생각을 하는 자체가 기특하기도 했다.

도시에서 태어나 도시에서 자라는 유진이다. 가을의 의미를 되새기고 결실과 자연의 섭리를 올곧게 깨우쳐주고 싶다. 그런 연유에서 가을로 접어들면서 산으로 이끌며 자연의 이치를 눈으로 보고 손으로 만지면서 느껴 산지식을 쌓도록 돕고 있다. 이 때문에 이 가을엔 매주 빠짐없이 산이나 들녘으로 이끌며 변화를 지켜볼 요량이다. 하지만 사상누각에 될 개연성이 높은 큰 욕심은 접으련다. 이제 겨우 아홉 살인 유진이의 마음이나 눈으로 보는 세상은 가는 붓 대롱으로 하늘을 보는 관견(管見)[3]의 경지를 뛰어넘을 수 없음은 자명한 이치가 아니던가?

2015년 9월 28일 월요일

---

3) 관견(管見) : 가는 붓 대롱으로 하늘을 본다는 뜻으로 장자(莊子)의 추수편(秋水篇)에 나오는 말로서 가는 붓 대롱으로 보는 하늘은 좁기만 할 터이다.

3학년

유진이가 올해 열 살이 되었고 어느덧 3학년으로 진급했다. 오늘 삼월 초이틀이 개학일이다. 새 학년이 되어 첫 등교이기 때문에 지난해 말에 지급받았던 새 교과서를 몽땅 학교에 가지고 가야 했다. 학교의 개인 사물함에 넣어 두고 수업 시간마다 해당 교과서를 꺼내어 공부하기 위함이다. 아이가 무거운 책가방을 어깨에 멘 상태에서 손에는 열일곱 권의 책을 싼 무거운 보따리를 들고 비탈길과 가파른 계단을 올라가야 하는 등굣길은 무리가 따를 것 같았다. 그래서 책 보따리를 학교까지 들어다 주었다.

지난해까지는 국어, 수학, 통합교과, 창조적체험학습 등이 교과목의 전부였다. 그런데 올해 3학년이 되면서 교과목 수가 기하급수적으로 늘어났으며 교과서도 기절초풍을 할 정도로 많고 두꺼워졌다. 교과목은 국어, 수학, 과학, 사회, 도덕, 영어, 음악, 미술, 체육, 창조적체험학습 따위였다. 한편, 교과서로 국어(가), 국어(나), 국어활동(가), 국어활동(나), 수학, 수학 익힘책, 과학, 사회,

도덕, 한자, 한자 익힘책, 체육, 미술, 음악, 실험관찰, 사회과부도, 영어 등 17권이었다.

교과과정이나 교과목 그리고 교과내용은 해당 분야의 전문가들이 연구한 모델 중에서 가장 합리적이고 효율적인 안(案)을 선정했을 터이다. 따라서 가타부타 시비를 입찰할 계제가 아니다. 하지만 지난 겨울방학 동안 시간 여유가 생겨 그 교재들을 펼쳐 보면서 아이들이 학습하기 수월치 않아 보였다. 무심코 교재를 펼쳐보다가 불과 60여 년 전쯤 내가 초등학교 3학년에서 배웠던 촌스러웠던 교재를 돌이켜 회상해 봤다. 그 내용은 오늘의 그것에 비할 수 없이 초라하고 빈약했었다.

세상에 쉬운 일이 있을까! 여러 교과목의 교과서를 일견한 솔직한 느낌이다. 수학에서 도형을 상하좌우로 뒤집으며 변하는 내용을 유추하는 문제, 도형을 90, 180, 270, 360도로 회전시켰을 때의 변화를 살피는 문제 따위에서는 상당한 공간 인지능력을 요구했다. 국어와 사회 그리고 과학이 호락호락해 보이지 않았다. 게다가 책을 펼치는 순간 "國旗, 校旗" 등의 한자가 등장하는 한자 교과서와 익힘책이 경악케 했다.

내가 중학교에 입학해서 배우기 시작한 영어는 알파벳 26자 대소문자를 쓰고 읽기였다. 그런데 지금 초등학교 3학년 영어책은 그런 과정을 건너뛴 채 곧바로 첫 페이지부터 읽으며 해당 내용의 그림을 따라가면서 공부하도록 구성되어 있었다. 전래 동요라는데 지금까지 듣거나 보지 못한 노래가 빼곡하게 채워진 음악책을 비롯해서, 모든 교과서의 구석구석이 만만치 않았다. 하기야 명석한 요즘 아이들 수준과 학부모들의 뜨거운 교육열을 감안한다면 지나친 우려는 배중사영(杯中蛇影)[4]에 지나지 않을 주제 넘는 애먼 기우일지도 모른다.

과연 아이들이 사교육 없이 학교의 학업 진도를 따라 갈 수 있을까? 내 생각엔 불가능하지 싶다. 이런 까닭에 사교육에 매달릴 수밖에 도리가 없지 않을까! 요즘 초등학교 고학년들은 정규수업을 마치고 다양한 학원을 전전하는 경우가 숱하다. 이 경우 아이들의 생각은 콩밭에 있고 관심은 잿밥에 머무른다면 어떤 결과가 초래될까! 그 꿈은 사상누각보다도 허망하리라.

내가 사는 아파트에 손주와 동급생 어린이들이 상당히 많다. 그들은 하나 같이 학교의 방과 후 수업, 다양한 각종 학원이나 공부방, 태권도장 등을 순례한다. 그러다가 어두워진 뒤에 지친 모습으로 터덜터덜 귀가하는 경우가 흔하다. 이런 패턴이 얼마나 실력 향상에 덧셈효과가 있는지 따져보기 어려운 현실임에도 불구하고 그런 세태를 거스를 용기가 없다.

초등학교일지라도 저학년에서 고학년으로 가면서 학습 부담은 어쩔 수 없는 고질병 같은 문제이리라. 그 문제를 물이 흐르듯 순리에 맡겨야 현명한 결정일 것이다. 그에 못지않게 아이들이 육

---

4) 배중사영(杯中蛇影) : 후한(後漢) 말의 학자였던 응소(應劭)가 편찬한 풍속통의(風俗通義)와 진서(晉書)의 악광전(樂廣傳)에 나오는 이야기로서 직역하면 '술잔 속에 비친 뱀의 그림자'라는 뜻으로 '공연한 의혹으로 고심을 한다'는 범주의 내용에 비유적으로 사용되는 말이다.

체적이나 정신적으로 바르게 성장할 수 있도록 환경을 만들어주고 음양으로 돕는 게 무척 중요하다. 아이들이 맘껏 뛰놀고 상상하며 꿈을 꾸도록 만듦은 어른들의 중요한 의무이자 도리임을 망각하지 않았으면 좋겠다.

하루가 다르게 아이가 자라고 있다. 태어나서 달포 남짓 지나서부터 동거해왔다. 처음부터 녀석의 잠자리는 제 할머니와 나 사이였다. 다시 말하면 갓 태어난 영아 시절부터 나와 아내의 중간에 자리한 아이이다. 강보에 싸여 꼬물거리던 아이가 이제는 어엿한 도령티가 완연하다. 그런데 커가면서 험한 잠버릇으로 인해 가끔은 내 얼굴을 손으로 때리거나 다리를 내 몸 위에 올려놓아 아닌 밤중에 홍두깨 격으로 봉변을 당하기도 한다. 어려서부터 입때까지 손주가 잠자리에 들 때는 의무적으로 나도 함께 눕는다. 혼자서 쓸쓸할까봐 내 나름의 배려이다. 저녁에 할 일이 남았거나 피치 못할 경우는 손주가 잠든 뒤에 일어나 일을 마치고 다시 잠자리에 들기도 한다.

전에 없었던 버릇 중에 최근에 생긴 것들이다. 먼저 함께 잠자리에 누우면 자기가 잠들 때까지 할아버지가 잠들지 말고 지켜봐 달라는 주문이다. 그런 당부에도 불구하고 가끔 정신 차리기 어려울 정도로 잠이 밀려올 때면 기를 쓰고 버티려는 내 모습이 안쓰러워 쓴웃음이 나기도 한다. 또 다른 버릇은 잠자리에 들기만 하면 녹음테이프를 되돌리듯이 할아버지는 이 세상에서 누구를 제일 사랑하느냐는 물음에 "유진이지!"라는 대답을 듣고 안심하며 헤헤거리는 모습이 되레 곰살갑게 투영된다.

분명 꿈과 희망이 가득한 봄이 오는 길목이다. 새 학년이 되면서 훌쩍 자라나는 손주가 육체적이나 정신적으로 튼실하고 학교생활도 원만하게 해나가며 우람하고 씩씩한 어린이로 우뚝 섰으면 좋겠다. 이는 약동의 봄에 부르는 유일한 희망가이기도 하다.

2016년 3월 2일 수요일

학교생활 엿보기

선생님이라는 거울에 투영된 유진는 어떤 모습일지 무척 궁금하다. 유진이 학교생활의 민낯을 더덜이 없이 들여다보거나 엿볼거리는 무엇일까? 진솔한 실체를 온새미로 올곧게 확인하기 위해 졸졸 따라다니며 일일이 확인하거나 감시 카메라에 일상을 쓸어 담아 시시콜콜 채증(採證)할 수 없는 노릇이다. 그렇다고 주위의 친구들을 붙들고 깡그리 염탐을 해도 극히 주관적이고 단편적인 부스러기일 가능성 때문에 왜곡될 위험이 도사리고 있다. 이같은 맥락에서 담임선생님을 대면(face to face)하고 듣는 학부모면담이나 학업성취도를 평가한 통지표나 생활통지표를 바탕으로 한 분석이 가장 사실에 근접할 것이다.

유진이 학교에서는 매학기 초에 공식적인 학부모 면담을 한다. 그 방법도 디지털 시대에 걸맞게 전화 면담, 전자우편(e-mail) 면담, 대면 면담 등의 3가지 방법 중에 하나를 학부모가 택하여 응하도록 배려하고 있다. 뼛속까지 아날로그 시대 사람인 나는 나름대로 예를 갖춘다는 뜻에서 줄기차게 대면 면담을 고집하고 있다.

선생님이 백발의 할아버지를 안심시키려는 걸까. 교과학습을 위시하여 모든 활동이나 교우관계가 원만하다는 얘기다. 따라서 빗나가거나 해이하지 않도록 지속적으로 애정을 쏟는다면 특별한 문제가 없으리라는 조심스런 전망을 곧이곧대로 믿기로 했다.

2학년 2학기에는 학업성취도평가 통지표를 두 번 집으로 보내 참고토록 했다. 그들은 죄다 국어와 수학을 평가하여 정해진 기준에 의거하여 정리한 것으로 평가 결과는 성취기준별 성취수준에 따라 "상(80% 이상)·중(60% 이상~80% 미만)·하(60% 미만)"로 나타냈다. 이 평가는 문자 그대로 수준을 어림짐작할 수 있을 따름이었다.

1차 학업성취도평가 통지표(2015년 11월 6일) 내용 요약이다. 먼저 국어 과목은 "읽기, 쓰기, 문학, 문법" 등의 네 영역으로 나누어 6개 항목으로 구분해 평가한 결과에서 5개 항목은 '상'으로 평가되었다. 그러나 "글의 분위기를 살려 글을 읽는 방법을 알 수 있다."라는 항목은 '중'이었다. 한편, 수학 과목은 "수와 연산"이라는 영역에 대한 평가로써 4개의 항목으로 나누어졌다. 그중에 3개 항목은 '상'이고, 나머지 한 항목인 "10,000까지 수의 계열을 이해하고 4자리 수의 크기를 비교할 수 있다."는 '하'로 평가되었다. 평소 유진이가 4자리 수의 덧셈이나 뺄셈은 자유자재로 한다. 그런데 비해서 낮은 평가 결과가 나타났다는 사실은 의외의 결과로 당혹스러웠다. 그렇다고 평가 결과를 부정하며 공연히 옹호하거나 딴죽을 걸며 시비를 입찰하는 것이 아니다.

2차 학업성취도평가 통지표(2015년 12월 18일) 내용의 대강이다. 역시 평가 과목은 국어와 수학이다. 우선 국어의 경우 "문학, 문학, 쓰기, 문학, 쓰기" 등의 5영역으로 나누어 5개 항목으로 나누어 평가했는데 모두 '상'으로 평가되었다. 한편, 수학은 "측정, 확률과 통계" 등의 2영역으로 구분하여 4항목으로 구분해 모두 '상'으로 평가되었다.

한 학년을 마감하며 학교에서 보내온 생활통지표(2016년 2월 18일) 요약이다. 통지표를 대하는 순간 권위주의 냄새나 흔적을 깡그리 지워버림으로써 일종의 통지문을 빼닮아서 맘에 들었다.

생활통지표는 A4용지 2장으로 되어있었다. 첫 장은 문서의 격식을 갖추기 위한 내용으로 문서 명칭인 생활통지표라는 표기, 교장 선생님 인사말, 발행일, 기관장 표기 따위의 내용으로 구성되었다. 과거엔 ○○초등학교장이라는 글자 뒤에 의례적으로 날인하던 붉은 색깔인 관인의 인흔(印痕)이 보이지 않음으로써 딱딱하지 않아 정감이 가고 구미가 당겼다.

두 번째 장이 진정한 의미에서 생활통지표였다. 전체적으로 기본학적사항, 학기말 종합의견, 출결상황, 창의적체험활동상황, 행동특성 및 종합의견, 서류의 형식 요건을 기재한 부문 따위의 6개 영역으로 나누어졌다. 이들 각 영역 해당란에 담임선생님이 컴퓨터에 서술문으로 입력한 내용을 프린트한 것이다. 이는 지난 시절의 공식문서에 견주면 파격적인 형태의 문서였다.

첫째로 기본학적사항에는 학생의 학년과 반을 비롯해 번호와 성명 그리고 담임선생님 성함과 결재인이 적혀있다.

둘째로 학기말 종합의견에는 교과목 국어, 수학, 바른생활, 슬기로운생활, 즐거운생활 등으로 나누어 각 과목마다 선생님이 학기말 종합의견을 상세히 기재하고 있었다. 예를 들면 국어 과목에 대해 선생님이 기술한 내용을 첨삭 없이 옮기면 이랬다. "자신이 주변에서 다른 사람에게 부탁할 일을 찾으며, 이를 바탕으로 하여 알맞은 까닭을 들어 부탁하는 글로 쓰고 그림을 보고 그 내용을 바른 문장으로 표현하는 능력이 우수함" 한편, 수학 교과목에 기재된 내용이다. "통계적 사실을 확인하여 표와 그래프를 잘 해석하고 수학과 관련된 문제 상황을 이해하는 능력이 뛰어남" 기타 교과목의 학기말 종합의견 내용도 이들과 흡사한 형태로 기술되어 있었다.

셋째로 출결상황의 주요 내용은 이랬다. 총 수업일수가 192일인데, 유진이는 질병(감기)으로 1일 결석했고, 지각과 조퇴를 했던 적이 없다는 사실을 알 수 있게 표기되어 있었다.

넷째로 창의적체험활동 상황부문은 자율활동(66시간), 동아리활동(37시간), 봉사활동(10시간), 진로활동(6시간) 등의 4개 영역으로 나누고 그 참여시간을 표기한 다음에 영역별로 특기사항을 상세하게 기록되어 있었다. 이들 영역 중에서 자율활동에 대한 내용이다. "기본생활습관이 바르게 형성되어 있어 학급 규칙을 잘 지키고 친구와 친밀한 관계를 유지함. 복도와 계단에서의 통행방법을 알고 바르게 실천함" 한편, 동아리활동 영역에 대한 기재내용이다. "진해해양공원 현장체험학습(2015. 09. 22)에 적극적으로 참여하여 열심히 관찰하는 태도가 좋음. 우정등산(2015. 10. 06)에 친구들과 어울려 자연을 감상하고 여러 가지 게임을 하며 우정을 쌓음. 신월축제(2015. 11. 20)에서 다양한 동작을 열심히 따라 하며 음악에 맞춰 즐겁게 표현함, 교내 쓰레기 줍기 및 청결활동에 열심히 참여함".

다섯째로 행동특성 및 종합의견란의 내용이다. "국어과 학습에서 문장 이해력이 좋으며 다양한 자료들을 체계적으로 분류정리를 잘하고 모든 일에 자신감이 있어 능동적으로 참여함. 수업에 임하는 태도가 매우 진지하고 발표를 잘하며 자신의 의견을 꾸준히 제시할 줄 아는 야무진 학생임. (규칙준수)성실하고 책임감이 강하여 주어진 일에 최선을 다해 신뢰감을 줌".

여섯째로 마지막에 서류의 형식을 갖추기 위해서 학교 이름을 명기하고, 학생의 반과 번호 그리고 성명을 명시하고 있었다.

금쪽같은 내 손주이다. 하지만 남달리 뛰어난 영특한 구석이 돋보이거나 특출한 재능을 지니지 못한 평범한 아이다. 따라서 '하나를 들으면 열을 안다'를 뜻하는 문일지십(聞一知十)의 경지는 언감생심이다. 그런 까닭에 지나친 기대나 무모한 욕심의 노예로 전락해 그리는 허황된 꿈은 애당초 접기로 했다. 그런 맥락에서 밝고 맑은 영혼을 바탕으로 건강하게 무럭무럭 자라길 바란다. 아울러 학교생활 역시 친구들과 잘 어울리며 어깨를 나란히 한다면 더 바랄게 없을뿐더러 고맙고 축복으로 여기련다.

2016년 2월 20일 토요일

수영과 배드민턴

아이들이 건강하게 뛰노는 것만이 전부가 아닌 모양이다. 호불호를 막론하고 성장하는 과정에서 도전해야 할 과제가 지나칠 정도로 많다. 어제 아내는 유진이가 끈질기게 졸라대던 배드민턴 라켓과 셔틀콕(shuttlecock)을 사 왔다. 사실 배드민턴 교육을 겨냥해 계획적으로 구입이 아니고 집요한 유진이의 요청을 못 이기는 척하고 들어주었을 따름이다. 3학년으로 진급하는 개학일인 수요일에 학교를 다녀와서 뜬금없이 배드민턴 라켓과 셔틀콕을 읊어댔다. 무슨 연유인지 차근차근 캐물었다. 2학년 때 같은 반이었던 친구와 오늘(토요일) 학교 운동장에서 배드민턴을 치기로 약속했단다.

여태까지 유진이에게 필요할 것으로 판단되는 운동은 나름대로 성장단계를 고려하여 적당한 시기를 택해 시켜왔다. 맨 먼저 어린이집을 다닐 때부터 세발자전거를 타거나 공원이나 숲을 찾아 산책을 비롯해 각종 곤충과 동식물의 관찰토록 이끌었다. 그리고 두발자전거, 태권도, 씽씽카, 줄넘기, 훌라후프, 인라인스케이트, 피구, 등산 등의 운동을 연이어 익히도록 이끌고 있다. 그중에서도 태권도는 4년째 계속하고 있으며 현재 공인 1품이다. 한편, 입때까지 등산은 아파트 뒤에 있는 왕복 12km 남짓한 청량산 정상을 73번이나 등정했다. 이런 단련 때문인지 비교적 운동신경이 골고루 발달했고 또래들에 비해 몸놀림이 날래고 다부지며 당차서 활달한 성격으로 보인다.

수영은 체계적으로 배울 기회를 제공하고 싶었다. 하지만 혼자서 수영장을 오갈 수 없이 먼 거리인데다가 방학에 개설하는 수영장의 강습시간을 맞추기 어려워 미적거렸다. 그런데 지난해 10월경 태권도장에서 몇 차례 수영교실을 개설해 참여시켰었다. 그 뒤에 지난 겨울방학에 할머니를 따라 매주 토요일마다 수영을 해왔다. 그래서 이제 겨우 입수할 정도에 이르러 킥(kick) 판에 의존하여 자유영을 익혀가고 있다. 거의 30년 동안 수영을 해온 할머니 말에 따르면 비교적 잘하는 편이며 소질이 있어 보인다고 했다. 앞으로도 가끔 수영장에 보내다가 마땅한 기회가 닿으면 전문가에게 체계적인 훈련을 받도록 할 요량이다.

주위에서 배드민턴을 치는 모습을 흔히 볼 수 있다. 그럼에도 불구하고 여태까지 배울 기회를 만들어 주려는 생각을 하지 않았었다. 그 연유는 어디에서 비롯된 걸까! 어쭙잖은 내 체험이 그렇게 만들었다. 지난날 어느 누구의 가르침 없이 남들이 치는 모습을 어깨너머로 넘겨다보며 터득한 알량한 지식을 바탕으로 얼렁뚱땅 배드민턴 라켓을 잡았던 체험 얘기이다.

라켓을 손에 쥐기 시작했기 때문에 아마도 올봄 유진의 가장 핵심적인 운동은 배드민턴이 될 가능성이 높다. 왜냐하면 여태까지 새로운 종목의 운동에 빠져들기 시작하면 적어도 한 학기 정도 진한 사랑땜을 한 뒤에 시들해지는 경향을 보여 왔다. 하여튼 또 하나의 운동에 몰입하면서 심신을 갈고 닦는 것은 성장과 건강에 유익할 것이기에 기쁜 마음으로 응원하며 묵묵히 지켜볼 참이다.

오늘 토요일은 제 친구와 만나 배드민턴을 치기로 약속되어 있었다. 그런데 비가 내려 꿈을 접어야 했다. 꿩 대신 닭이라고 했던가! 예기치 못한 날씨의 심술로 배드민턴의 꿈을 접은 채 아침부터 서둘러 채비를 하고 할머니와 나들이를 했다.

먼저 단골 미용실에 가서 이발을 하고 곧바로 수영을 할 계획이란다. 그 뒤에 할머니 친구인 펄(pearl) 여사를 만난다며 룰루랄라 콧노래를 흥얼대면서 집을 나섰다. 이발을 하고 수영을 하는 것도 벅찬 기쁨인데 게다가 개학을 했다고 맛있는 점심을 사주겠다는 펄 여사와 특별한 약속으로 기분이 엄청 좋은가 보다. 기왕이면 곁다리일지라도 나도 덤으로 끼워 넣어 주었다면 사양하지 않으련만 유감이다. 토요일 낮인데 나는 아무도 찾아주지 않는 외톨이다.

2016년 3월 6일 토요일

감동과 당혹

"할아버지가 뇌졸중으로 죽으면 나도 따라 자살할 거야!"

예상치 못한 마른하늘의 날벼락을 온새미로 얻어맞은 격이었다. 어젯밤의 일이다. 잠자리에서 자기가 잠들 때까지 지켜보라고 주문하면서 유진이가 무심코 내뱉은 말이다. 순간 어처구니가 없고 무언가 미심쩍어 곧바로 물었다.

"너! 지금 뭐라고 말했니?"

놀랍게도 조금 전의 말과 똑같은 대답이 곧바로 튀어나왔다. 아마도 며칠 전(7일) 내가 정신을 잃고 여섯 시간 정도 혼란에 빠져 종잡을 수 없는 언행을 지속하던 모습을 지켜보며 충격을 크게 받았던가 보다. 그 이후 내가 병원에 가서 검사를 받고 올 때마다 되풀이해서 묻는 질문의 유형들이다.

"할아버지! 오늘은 기억이 정상이야?",
"병원에서 뭐라고 했어?",
"할아버지! 약은 먹었어?"

따위가 으레 건네는 질문인 동시에 인사이다. 유진의 물음에 내 대답은 대략 이렇다.

"정상으로 아무런 문제가 없단다."
"조금도 걱정할 필요가 없다."

라고 이르지만 긴가민가해서 믿을 수 없다는 표정이 또렷하다. 어제도 병원에 예약한 검사가 있었다. 그래서 학교에서 돌아와 학원에 가는데 필요한 준비물을 챙겨 줄 수 없어 아침 등굣길에 그 사실을 주지시켰다. 그 때문에 걱정이 되었던지 학원에 다녀와 태권도장에 가려고 도복을 갈아입으며 물었다.

"아프지 않아?"
"입원해야 하는 게 아니야?"

라고 말이다. 어제는 지난번 기억 단절사고 같은 뇌졸중 전조증상의 원인을 규명하기 위해 신경초음파검사와 심장초음파검사를 위해 병원에 갔을 뿐이다. 그래서 주치의도 만나지 않고 왔는데 딴에는 적잖은 걱정을 했었던 모양이다. 지금 지극히 정상이다. 그런데 열 살배기 눈에는 몹시 위태롭다고 느끼며 심정적으로 크게 불안한가 보다. 툭하면 내게 하는 말이다.

"할아버지! 오래 살아야 돼?"
"나는 할아버지가 이 세상에서 가장 좋단 말이야!"

와 같은 립 서비스(lip service)를 해댄다. 그렇게 나를 위로하려는 꼴이 갸륵하기도 하고 한편으로는 그렇게 사랑스러울 수 없다.

유진이의 맘을 충분히 이해한다. 가정에서 나를 절대적인 존재로 여기며 의지한다는 사실 말이다. 하지만 어떤 경우에도 "자살을 할 거야"라는 식의 극단적인 표현을 함부로 하는 것은 나쁘다는 사실을 깨닫도록 타일렀다. 동시에 나를 많이 사랑해 주어 고맙다고 말하면서 손을 꼭 쥐고 잠들 때까지 지켜봤다.

갑자기(7일) 블랙아웃 상태에 빠져 있다가 정신을 되찾았다. 그리고 다음 날(8일) 병원에 가서 전문의 진찰을 받고 그다음 날(9일) 혈액검사와 심전도검사를 받았다. 병증이 나타나고 나흘째 되던 날(10일)에 다시 병원에 가서 MRI검사와 뇌파검사를 받았다. 그 결과에 따라 뇌졸중이 지나간 흔적이 발견되어 2주일 가까이 복용할 약을 처방받아 왔다. 그런데 정확한 원인 규명을 위해 신경초음파검사와 심장초음파검사를 14일로 예약했었다. 이에 따라 어제(14일) 병원에서 두 가지 검사를 받고 돌아와 다가오는 22일 주치의에게 재진료를 받도록 예약해 두었다.

어제의 잠자리에서 일화이다. 낮에 검사를 할 때 담당 기사가 숨을 크게 들이마시고 한참을 참았다가 단번에 내뱉으라는 주문을 되풀이했던 일이 생각났다. 그래서 무심결에 숨을 크게 들이 마셨다가 한참 뒤에 "후~"하고 내쉬었다. 그런데 옆에 누웠던 유진에게는 커다란 한숨을 쉬는 것으로 들렸던 모양이다.

"할아버지! 뭐가 그리 걱정이 돼서 한숨을 쉬는 거야?"

라고 물었다. 전혀 그런 의미가 아니었는데 말이다. 자라 보고 놀란 가슴 솥뚜껑 보고 놀란다고 했던가? 유진이가 그런 의미로 받아들였던 것으로 생각되어 서둘러 자초지종을 차근차근 설명했다. 조용히 내 말을 듣고 나서

"에이! 할아버지, 놀랐잖아!"

라면서 안도하는 꼬마 도령을 물끄러미 넘겨다보면서 무척 행복하다는 생각이 듦과 동시에 마냥 흐뭇했다. 그 때문에 내 얼굴에는 백치아다다[5)]를 닮은 미소가 끝없이 밀려왔을 게다.

2016년 3월 15일 화요일

5) 백치아다다 : 1935년에 발표한 계용묵(桂鎔默)의 단편 소설로서 백치 여주인공을 내세워 황금만능의 세태를 비판한 작품이다.

봄과 산채

올해 열 살에 이른 유진이가 봄에 무척 민감하다. 신기하게도 아이가 감지하는 봄의 전령사는 밥상에 오르는 푸성귀이다. 실제 계절의 봄보다 한발 앞서 밥상에 오르기 마련인 냉이나 달래와 쑥 따위를 발견하면 곧바로 산에 가서 산채(山菜)를 뜯자며 떼를 쓴다. 그들 봄의 전령사 대부분은 따뜻한 하우스에서 재배되었다. 그런 사실을 제대로 깨우치지 못해 막무가내로 산과 들로 그들을 찾아 나서자며 뻗댄다.

훈풍이 바다를 건너 밀려오기 시작하면 기세등등했던 동장군이 비실비실 비척걸음으로 북녘을 향해 꽁무니를 뺀다. 그즈음이면 냉이와 달래를 비롯해서 쑥과 하우스에서 재배한 취나물 따위가 밥상에 자주 얼굴을 들이밀며 넌지시 귀띔해준다. 봄이 가까이 다가왔다고. 하지만 점령군처럼 불쑥 찾아들어 삐걱대던 건강 이상 신호를 버텨내지 못하고 병원을 뻔질나게 드나들면서 편치 않아 끌탕을 쳐야 했다. 그 때문에 매일 일과처럼 나서던 등산을 얼추 보름 가까이 끊었다가 며칠 전부터 다시 시작했다.

건강 이상 신호에 반기를 들며 피할 처지가 못 돼 우거지상을 한 채 병원을 오가던 길목에서 봄의 자취를 멀찍이서 지켜봤다. 저만큼 건너다보이는 비탈진 과수원 울타리를 하얗게 수놓던 매화나 백목련을 비롯해 개나리의 샛노란 모습에서 어렴풋이 봄을 어림했다. 하지만 그사이 산에는 생강나무꽃이 폈다가 지고 진달래가 만개하여 화사한 꽃의 향연을 펼치고 있었다.

유진이에게 진달래의 흐드러진 자태와 아름다움을 확인시켜주고 싶었다. 매주 할머니와 수영을 하는 계획 때문에 일정을 조정해야 했다. 지난 토요일(3월 26일)이었다. 수영장 대신 청량산 진달래가 펼치는 산뜻한 향연의 현장으로 이끌었다. 산의 초입부터 온통 붉은색으로 치장한 모습에 넋을 잃고 동화되었다. 그런 때문이었을까? 진달래 꽃잎을 한 움큼씩 따서 내 입에 넣어주며 먹으라고 했다. 독성이 없을뿐더러 먹어도 아무런 문제가 없다는 생각에서 주는 대로 받아먹다 보니 꽤 먹었다. 그렇지만 혹여 배탈이 날까 봐 적당한 선에서 내치지 않을 수 없었다.

진달래꽃에 취하여 흥얼대다가 양지 녘에 일찍 잎이 돋아난 홑잎을 발견하고 불현듯 지난해의 경험이 떠올랐던가 보다. 한사코 오늘 홑잎 나물을 따다가 반찬으로 해 먹자고 졸라댔다. 아직 잎이 덜 피어 따기 어려운데도 주장을 굽히지 않아 쪼끔 난감했다.

원래 홑잎나무는 화살나무라고도 한다. 나무 모양이 화살처럼 특이하게 생겨 귀신을 쫓을 수 있다는 생각에서 귀신을 쏘는 화살인 귀전우(鬼箭羽)나 신전목(神箭木)이라고도 부른다.

된비알 비탈길을 두세 개 지나서 산꼭대기를 따라 뚫린 능선 길을 걷고 또 걸어 청량산 정상을 밟았다. 여기서 잠깐 숨을 고르고 곧바로 덕동 방향으로 능선을 따라 터덜터덜 10여 분 걸어가면 홑잎나무가 군락을 이룬 텃밭 같은 자생지가 있다. 그곳에 도착하여 홑잎이 돋아난 상황을 살폈다. 오호통재라! 극히 일부를 제외하곤 적어도 일주일 이상 기다려야 잎을 딸 형편이었다. 그럼에도 불구하고 유진이의 끈질긴 채근을 매정하게 내칠 상황이 아니라서 조금이라도 따보기로 작정하고 홑잎나무로 다가갔다.

겨우 손톱 길이만 한 홑잎 새순을 열심히 땄어도 너무 작아 성에 차지 않았다. 얼추 삼사십 분가량 나무에 매달렸는데도 어른이 거머쥐면 한 주먹 남짓할 정도였다. 이 정도 양이면 데쳐서 무쳐도 유진이 혼자서 두세 번 먹지 싶어 욕심부리지 않고 끝내는 것으로 타협했다. 그래도 미련이 남는지 다음에 또 와서 따겠다는 다부진 결기를 피력했다.

아이들도 커가면서 점점 바빠지게 마련인가 보다. 매주 토요일엔 할머니를 따라가서 수영을 배우고 있어 그날 다른 일을 하려면 일정 조정이 녹록치 않다. 그런데 다음 토요일(4월 2일)은 태권도장에서 딸기농장 체험학습에 참가하려고 신청한 때문에 수영을 포기해야 할 형편이다. 그런 연유에서 주말에 등산 한 번 하려고 아귀 맞추기가 여간 어려운게 아니다. 빡빡한 일정을 매구같이 꿰고 있던 유진이가 다음 주에는 일요일(4월 3일)에 와서 홑잎 나물을 따자는 묘안을 제시하는 수완을 보였다[6].

몇 년 전부터 이른 봄이면 들녘에 나가 쑥을 뜯는 체험을 해왔었다. 그렇지만 산에 가서 산나물을 캐거나 따는 체험은 지난해 봄이 처음이었다. 그런데 유진이는 산채 중에서 유독 홑잎 나물을 특히 선호하는 식도락가이다. 지난 토요일 겨우 한 주먹 남짓한 홑잎을 땄을 뿐이다. 그런데 천하를 얻은 개선장군이 부럽지 않은 눈치였다. 그러면서 자기는 홑잎 나물을 직접 따다가 먹을 수 있어 이 세상에서 가장 행복한 아이라는 과장된 말에 어이가 없었다.

둘이서 힘들여 딴 홑잎이었음에도 양이 너무도 형편없이 적었고 초라했다. 그래도 할머니가 꼼꼼하게 다듬어 끓는 물에 데쳐 정성스럽게 무쳐서 유진이한테만 진상했다. 그 홑잎 나물에 감격하는 모양새가 이채롭다. 어린아이가 약간 씁쓰레한 산채에 푹 빠진 애호가로 변신한 속내를 가늠해 볼 재간이 없을 뿐 아니라 천연기념물 같이 희귀한 존재로 여겨져 마냥 신기하다.

2016년 3월 28일 월요일

---

6) 4월 3일 : 서둘러 아침 식사를 마치고 유진이와 등산복을 차려입고 아파트를 나서려 할 때 갑자기 쏟아지는 빗줄기로 등산이 불가능했다.

테스트에 나타난 현상 분석

왜 찬찬하지 못할까. 유진이가 지난주에 학교에서 실시한 국어와 수학의 간이 테스트 결과를 가지고 왔다. 3학년에 진급하여 첫째 주와 둘째 주에 배웠던 내용의 주요 핵심에 대하여 점검해 본 결과로 추정되었다. 관심이 끌려 바인더에 들어있는 시험지를 슬쩍 펼쳐보다가 소스라치게 놀랐다. 하기야 '하나를 듣고 열 가지를 미루어 안다'는 뜻의 문일지십(聞一知十)[7]일 정도로 뛰어나거나 영재가 아니기에 그다지 호들갑을 떨어야 할 이유가 없다.

전체적으로 어려운 문제는 하나도 오답이 없었다. 그에 비해 가장 기초적인 문제에서 틀리는 기현상이 나타났다. 이는 어디에서 연유할까? 유진이의 버릇에서 그 실마리를 찾을 수 있지 싶다. 지금까지 귀에 딱지가 앉을 만큼 되풀이시켰음에도 아직도 고치지 못한 고질병 같은 현상이 틀림없다.

---

7) 문일지십(聞一知十) : 논어(論語)의 공야장편(公冶長篇)에서 유래한 말이다.

평소 학습과정을 살펴보면 버려야 할 습관이 하나 있다. 정신을 집중하여 내용을 정확히 파악하지 않고 얼렁뚱땅 답을 고르는 습성을 이르는 얘기이다. 하기야 이는 심리적 희망사항을 객관적인 사실로 착각하는 것인지도 모른다. 하여튼 지난 2학년 초에도 똑같은 현상이 나타나 되풀이해서 조언을 했더니 바로잡혔었다. 그런데 올해 또 그 증상이 되살아날 조짐이다. 어찌하면 좋을지! 반드시 바로 잡아야 할 고질병 같은 병증이다.

수학에서 나타난 현상의 원인 유추이다. 수학의 1번 문제는 틀린 2번 문제와 똑같은 유형의 덧셈임에도 불구하고 바르게 풀었다. 그렇다면 2번도 맞아야 하는데 왜 틀렸는지 그 원인을 규명할 길이 막막하기 짝이 없다. 똑같은 문제를 위에서는 바르게 정답을 썼고, 뒤에서는 틀렸다는 점을 어떻게 설명해야 할까? 당황스럽다. 실제 2번 문제 내용이다.

2. □안에 알맞은 수를 써넣으시오.

726 + 222

= 700 + 200 + 26 + □

= 900 + 26 + □

= 900 + □ = □

한편, 수학의 14번 문제는 전체 20문제 중에 가장 쉬운 문제이다.

14. 두 수의 차를 구하시오

[383 864]

답 : (   )

다른 뺄셈 문제는 이 문제보다 훨씬 어려웠다. 그럼에도 가장 기본적인 문제를 틀린 이유는 주의력 부족 때문이 아닐까. 문제의 정답은 "481"인데 "471"이라고 답을 썼다. 이를 바탕으로 유추할 때 틀린 이유는 다음과 같다. 10단위를 계산하는 과정에서 "16 - 8 = 7"로 착오를 일으켰던 것으로 여겨진다.

국어에서 3문제가 틀렸다. 이는 문제를 정확하게 읽지 않고 대충 읽음으로써 출제 의도와 다른 답을 쓴 경우와 주어진 지문을 확인하지 않고 얼렁뚱땅 답을 기재함으로써 발생한 어처구니없는 오답이 틀림없다.

- **다음 시를 읽고 물음에 답하시오(5~7).**

(가) 바위 틈새 속에서
쉬지 않고 송송송.
(나) 맑은 물이 고여선
넘쳐흘러 졸졸졸.

(다) 푸고푸고 다 퍼도
끊임없이 송송송.
(라) 푸다 말고 놔두면
다시 고여 졸졸졸.

---

5. 이 시를 읽고 다음과 같이 말하였습니다. (가)~(라) 중 어느 부분에 어울리는 느낌인지 모두 기호를 찾아 쓰시오.

===

"멈추지 않고 계속 솟아오르는 모습에서 활기찬 느낌이 들어."

===

답(　　　　　)

국어의 5번 문제에서 "**모두**"라는 전제를 정확히 읽지 않아 "(가)"라고 하나만 썼기 때문에 틀렸다. "(가), (나)"로 두 개의 정답을 써야 하는데 말이다.

국어 16번 문제 역시 문제에서 "**않은**"이라는 말을 제대로 읽지 않았던 때문에 "알맞은 방법"이라고 이해했던 것 같다. 그래서 주어진 다섯 개 전부를 꼼꼼하게 읽어보지 않고 정답을 "①"이라고 쓰고 넘어갔다고 했다. 아마도 문제를 정확하게 읽었다면 원래의 정답인 "⑤"를 정확히 고르지 않았을까 싶었다. 왜냐하면 며칠 전 거의 유사한 문제를 참고서를 보면서 자세히 설명했던 적이 있다는 이유에서 하는 이야기이다.

16. 이야기를 실감나게 읽는 방법으로 알맞지 않은 것은 어느 것입니까?

① 이야기에서 인물의 상황을 알아본다.
② 이야기에 나타난 인물의 마음을 이해해 본다.
③ 인물의 말과 행동에 어울리는 목소리로 읽는다.
④ 인물의 마음을 나타낼 수 있는 표정과 몸짓을 한다.
⑤ 인물의 감정을 살려 끝까지 정확하고 또박또박한 목소리로 읽는다.

국어 18번 문제에 대한 예시 지문은 홀수 페이지에 인쇄되어 있었다. 그리고 문제는 짝수 페이지인 뒷면에 인쇄되어 있다. 그런데 문제를 읽고 지문을 다시 한 번 확인하지 않은 채 자기 머릿속에 기억된 부정확한 정보를 바탕으로 답을 썼음이 자명하다. 지문을 다시 읽어보면 18번 문제에서 "ⓐ 심술궂은 도깨비의 짓이로구나"는 "③ 농부의 밭에 돌을 가져다 놓았다"를 지칭함을 곧바로 이해할 수 있다. 그런데 유진이가 정답으로 고른 "⑤ 농부의 밭에 쇠똥과 거름을 가져다 놓았다"라는 내용은 예시된 지문의 맨 마지막에 나오기 때문에 정답과 관계가 없음을 쉽게 알 수 있다. 본인에게 자세히 확인한 결과 내가 유추한 그대로 라고 대답을 했다. 하도 어처구니가 없어 허허 웃을 수밖에 없었다.

• **다음 글을 읽고 물음에 답하시오(17~20).**

이튿날, 밭에 갔던 농부가 깜짝 놀랐지. 어제 하루 종일 힘들게 골라낸 돌들이 다시 밭으로 들어와 있는 것이 아니겠어?
'이건 틀림없이 ⓐ 심술궂은 도깨비의 짓이로구나. 그렇다면................'

---

18. ⓐ가 가리키는 것은 무엇입니까?

① 농부의 아내를 혼내 주었다.
② 농부의 밭에서 펄쩍펄쩍 뛰었다.
③ 농부의 밭에 돌을 가져다 놓았다.
④ 농부의 앞에서 큰 소리로 울며 투덜거렸다.
⑤ 농부의 밭에 쇠똥과 거름을 가져다 놓았다.

애초부터 도저히 이해할 수 없는 수준이거나 배우지 않은 내용을 틀렸을 경우는 불가항력에 가깝기 때문에 탓하거나 시시비비를 따질 바가 아니다. 하지만 집중력이나 주의력 부족으로 발생했거나 문제를 정확히 읽지 않고 얼렁뚱땅 대충 지나치는 성격 때문이라면 반드시 바로 잡아야 한다. 만일 그런 대응이 버릇처럼 굳어지면 도저히 바로잡기 어려운 고질병 이상의 골칫거리로 굳어질 소지가 다분하기 때문이다.

이런 맥락에서 간이 테스트 결과를 일일이 짚어가며 바로잡아야 함을 강조하며 타일렀다. 앞으로 같은 실수를 되풀이되지 않기를 바라면서 말이다. 아울러 이런 실수가 비 온 뒤에 땅이 굳어지듯이 되레 약이 되었으면 좋으련만. 하여튼 이 기회를 통해서 백신(vaccine)을 충분히 접종한 격이기 때문에 앞으로 반듯하게 바로 잡혔으면 좋겠다.

2016년 3월 30일 수요일

실패한 진달래 차

뻔히 예측된 결과였을 게다. 애석하게도 유진이가 겨냥했던 진달래 차는 뚜렷한 특징은 고사하고 밍밍하며 매가리가 없어 참담한 실패작으로 막을 내렸다. 지난 토요일(3월 26일) 청량산 등정 때 일이다. 정상의 등정을 마치고 집으로 돌아오는 길에 산비탈에 흐드러지게 핀 진달래꽃을 따다가 차를 만들어 보겠다며 생뚱맞은 제안을 했다.

등산길 초입부터 흐드러지게 핀 진달래에 취해 환호하며 꽃잎을 따서 내 입에 자꾸 넣어 주었다. 독성이나 부작용이 없어 식용 가능하기에 주는 대로 받아먹었다, 내 모습을 지켜보다가 저도 몇 개의 잎을 따서 입에 넣고 우물거리며 맛을 봤다. 특별한 잡맛이 없고 시큼 새콤하며 연한 향이 은은해서 입에 당겼던가 보다. 처음엔 내키지 않았을 게다. 오만상을 찌푸리며 벌레 씹는 표정을 지었다. 그러다가 조금 지나자 한 움큼의 꽃잎을 입에 넣고 어적어적 씹어 삼키는 정도로 적응이 빨랐다.

진달래 맛과 향을 나름대로 음미하며 딴에는 꽤 골똘히 생각을 거듭했던 모양이다. 돌아오는 길에 뜬금없이 질문을 던졌다.

"할아버지! 진달래 차(茶)가 있어?"
"한 번도 들어보거나 먹어본 적이 없는데!"
"그럼 내가 만들어야지!"
"만일 잘 만들면 내가 진달래 차 발명가가 되잖아!"
"글쎄! 잘 될지 모르겠다."
"할아버지! 내가 성공하면 유명한 사람이 되는 거지!"

라고 얘기하며 신바람이 났다. 한참을 터덜터덜 내려오다가 진달래가 흐드러지게 피어있는 비탈에 이르자 꽃잎을 따자고 했다. 그 이유를 물었다. 꽃잎을 따다가 차를 만들고 싶다는 야심찬 각오를 또랑또랑한 목소리로 또렷하게 말했다. 성공한다는 보장은 없어도 진솔한 의사 표현을 존중하는 뜻에서 암묵적 동의를 해주고 다소곳이 꽃잎을 땄다. 잠시 동안 제법 많은 꽃잎을 땄는데 이 정도면 되겠다는 얘기였다.

집에 도착해 나름대로 바빴다. 할머니에게 전후 사정을 아뢰고 동의를 구한 다음에 꽃잎을 깨끗이 씻었다. 그리고 물기를 빼는가 싶더니 도마와 마늘을 찧을 때 쓰는 나무방망이를 찾았다. 씻어둔 꽃잎을 도마 위에 수북하게 놓고 나무방망이로 지근지근 찧으며 짓이겼다. 그렇게 진지한 행동을 얼마 동안 되풀이했다. 멀찍이서 반신반의하며 다소곳이 지켜보니 꽃잎은 한 덩이 메밀가루 반죽 모양으로 변해 칙칙하고 어두운 색깔을 띠었다.

나름대로 됐다 싶었는지 "이만하면 되겠지!"라고 중얼거리며 꽃잎 다진 덩어리를 그릇에 담았다. 거기에 펄펄 끓여 두었던 물을 붓고 뚜껑을 닫은 다음 한참을 진득하게 기다렸다. 짓이겨진 꽃잎 덩어리에서 진달래 고유한 향과 맛을 우려내기 위한 조치였으리라. 얼추 일다경(一茶頃)쯤 지났을까?

"할아버지, 이제 됐겠지!"

라고 물었다. 말 대신 고개를 끄덕였다. 낑낑대며 그릇에 담겨진 꽃잎 덩어리를 건져내는 모습을 곁눈질했다. 그다음엔 진달래 향과 맛을 우려낸 물을 찻잔에 따르더니 거침없이 꿀을 타서 휘휘 저었다. 한참을 기다렸다가 이윽고 자기가 만든 진달래 차를 조금씩 맛을 보며 음미했다. 시간이 지날수록 얼굴 표정이 어두워지면서 잔뜩 찌푸렸다. 그러더니 아예 일그러질 정도로 변하는 모습을 보며 내 가슴도 덩달아 쿵쾅댔다. 이윽고 "맛이, 왜 이래!"라는 독백을 하며 허탈한 심정인지 나를 불러 맛을 보라고 찻잔을 디밀었다. 시작 무렵 기세등등했던 모습은 사라지고 풀이 죽었다.

오호통재(嗚呼痛哉)라! 조심스럽게 혀끝으로는 맛을, 코로는 향을 살펴봐도 기대 이하였다. 단적으로 표현하면 완벽한 실패로써 투자한 정성이 아깝고 귀한 토종꿀만 헤프게 허비한 꼴이었다. 진달래 꽃잎을 씹으면 시큼 새콤하며 은은한 봄의 향이 전해진다. 그에 비해 차로 만든 결과는 네 맛도 내 맛도 아니며 밍밍하고 특색이 없고 흐리멍덩하다. 마치 절집에서 공양을 마치고 발우(鉢盂)에 맹물을 붓고 휘휘 저어 마시는 맛과 별반 차이가 없었다.

얼핏 생각해도 예견된 당연한 결과일지 모른다. 하지만 유진이의 생각은 범상치 않았다. 게다가 끙끙대며 쏟았던 정성이 하도 가상해서 실패가 예견될지라도 짐짓 모르는 척하고 묵묵히 지켜봤다. 그래도 철저한 실패로 끝나 머쓱해 하는 모습이 못내 안쓰러웠다. 그렇게 완벽한 실패임에도 사기진작을 위한 격려 차원에서 따스한 위로의 말을 건네며 다독였다.

오늘 비록 실패를 했더라도 진달래 꽃잎으로 차를 만들겠다는 생각을 한 것은 기특한 발상이라는 응원을 하면서 격려를 했다. 또한 앞으로도 무언가를 스스로 생각하여 과감하게 도전하는 멋있는 사람이 되라고 덕담을 건넸다. 그랬더니 언젠가는 남들이 생각하지 못한 새로운 재료를 가지고 놀랄 결과를 만들 것이라며 제법 당찬 각오를 피력하는 꼴이 마냥 가상하고 믿음직스러웠다.

2016년 3월 31일 목요일

내게 허락된 것은

왜 그다지도 똑같은 이유에서 매몰찬 결별 선고를 통고받아야 했을까? 반세기 넘도록 이해타산 따지지 않고 삶의 고비마다 위로해 주던 지기와 매정하게 별리를 고했다. 도도하게 흘러가는 세월을 이길 재간이 없다. 건강을 위해서 절대적으로 지켜야 할 필연적인 조치란다. 그런데 밴댕이를 닮은 소갈머리를 곧이곧대로 드러내며 어깃장을 지르듯이 몽니를 부릴 형편이 아니었다.

지난번 순간적으로 정신을 잃고 블랙아웃 정황으로 추락하여 병원에서 각종 정밀검사를 받았다. 그 결과에 따른 주치의의 단호한 경고로 지난 반세기에 걸쳐 의기투합해 동행했던 술과 영영 결별을 했다. 그동안 정리를 생각해서라도 특별하게 배별(拜別)의 예를 갖추는 게 도리가 아닐까? 어찌 되었든 이는 열 몇 해 전에 40년간 애틋하게 정을 여퉜던 끽연(喫煙)의 결별과 판박이 형태로 정나미가 뚝 떨어져 맘이 무겁고 허탈했다.

기껏해야 고희의 문턱을 넘어서 한두 걸음 내디뎠을 뿐이다. 그럼에도 치아가 마구 뻗대며 항명을 해댄다. 그런가 하면 어쩌다가 정신을 순간적으로 잃으며 가볍게 뇌졸중 증상이 스쳐 지나갔다. 그 때문에 나락의 된비알이나 벼랑 끝 외길을 전전긍긍하며 걷는 꼴이기 때문에 맘이 뒤숭숭하고 헛헛하다. 이번에 건강 이상 징후를 계기로 병원에서 종합적인 혈액검사(혈액을 채취하여 5가지 검사), 심전도검사, MRI검사, 뇌파검사, 신경초음파검사, 심장초음파검사 따위를 골고루 받았다. 그 결과 종합적 소견은 건강 상태가 양호하며 우려할 정도로 나빠진 장기가 없기 때문에 지나친 걱정은 하지 않아도 된다는 소견이었다.

특정한 부위나 장기에는 문제가 없단다. 하지만 투약을 계속하면서 정기적으로 검진을 받으며 추이를 예의 주시해 보자는 주치의의 처방이 내렸다. 아무짝에도 쓸데없는 이의를 제기하지 않고 의사의 소견에 잠자코 따르기로 했다. 그런데 주치의가 지시하는 몇 가지는 영 맘에 들지 않을뿐더러 탐탁하지도 않다.

"술 마시지 마라!(오랫동안의 막역지우인데 어찌해야 하나!)"
"담배 피우지 마라(12년 전에 이미 금연했는데…)."
"음식을 짜게 먹지 마라(짜야 맛있다고 생각하는데…)."
"단 것 삼가라(평소에도 그다지 즐기지 않는데…)."
"매운 음식 삼가라(원래 아주 매운 음식을 즐기지 않는다)."

대접붙이와 호형호제할 정도는 아니었다. 하지만 적어도 50년을 가까이해온 막역지우 버금가는 술이었다. 삶에서 희로애락의 순간에 즐거움이나 노여움 그리고 슬픔과 즐거움을 함께했던 그였다. 그런 때문인지 금주라는 날벼락 같은 엄명을 받고 지난날을 되돌아보니 모두가 뜬구름같이 허망했다. 하여튼 특별한 연이어졌던 술에게 동행했던 지난 시간들이 소중한 추억이며 즐거움이었다고 숨겨진 속내를 더덜이 없이 곧이곧대로 고백하고 싶다. 건강에 문제가 없다면 이승의 삶을 다하는 날까지 함께해도 좋을 성싶었었다. 그래도 부질없는 미련이나 욕심은 과감하게 내려놓을 심산이다.

허허로운 마음을 달랠 길 없어 집안을 서성일 때였다. 10년 가까이 밖에서 머물던 작은아들이 귀국하며 내게 특별히 술 한 병을 사가지고 왔던 오래전의 일이 문득 떠올랐다. 아버지에게 생전 처음 선물하는 관계로 눈 딱 감고 샀다던 얘기가 귓전을 맴돌았다. 서둘러 찾아봤다. "ROYAL SALUTE 38 Years Old"로 쉬 넘보기 어려운 고급술이다. 명절에 두 아들과 나누어 마셨으면 좋았으련만 아끼다가 영영 기회를 놓친 꼴이다. 이 술은 나와 연이 닿지 않아 스쳐 지나갈 운명이었던 모양이다.

어린이들에게 "~해(하)라"라는 말보다는 "~하지말라"라는 말을 훨씬 많이 한다. "위험하게 놀지 말라", "뛰지 말라", "게임 많이 하지 말라", "나쁜 친구들과 놀지 말라", "거짓말하지 말라" 따위를 비롯하여 주워섬기려면 끝이 없다. 어떤 면에서 이런 현실은 숨이 막힐 지경이 아닐까 싶기도 하다. 노령에 이르면 "~하지말라"는 금지 또는 경고의 말을 기하급수적으로 많이 듣게 마련인가 보다. 그렇다면 지금 내게 자유롭게 허락된 것은 무엇일까!

밥 먹고, 숨 쉬고, 운동하고, 취미생활 따위를 허락하되 과유불급의 이치는 스스로 깨우쳐야 할 아람치일지 모른다.

최근 병증(病症)이 나타난 이후 어쭙잖게 깐깐한 시어머니 하나가 생겨 은근히 눈치를 살피며 비위를 거슬리지 않으려 애쓰고 있다. 바로 열 살인 손주 유진이다. 어떤 연유든 외출에서 돌아오면 반드시 검문을 거쳐야 할 탐탁하지 않은 절차가 가로막고 있어 엄청 성가시다.

"할아버지 술 먹었어?"
"아니!"
"잠깐 기다려 봐!"
"코를 입에 대고 킁킁 냄새를 맡는다."

그래도 확신이 서지 않아 미심쩍다고 생각되면 가차 없이 다음 단계의 정밀조사로 이어진다. 개코같이 잘 발달된 후각을 이용한 까다로운 검사이다.

"내 아래위의 옷에 코를 대고 킁킁댄다."
"응, 술 냄새가 나지 않네!"

어쩌면 이는 아내 몫이다. 그 권한을 손주에게 몽땅 위임했는지 아내는 도통 관심 밖의 다른 행성의 일로 치부한 것처럼 철저하게 무관심이다. 그래도 그런 손주가 싫지 않고 되레 귀엽다. 오늘도 문인들의 모임이 있어 저녁 식사를 하고 늦은 사각에 귀가했다. 까다로운 검사를 마치고 나서 겨우 소파에 걸터앉으라는 하명이 떨어졌다. 그런 행동이 오히려 귀여워 녀석에게 살며시 윙크를 날렸다. 그 속엔 "사랑한다, 유진아!"라는 내용이 온새미로 담겨있다.

시와 늪, 2016년 여름호, 통권 32호, 2016년 7월 1일
(2016년 4월 2일 토요일)

감기와 고열[8)]

고약한 고뿔(감기)이란 이런 경우를 두고 이르는 말이 아닐까. 유진이가 고뿔과 고열로 고생을 하는 모습이 안쓰럽다. 조심을 시키고 나름대로 신경을 썼던 때문인지 얼추 일 년 동안 별다른 탈이 없었다. 그런데 학교에 친구들에게서 옮은 것인가? 아니면 지난 토요일 태권도장에서 딸기농장 체험학습을 갔던 날 동티가 났던 걸까? 구시렁거려 봤지만 아무짝에도 소용없는 넋두리에 불과했다. 그날 여름 날씨를 방불케 더워서 입고 갔던 점퍼를 마구 풀어 헤치고 나댄 중뿔난 행동에 대한 인과응보일지도 모른다.

일요일 하루 종일 비가 내려 나들이가 어려워 아예 집에 머물렀다. 그런데 가뭄에 콩 나듯이 마른기침을 해도 이상한 기미는 없었다. 대수롭지 않게 여기다가 밤 10시를 넘긴 시각에 함께 잠자

---

8) 이 글에서부터 이어지는 주기적인 고열, 독감, 결석과 독감 등의 4개의 글은 유진이가 감기와 고열 증상을 보이다가 결국은 독감(influenza)으로 이어지며 겪었던 병상의 일상을 단계적으로 적바림 한 내용이다.

리에 들었다. 바로 잠들었다가 자정을 넘어 옆에 누운 아이를 살펴봤다. 덮었던 이불을 모두 차내고 잠든 모습이 평소와 낌새가 사뭇 달랐다. 직감적으로 비정상이라는 생각이 스쳐서 손으로 이마를 짚어봤다. 불덩이 같았다. 놀라 가슴과 배와 발에 손을 대봐도 마찬가지였다. 여태까지 경험에 의하면 이 정도이면 열이 38℃를 훌쩍 넘는다. 그때까지 거실에서 책과 씨름하던 아내를 불러 감기약과 해열제를 챙겨 먹였다. 그리고 열이 떨어질 때까지 파수꾼을 자처했다.

유진이는 고열에 시달리는 괴로움 때문이었고, 나와 아내는 유진이를 지켜보다가 부스스한 몰골로 월요일 아침을 맞았다. 서둘러 아침 식사를 마친 뒤에 해열제와 감기약을 먹여 등교시켰다. 등교 시에 방과 후 수업인 컴퓨터 교실은 결석을 하고, 곧바로 집에 돌아오라고 일러 보냈다. 물론 컴퓨터 교실에도 문자 메시지로 사정을 알렸다. 2시경 집에 돌아온 아이를 데리고 병원을 찾아가서 진료를 받고 약을 처방받아 왔다. 편도선이 약간 부었을 뿐이라면서 크게 염려할 정도는 아니라고 했다.

의사의 얘기를 과신한 게 가벼운 처신이었을까. 집에 돌아와 3시쯤에 학원에 보냈는데 5시 무렵에 돌아왔다. 격렬한 운동은 무리라는 생각에서 태권도장에 연락하고 결석시켰다. 그렇게 집에서 쉬다가 저녁을 먹고 10시쯤에 함께 잠자리에 들었다. 그때까지 전혀 문제가 없어 정상으로 돌아왔다고 생각했다.

깜빡 잠에 빠져들었다가 새벽 2시 무렵 웬일인지 눈이 떠졌다.

옆의 유진이를 살펴보니 잠에 곯아떨어졌을 시간인데 두 눈을 뜨고 멀뚱멀뚱 나를 응시하고 있었다. 웬일이냐고 물었더니 물을 달라고 했다. 그러더니 화장실로 들어가 소변을 보고 자리에 그대로 쓰러졌다. 놀라 몸에 손을 댔는데 펄펄 끓었다. 서둘러 해열제를 먹이고 찬물에 적신 물수건을 이마와 배 위에 얹어 놨다. 하지만 열은 쉬 떨어지지 않았다. 그래서 거의 뜬 눈으로 지켜보다 5시 무렵 살포시 잠들었다. 그 때문인지 지금 대낮인데도 잠이 마구 쏟아진다.

낮에 학교에서 탈이 날까 봐 걱정이 되었다. 그래서 그간의 정황을 간단히 요약하여 편지를 썼다. 그 편지를 학교에 머무는 동안 잘 살펴봐 달라는 뜻으로 등교하는 유진이 편에 보냈다. 물론 오늘 아침에도 약을 복용시켰지만 마음을 놓을 상황이 아니기에 지극히 당연한 조치였다. 정성스레 먹을 갈아 붓으로 곡진한 정성을 고스란히 담아 써 내려간 간찰(簡札)에는 미치지 못할지라도 담임선생님께 보낸 편지의 전문이다.

선생님께

안녕하세요! 한유진의 할아버지입니다.

이렇게 불시에 연락을 드림은 다름이 아니라 유진이가 감기가 심해져 정상이 아니기 때문에 특별히 지켜봐 주십사하는 부탁의 말씀을 드리려고 펜을 들었습니다.

지난 일요일 늦은 밤부터 고열이 지속되어 해열제와 감기약을 먹여 겨우 열을 떨어뜨렸답니다. 한편, 어제 월요일 아침에도 해열제와 감기약을 먹여 학교에 등교시켰지요. 그래서 어제 '방과 후 수업'인 컴퓨터 교실과 태권도 수련을 쉬게 하고 하교 즉시 병원에 데리고 갔더니 감기가 심하다며 간단한 치료와 함께 약을 처방해 주었습니다.

병원의 처방대로 약을 복용시키고 쉬게 했습니다. 그런데도 오늘 새벽 또다시 열이 심하여 해열제를 먹이는 한편 차가운 물수건을 머리에 얹어 놓고 열을 식히는 시간이 길어져 잠을 제대로 재우지 못했답니다.

아울러 오늘 아침에도 약을 복용시켜 등교시키오니 상태가 악화되는지 여부를 지켜봐 주세요. 천둥벌거숭이들의 지도에 바쁘실 터인데 극히 사적인 부탁을 드리게 되어 송구스럽습니다. 그럼 오늘도 보람된 하루되시기를 비오며 줄입니다. 안녕히 계십시오.

2016년 4월 5일 화요일

한유진의 할아버지 ○○○ ○○(010-4587-**)**

위 내용은 컴퓨터로 프린트한 것으로 손글씨가 아니라서 마음에 걸렸다. 그래서 말미에 "○○○ ○○"의 자리에는 "한판암 드림"이라고 손으로 글씨를 씀으로써 기본적인 예의를 지켰다. 하기야 담임선생님이라고 해도 지난주일 학교의 공식적인 학부모 면담을 통해 10분 정도 대면했던 게 전부였기 때문에 꽤나 서먹서먹하고 뻘쭘한 사이이다. 그런 까닭에 여간 조심스러운 게 아니다. 그래도 결례를 무릅쓰고 편지를 보냈다. 등교하고 얼추 2시간쯤 지나서 담임선생님의 문자 메시지가 휴대전화로 전송되었다.

유진이 할아버님께
유진이가 아파 걱정이 많이 되시겠습니다.
유진의 상태를 유심히 살펴보고, 만일
이상이 생기면 즉시 연락드리겠습니다.
하오니 걱정하지 마시기 바랍니다.
유진이 담임 하*영 드림

2016년 4월 5일 화요일

주기적인 고열

유진이 고열 현상이 예사롭지 않다. 주기적으로 나타나 마치 깊이를 알 수 없는 구렁텅이에 빠진 것처럼 고약하고 낭패다. 그저께 진료 때 편도선 때문이라며 대수롭지 않다고 했다. 그럼에도 어제는 고열이 심해 학교에서 마지막 1교시를 남겨두고 귀가시켜주었다. 그래서 집에서 쉬면서 처방약을 복용토록 했었다. 약은 주는 대로 꿀꺽꿀꺽 잘 받아먹었다. 그런데 병세는 되레 악화되어 어찌해야 좋을지 난감하다.

오후 6시 무렵에 또다시 고열이 시작되어 서둘러 찬 물수건으로 찜질을 하며 해열제를 복용시켜 진정시켰다. 그리고 저녁을 먹고 쉬다가 대략 9시 40분경에 나와 함께 잠자리에 들었다. 자다가 언뜻 들어보니 유진의 숨소리가 고르지 않았다. 손으로 아마를 짚어보니 펄펄 끓었다. 온몸이 화덕 같고 숨이 예사롭지 않았다. 놀라 해열제를 먹이고 얼음찜질을 계속하며 체온을 측정했더니 39℃를 훌쩍 넘었다. 그 시각은 대충 2시 무렵이었다.

연신 물수건을 새로 갈고 옷을 벗기며 야단법석을 피웠음에도 열이 쉬 잡히지 않아 안절부절 애간장을 태웠다. 해열제를 투약하고 얼추 한 시간 지나서 조금씩 체온이 내려갔다. 어느 정도 안심 수준에 이르렀을 때는 이미 4시를 훌쩍 넘기고 있었다. 따라서 무려 두 시간 남짓 고열과 실랑이를 벌이며 씨름을 했다. 그런 까닭에 온 가족이 날밤을 꼬박 지새우고 새아침을 맞았다.

새벽 6시에 기상하여 컴퓨터 앞에 앉아 유진이 담임선생님께 어제에 이어 오늘도 편지를 썼다. 왜냐하면 오늘 3, 4교시에 학교에서 전체 학생들이 우정등산(友情登山)을 할 예정이다. 하지만 유진이는 심한 고열 반복으로 등산이 불가능한 상태였다. 그래서 조퇴를 시키고 병원에 가서 종합검진을 받아 볼 요량이었다. 그 결과에 따라 치료를 제대로 받아 빨리 회복되어야 한다는 조급증 때문이었다. 담임선생님께 드리는 편지 내용이다.

선생님께

이틀 연이어 연락드리게 되어 대단히 송구스럽습니다. 유진이는 어제보다 더욱 나빠진 상태입니다.

어제 학교에서 고열 때문에 해열제를 먹여 귀가시켜 주시어, 안정을 취하면서 쉬도록 조치했습니다. 그런데 대략 6시 무렵부터 다시 고열이 심해 해열제를 복용시켰고 밤 9시 40분경에 재웠습니다. 그런데 새벽 2시부터 아주 심한 고열(39℃를 넘었었음)로 다시 해열제를 먹였습니다. 그와 동시에 얼음을 물수건에 싸서 이마와 배 그리고 등에 올려놓는

얼음찜질을 4시까지 해서 열을 겨우 떨어뜨렸습니다. 밤중에 2시간 이상을 열과 싸움을 한 셈이지요. 그래서 아이가 거의 뜬눈으로 밤을 지새운 꼴이랍니다.

오늘 이른 아침부터 병원에 가서 진료를 받을까 생각하기도 했습니다. 하지만 학교에 결석시킬 수 없어 일단 학교에 보냅니다. 그런데 어제 홈페이지에 들어가 전달사항을 살펴보니 오늘 3, 4교시에 우정등산을 하게 되었더군요.

유진이는 심한 고열로 사실상 3, 4교시에 실시되는 우정등산이 불가능한 상태로 사료 됩니다. 하오니 오늘 유진이가 고열로 쓰러지거나 심하게 토하는 돌발 사고가 발생하지 않으면 1, 2교시 수업을 마치고 조퇴를 시켜 주셨으면 고맙겠습니다. 곧바로 병원에 데리고 가서 종합검진을 받고 다시 처방을 받게 할 요량입니다. 주기적으로 심한 고열이 되풀이되어 적당히 어물쩍 넘길 문제가 아닌 듯합니다. 일반적으로 해열제를 자주 먹이는 것은 매우 해롭다는 얘기를 의사 친구들에게 자주 들어왔기 때문에 더욱 걱정이 됩니다.

여러 가지로 다망하실 터인데 사적인 부탁 거듭 드려 염치가 없고 송구스럽습니다. 그럼에도 불구하고 초연할 수 없음을 헤아려 주시기를 바랍니다. 안녕히 계십시오.

2016년 4월 6일 수요일

한유진의 할아버지 ○○○ ○○(010-4587-****)[9)]

---

9) "○○○ ○○": 이 편지는 컴퓨터로 프린트한 내용으로 정성이 결여된 것 같이 보일 개연성 많다. 그 때문에 실제로 선생님께 보낸 편지의 "○○○ ○○" 자리에는 '한판암 드림'이라고 손글씨로 썼다.

유진이가 조퇴를 하고 11시경에 귀가했다. 열을 측정했는데 38℃를 훌쩍 넘어서 급히 병원으로 달렸다. 담당 간호사가 열을 측정하고 나서 고열이라며 해열제부터 투약했다. 이어서 의사의 진료를 받은 다음에 병리 검사실로 가서 독감 여부를 검사했다. 그리고 링거에 몇 가지 주사액을 넣어 맞췄다. 진료 뒤에 3일 동안 복용할 약을 처방해 주면서 내일도 고열이 계속되면 곧바로 내원해야 한다고 했다. 하지만 내일 열이 나지 않으면 오늘 처방된 약을 모두 복용하고 3일 뒤에 다시 내원하라는 지시를 받았다.

다행인 사실은 검사에서 독감이 아니라는 판정이 났다는 점이다. 그래도 안심은 금물이라고 했다. 왜냐하면 초기에는 독감으로 나타나지 않는 경우가 숱하단다. 때문에 앞으로 추이를 예의 주시할 필요가 있다고 했다. 한편, 병원 진료비와 치료비 따위 74,520원과 약국의 약제비 3,800원을 합해 78,320원은 결코 적은 부담이 아니었다.

오후 2시 반쯤에 돌아와 늦은 점심을 먹였다. 아울러 아내에게 오늘 방과 후 수업을 위시해서 학원과 태권도장에 결석한다는 내용의 문자 메시지를 보내라고 일러두었다. 하루속히 감기가 나아서 평소와 다름없는 생활을 해야 할 터인데 걱정이다. 우선 고열이 주기적으로 되풀이되는 고약한 증상이라도 깔끔하게 잡혔으면 좋으련만 욕심대로 될지 지켜봐야겠다.

2016년 4월 6일 수요일

독감

아이를 키우며 가장 고약한 게 고열이다. 유진이가 지난 일요일 새벽부터 감기와 고열로 밤잠을 설치며 끙끙 앓고 있다. 그래서 월요일(4월 4일) 학교 수업을 마치고 돌아오는 즉시 평소에 다니던 이비인후과에 데리고 가서 진료받고 처방된 약을 복용시켰다. 편도선 한쪽이 부었지만 심한 편은 아니라고 했다. 그 얘기를 듣고 가볍게 여겼던 게 첫 단추를 잘 못 꿰는 어리석음을 범했던 꼴이었을까!

약을 열심히 복용시키고 주의사항도 꼬박꼬박 지켰는데 의사의 소견과는 정 반대 방향으로 치달았다. 일요일 새벽 2시경에 첫 번째로 심한 고열(38.5℃를 훌쩍 넘음) 증상이 나타났다. 해열제를 먹이고 얼음찜질을 병행하여 열을 다소 떨어뜨리는데 1시간 이상이 걸렸다. 그 이후 어제(4월 6일) 아침까지 6, 7시간을 주기로 고열이 되풀이되어 그때마다 해열제는 투약했다. 특히 어제 새벽 2시에서 4시 사이에는 39℃를 넘는 심한 고열로 우선 해열제를 투약했다. 그 뒤 곧바로 얼음주머니를 이마와 배 그리고 등에 장시간 대 놓고 찜질을 하며 열을 내리기 위해 안간힘을 썼다.

지난 월요일에는 담임선생님께 편지로 특별히 살펴봐달라는 부탁과 함께 고열이 지속되면 조퇴시켜 달라는 부탁을 드렸다. 마지막 1교시를 남겨놓고 보건실에 가서 열을 측정했는데 39℃라면서 조퇴시켜 주었다. 그리고 어제(4월 6일)는 아이가 너무 지쳐서 2교시까지만 수업하고 병원에 가서 진료를 받을 수 있도록 조퇴시켜 달라는 편지를 다시 드렸다. 마침 3, 4교시는 재학생 전체가 우정등산(友情登山)을 하는 관계로 수업에 큰 지장이 없다고 생각되어 청원했다. 그래서 아이는 2교시 수업을 마치고 11경이 귀가했다.

아이의 체온을 측정하니 38.1℃였다. 서둘러 서울아동병원으로 달려갔다. 도착 즉시 접수를 하고 진료 차례를 기다리는데 간호사가 체온부터 측정했다. 열이 지나치게 높다면서 즉석에서 해열제부터 투약시켰다. 그 뒤에 진료를 받았다. 의사 선생님은 유진이가 생후 2개월째부터 입때까지 살펴준 주치의 비슷한 분이다. 우선 독감 유무를 판정하기 위해 병리검사실에서 채혈하고 검사절차를 밟으라고 지시했다. 서둘러 채혈을 마친 뒤에 곧바로 링거를 꽂고 필요한 주사액을 링거에 투입하여 맞았다.

링거를 맞는 동안 조마조마 마음을 졸일 때였다. 독감검사 결과가 나왔는데 다행히 독감은 아니라는 판정이 나왔다. 하지만 초기에는 독감으로 나타나지 않는 특성 때문에 앞으로 추이를 조심스럽게 지켜보면서 추가검사가 필요하다고 했다. 링거를 맞고 처방전을 받아 약국으로 가기 전에 간호사가 주의사항을 또다시 설명했다. 만일 내일(4월 7일)도 고열 증상이 나타나면 즉시 내원하여 다시 검사와 진료를 받아야 한다고 했다. 하지만 열이 내리고 정상으로 안정되면 3일분 약을 모두 복용한 뒤에 병원에 한 번 더 내원하라는 지시를 했다.

어제 집에 돌아와 잠을 잘 잤다. 그리고 오늘(4월 7일)은 학교에도 무사히 다녀와서 학원 수업까지 마치고 조금 전에 돌아왔는데 아무래도 정상이 아닌 것 같다. 이제 감기와 고열이 항복을 하려는 기미를 보이는 것 같았었다. 그런데 갑자기 어깃장을 부리듯이 또다시 서서히 열이 나기 시작해서(37.3℃) 6시 무렵에 아내가 아이와 함께 병원으로 달려가고 있다. 오늘 결과에 어떻게 나타날지 단정하기 어렵다.

아내와 유진이만 병원에 보내고 안심이 되지 않았다. 그래서 나도 곧바로 뒤따라 집을 나서 20여 분 걸어서 병원에 갔다. 웬 어린이 환자들이 이리도 많을까? 도떼기시장을 방불케 할 정도로 시끌벅적하고 대기실은 엄청 북적댔다.

한 시간가량 대기했다가 차례가 되어 진찰을 받은 뒤에 다시 독감검사를 했는데 유감스럽게도 결과는 독감(influenza)으로 판정났다. 그래서 완치될 때까지 학교도 결석해야 한단다. 다른 아이들에게 전염을 방지하기 위해 격리 조치를 하도록 법제화되었다는 설명이었다. 내일 아침에 첫 교시를 시작하기 전에 담임선생님을 찾아가서 전후 사정을 존조리 사뢸 작정이다. 하지만 결석하게 되어 찜찜하다. 앞으로 며칠 지나면 완치되어 정상으로 등교할 수 있을지 마음이 답답하고 무겁다.

오늘 독감 치료제인 한미풀루(Hanmi Flu Capsule 30mg) 닷새 분을 처방받아왔다. 매일 아침과 저녁으로 2정(錠)씩 복용하기 때문에 모두 20정이다. 병원의 검사비와 진료비 따위가 30,100원을 위시해서 약국의 약제비 9,400원으로 합계 39,500원이다. 한편, 아이가 너무 지쳐 기운을 잃으면 내일 중에 내원하여 링거를 맞춰야 한단다. 아울러 모레인 토요일에는 반드시 다시 병원을 찾아와 중간 점검을 받으라고 했다.

시쳇말로 꼭지가 돌 지경이다. 제발 더 고생하지 않았으면 하는 마음이 굴뚝같지만 어디 입맛대로 이루어질 일인가! 딴에는 몹시 아프고 괴로울 터이다. 그런데도 응짜를 부리지 않고 되레 할아버지와 할머니가 고맙다는 말을 건넨다. 비단결 같은 심성에 가슴 뭉클하고 눈시울이 뜨거워진다. 아직도 콜록콜록 골골거리거나 기침을 해대며 고열에 시달려 핼쑥해진 얼굴이 안쓰럽다. 그래도 쉬 사그라지지 않는 고열을 견뎌내는 일은 오로지 유진이 아람치라서 옆에서 묵묵히 지켜볼 뿐이다. 뾰족한 묘책이 없는 내가 한없이 무기력하고 답답하게 느껴진다.

2016년 4월 7일 목요일

II. 유진이의 봄날 소묘

결석과 독감

유진이의 기약 없는 결석이 이어진다. 오늘(4월 8일)부터 독감(influenza type B)이 완치될 때까지 학교에 등교할 수 없다. 며칠이 될지 모르지만 완치 판정을 받을 때까지 격리를 하는 것이 법의 규정이란다. 그런 연유에서 아침 일찍(8시 30분) 학교에 가서 출근하던 담임선생님을 뵙고 어제저녁에 독감 판정을 받아 결석이 불가피함을 알렸다.

어제 진료를 제대로 받고 돌아왔는데도 새벽(4월 8일 아침 6시)부터 열이 심해 해열제를 먹였다. 아침 식사를 대충 마친 다음 9시 전에 병원을 향해 출발했다. 병원에 9시를 조금 넘긴 시각에 도착했는데 3명의 의사 선생님마다 진료 대기 환자가 얼추 20명이 넘을 정도로 북적북적한 저잣거리를 방불케 했다. 그중에서 예약이 적은 의사를 택했음에도 불구하고 대기번호 18번이었다. 한 시간 정도를 기다려 진료를 받고 나서 10시 무렵부터 11시 30분경까지 링거를 맞았다. 오늘도 병원 진료비 31,120원을 비롯해서 약국 약제비 3,200원을 합해서 모두 34,320원을 지불했다.

병원 문을 나서며 배가 고프다면서 전복죽을 먹고 싶다고 했다. 기분을 풀어 줄 요량에서 죽집으로 들어갔다. 특제 전복죽 두 그릇을 시켰는데 물경 40,000원이었다. 전에는 전복죽이 참으로 맛있다면서 달게 먹었었다. 그런데 오늘은 입맛을 잃었는지 데면데면하다가 반쯤 먹고 숟갈을 놨다. 죽집을 나와서 유진이가 좋아하는 떡을 조금 사가지고 집에 돌아왔다. 이제부터 독감과 지루한 드잡이와 밀당의 연속이다.

토요일(4월 9일)도 하루 종일 기침과 겨루기가 지속되었다. 처방대로 투약하는데도 단단히 뒤틀어졌는지 기침이 더욱 심해졌다. 지나치게 기침을 많이 하여 폐렴이 되는 게 아닌지 은근히 걱정이 되었다. 소금물로 입을 자주 가시며 따뜻한 보리차를 지속적으로 마시도록 했다. 하지만 효과 여부는 알 길 없었다. 많이 걱정이 되었다. 설상가상으로 오후 9시 무렵이 되면서 열이 또 오르기 시작했다. 체온이 37.1℃였다. 일단 얼음찜질로 열을 다스려볼 요량이지만 과연 약을 복용하지 않고도 가능할지 지켜봐야겠다.

도저히 감기가 진정 기미를 보이지 않아 안절부절 했다. 10시쯤 아내가 마트에 가서 레몬 몇 개를 사다가 얇게 썰어 설탕에 재두었다가 먹였더니 효험이 뚜렷했다. 그러나 열이 또다시 심해져 밤 11시경 해열제를 복용시키고 재웠다. 새벽에 두 차례나 잠옷이 모두 젖을 정도로 땀을 흘렸다. 그 이후 5시경에 연속적으로 바튼 기침을 해대서 보리차를 따뜻하게 데워 먹였다. 그렇게 분탕질을 한 얼마 뒤에 일요일 아침의 여명이 밝아왔다.

일요일(4월 10일) 오전의 얘기이다. 베란다 밖의 화단과 산비탈에 자리한 수목에 돋는 잎과 새순은 연록으로 바뀌며 완연한 봄의 자태를 뽐냈다. 게다가 아파트 화단엔 보랏빛 라일락까지 활짝 피어 하늘거렸다. 하지만 벌써 일주일을 넘겨 고열과 기침에 시달리는 유진이는 지친 기색이 완연했다. 우선 제대로 먹지 못하고 기운이 없어 비실거렸다. 이런 아이에 대한 할머니의 배려였다. 회복을 겨냥해 소고기와 망고 및 바나나 따위를 비롯해 평소에 즐기는 먹거리를 한 보따리를 사 왔다. 점심과 저녁에는 고기와 과일 따위를 제법 잘 먹었다. 그리고 기침이 심한 것을 제외하곤 별 탈 없이 놀다가 잠자리에 들었다. 그런데 월요일 새벽녘까지 바튼 기침을 연신 해대서 또다시 보리차를 데워서 먹이기도 했다.

월요일(4월 11일)인데도 독감 완치 판정을 받지 못해 또 결석을 했다. 지난번 처방 받아온 독감약인 타미풀루(hanmi flu cap. 30mg)는 오늘까지 복용해야 한다. 그런 때문에 내일 병원에 가서 다시 검사를 받아야 언제쯤 등교가 가능한지 판가름 날 것이다. 하지만 아직도 기침이 심해 또 병원에 가고픈 충동을 받았다. 아무리 그럴지라도 진득하게 기다려보기로 생각을 바꿨다.

여러 날째 밖에 나가지 못했던 까닭에 짜증이 날 뿐 아니라 몸도 마음도 몹시 지쳐가는 모양이었다. 어깨가 축 늘어진 채 눈에 띄게 패리 해진 모습이 애처로웠다. 오후엔 집에 있던 고기를 조금 구워서 상추쌈에 싸서 먹이거나 냉장고를 뒤져 망고를 깎아 대령하여 입맛을 잃지 않도록 신경을 쓰기도 했다. 그러나 그런 행동들이 얼마나 도움이 되었을지 모르겠다.

오늘 화요일(4월 12일)은 학교에서 진해만(鎭海灣) 생태숲으로 현장학습 떠나는 날인데 유진이는 독감으로 결석했다. 아내가 유진이를 데리고 병원에 갔다. 진찰 결과 독감 치료가 완료되어 모레부터는 등교해도 무방하다는 판정과 아울러 학교에서 병결(病缺) 처리에 필요한 통원확인서(通院確認書)를 발급받아 왔다. 물론 아직 계속되는 병증의 마무리를 위해 약 처방까지 받았다. 내일은 20대 총선이기 때문에 쉬고 모레(목요일)부터 학교에 보낼 참이다.

지나치게 오랫동안 집에 갇혀 지낸 꼴이다. 그래서 잠시 뒤인 3시에는 학원에 보내 바람도 쐬고 친구들도 만나도록 등을 떠밀 참이다. 물론 아직 기침 문제가 남아 있지만, 그동안 독감과 겨루느라고 고생 많았다. 그 힘든 과정을 겪으면서도 약을 먹지 않겠다고 손사래를 치며 뻗댄다거나 투정 한 번 부리지 않던 어른스런 모습이 되레 가슴 아팠다.

비록 그 옛날처럼 정성 들여 붓으로 쓰던 간찰(簡札)은 아닐지라도 담임선생님께 목요일부터 등교시킬 수 있음을 문자메시지로 전했다(3시 43분).

"선생님!

유진이 목요일(14일)부터 등교

가능하다는 확인서 받아왔습니다.

그간 많이 번거로우셨지요?

감사합니다.

유진이 할아버지 드림"

곧바로 담임선생님께서 답신 문자메시지를 보내주셨다(16시 01분).

"다 나아서 정말 다행이네요.

휴일 즐겁게 보내고 목요일에 보내주십시오.

감사합니다."

독감의 증세를 보이기 시작한 시점부터 마무리 무렵까지 가능한 하나도 빠짐없이 기록해 둠으로써 먼 훗날 성장 과정에서 겪었던 질병에 대한 대응 모습과 증적으로 남기고 싶었다. 제 부모 슬하에서 지독한 독감을 앓았다면 얼마나 응석을 부리며 얼을 뺐을까? 어쩌면 나나 할머니에게 잔뜩 기대도 될 터인데. 독감과 힘겨운 드잡이를 하면서도 자신의 힘으로 이겨내려는 의젓한 태도가 되레 가슴이 아렸다. 사랑하는 유진아! 잘 이겨내 줘서 고맙다.

2016년 4월 12일 화요일

리코더 수행평가

아닌 밤중에 홍두깨 격이라서 막막하고 난감하기 짝이 없었다. 학교에서 음악 시간에 리코더(recorder) 수행평가를 할 예정(28일)이란다. 이번 주말(16일~17일) 연습하고 월요일엔 리코더를 지참하고 등교하라는 내용이 알림장에 적혀있다. 하지만 우리 집엔 리코더를 어떻게 불며 양손의 어느 손가락으로 구멍을 막고 소리를 내야 하는지 운지법과 연주법을 아는 사람이 없다.

유진이가 독감 초기 증상을 보이며 고열로 시달렸던 때문에 조퇴를 되풀이하며 병원 치료를 받을 무렵이었다. 지난 목요일(7일)쯤 학교에서 리코더 연습을 한다며 지참하고 등교하라는 알림장 내용을 봤던 적이 있다. 단순 감기려니 했었는데 독감(influenza)으로 판정 나면서 법정 격리가 필요해 여러 날 등교를 못 했다. 결석을 하다가 독감 완치 판정을 받고나서 이번 주일 목요일(14일) 다시 등교를 했다. 그런데 목요일 알림장에 리코더 연주 연습을 하라는 내용이 있었다. 아마도 그동안 학교에서는 음악 시간에 한두 번 리코더 연주 연습을 했던가 보다. 하지만 독감으로 결석을 했던 관계로 리코더 연주 수업을 전혀 받지 못한 맹탕이라서 걱정이었다.

목요일(14일) 알림장을 보고 연주할 곡목이 무엇인지 물어봤다. 거리낌 없이 나비야라는 노래라고 했다. 우선 악보가 필요한데 음악 교과서를 학교에 두고 왔다며 무사태평이었다. 궁리를 하다가 인터넷을 뒤져 악보를 찾아 인쇄하여 할머니가 계명을 정리했다. 분명 계명은 정확히 이랬다.

솔미미 파레레 도레미파 솔솔솔
(나비야 나비야 이리날아 오너라)

솔미미미 파레레 도미솔솔 미미미
(노랑나비 흰나비 춤을추며 오너라)

레레레레 레미파 미미미미 미파솔
(봄바람에 꽃잎도 방긋방긋 웃으며)

솔미미 파레레 도미솔솔 미미미
(참새도 짹짹짹 노래하며 춤춘다)

계명을 정리한 뒤였다. 유진이가 학원에서 돌아오다가 8층에 사는 송혜와 놀겠다면서 함께 들어왔다. 그래서 혹시나 싶어 송혜에게 물어봤다.

"송혜는 리코더 연주 연습 많이 했니?"
"아니요!"
"너! 나비야 계명 아니?"
"조금 요."
"시작 부분 계명을 한 번 말해 보렴."

약간 머뭇거리다가 "레시시 도라라 솔라시도 레레레"라고 했다. 순간적으로 조금 전에 아내가 정리한 내용과 생판 달랐다. 하지만 음악 교과서가 없어 확인할 길이 없었다. 그래서 일단 송혜가 암송하던 계명대로 다시 정리했다.

레시시 도라라 솔라시도 레레레
(나비야 나비야 이리날아 오너라)

레시시시 도라라 솔시레레 시시시
(노랑나비 흰나바 춤을추며 오너라)

라라라라 라시도 시시시시 시도레
(봄바람에 꽃잎도 방긋방긋 웃으며)

레시시 도라라 솔시레레 시시시
(참새도 짹짹짹 노래하며 춤춘다)

같은 나비야라는 곡에 대한 계명이 너무도 달랐다. 하지만 당장 눈앞에 교과서가 없기 때문에 옳고 그름을 가름해 볼 방법이 없었다. 그래서 위의 두 가지 계명을 가지고 가서 선생님께 어느 것이 맞는지 여쭤보라고 일렀다. 그런데 인터넷을 뒤지다가 나비야라는 노래의 악보가 상당히 다양했다.

금요일(15일) 학교에서 돌아온 유진이에게 확인했더니 송혜가 알려주었던 계명이 맞는다고 했다. 그런데 오늘도 교과서를 학교에 두고 왔기 때문에 실제 악보를 확인할 수 없었다. 내키지 않지만 어정쩡하게 그렇구나 하고 지레짐작할 따름이다.

너무도 답답하여 인터넷을 뒤졌다. 리코더는 한 가지만 있는 줄 알았는데 소프라노(soprano), 소프란(sopran), 알토(alto) 따위가 있었다. 그런데 유진이가 익힌 운지법에 맞춰 노래를 연주하기 힘들어 보인다. 원래 알토 리코더 핑거 차트(recorder finger chart)의 운지법과 다소 다름에서 겪는 어려움이었다. 그 간극을 슬기롭게 메꿀 혜안이 절실한데 솔로몬의 지혜가 없다.

아무리 수행평가가 중요해도 유진이는 운지법을 비롯해서 소리 내는 방법도 제대로 익히지 못해 딱한 형편이다. 따라서 연주는 사치이다. 그렇다고 하더라도 나는 리코더에 대해 청맹과니에다가 음악에는 숙맥이기 때문에 도움을 줄 길이 없다. 다행인 것은 할머니가 한동안 갈팡질팡 혼란을 겪으며 연습을 거듭했다. 그러더니 문리를 터득해 도와주어도 될법하다고 얘기해서 안도했다. 이런 상황을 일컬어 '깜깜한 밤중에 한 줄기 희망의 밝은 빛'이라는 표현이 제격이 아닐까.

2016년 4월 16일 토요일

유진이의 봄날 소묘

하루는 동화처럼 흐르고 추억은 세월과 궤를 함께하며 곱게 수놓아질 봄날이다. 그런 계절임에도 유진이에게 병신년(丙申年) 4월은 잔인하기 짝이 없어 가능하다면 지워버리고 싶었을 게다.

초사흘부터 감기와 고열로 몇 개의 병원을 전전하다 결국은 독감(influenza)으로 판정을 받았었다. 그래서 집 안에 갇힌 모양새인 격리를 당해야 했다. 그 과정에서 수없이 반복되던 고열과 밀고 당기며 치열한 싸움을 여러 날 되풀이했다. 일주일 이상 심하게 끌탕을 치면서 끙끙 앓으며 결석을 계속하다가 20대 국회의원 선거일 다음 날(14일)에 겨우 등교했다. 다시 등교를 시작하면서도 체력이 몹시 떨어져 학습 내용의 복습이나 예습은 꿈도 꿀 수 없었다.

병마와 끝 모를 악전고투에서 이겨내려고 링거를 계속 맞으며 기력을 찾기 위해 발버둥을 쳤다. 그렇게 와신상담하는 와중에 5

월이 다가왔다. 하지만 5월 또한 만만치 않은 골칫거리들이 가로막고 혀를 날름거려 비틀대는 행보를 거듭했다. 크게는 세 가지 일들이 애간장을 태우게 했다.

먼저 골칫거리는 수시평가였다. 3학년이 된 뒤에 이제까지 배웠던 교과목 평가계획이 발표되었다. 공식 명칭은 1차 수시평가이다. 이는 아마도 옛날의 중간고사에 해당하리라. 16일 국어, 17일 수학, 18일 사회, 19일 과학이 평가될 예정이다. 각 과목별로 시험 범위까지 자세히 공고되었어도 4월을 병치레에서 벗어나기 위해 모두걸기를 했던 때문에 자습을 한다는 것은 어불성설로서 방방 뛰어도 움치고 뛸 도리가 없었다.

5월 초 시험이 공고된 뒤의 사태였다. 마음만 급해 발을 동동구르며 허둥지둥 교재를 넘겨봤다. 하지만 분량이 하도 많아 며칠의 벼락치기 대응으로는 계란으로 바위치기인 이란격석(以卵擊石)을 빼닮은 꼴이었다. 하여튼 유진이가 독감을 오래 앓아 탈진한 상태가 지속되어 개가 머루 먹듯이 적당히 준비를 하는 시늉을 하다가 시험을 마쳤다. 과연 어떤 결과가 나타날지 몹시 궁금하다[10].

다음 난제는 태권도 승급심사였다. 4월 중순으로 접어들어 독감을 끙끙 앓을 무렵이었다. 태권도장에서 2품단승급심사 대상이

---

10) 6월 2일 학교에서 학업성취도평가 통지표를 보내왔다. 4과목을 19개 항목으로 나누어 상(80% 이상), 중(60% 이상~80% 미만), 하(60% 미만) 평가하고 있었다. 그런데 전체 19항목 중에서 사회(지리), 수학(수와 연산)에서 각각 1개 항목이 "중"으로 평가되고, 나머지 17개 항목은 모두 "상"으로 평가되어 있었다.

니 신청하라는 전갈이었다. 이번 기회를 놓치면 1년을 기다려야 한다. 그래서 일단 신청을 했다. 심사 신청 직전부터 독감을 심하게 앓아 얼추 열흘 이상을 태권도를 쉬게 했었다. 그 이후에도 체력이 많이 떨어져 도장에 가더라도 직접 운동을 할 형편이 못되어 주로 참관을 했다.

국기원에서 예정한 승품단심사 날짜는 유진이의 사정과 관계없이 지난 토요일(5월 21일) 진행되었다. 연습을 제대로 못한 때문에 합격이 어렵지 않을까? 유진이의 처지가 그러했음에도 불구하고 맘속으로는 합격했으면 하는 바람이다. 하지만 시치미를 떼고 그런 내색을 하지 않는다. 그래도 조마조마한 마음에서 간절히 빌고 싶다. 꼭 합격하게 도와달라고. 그런데 빌어야 할 구체적 상대가 생각나지 않아 난감하다[11].

끝으로 학부모 초청 공개수업 참관문제이다. 내일(5월 24일)은 3학년이 되어 처음으로 실시하는 학부모 초청 공개수업 날이다. 그런데 아직도 참관해야 할지 여부를 놓고 고민하고 있다. 여태까지는 기회가 닿을 때마다 모두 참관했었다. 그런데 별로 실익이 없는 계륵 같아 고심을 거듭하고 있다. 어젯밤에 잠자리에서 은근슬쩍 변죽을 울리며 의사를 타진해 봤었다. 지난날엔 막무가내로 무조건 참석하라는 주문이었다.

“할아버지, 꼭 와야 해!”

---

11) 국기원 공인 2품(No-21669706)에 무난하게 합격하여 2016년 5월 22일 국기원장 명의로 품증을 발급받았다.

라고 말했었다. 그런데 어제는 이렇게 말했다.

"할아버지, 마음대로 해!"

"서운하지 않겠니?"

"상관없어!"

"그럼, 할아버지 가지 않는다!"

"응! 그렇게 해!"

그래도 진짜 마음이 어디에 무게를 두고 있는지 저울질해야 한다. 인사치레로 한 말을 곧이곧대로 알아듣고 어설프게 대처했다가 아이에게 돌이킬 수 없는 상처를 줄 개연성 때문이다. 하여튼 오늘 저녁 다시 진지하게 속내를 들여다볼 작정이다[12].

다양한 측면에서 힘겹게 징검다리를 건너면서도 자기가 할 도리는 야무지게 하려고 최선을 다하는 꿋꿋한 자세가 가상하다. 이같이 어렵고 힘든 과정과 맞서 기필코 이겨내려는 밀당을 통해 강건한 정신력을 지니게 되리라. 그렇게 자신과의 싸움에서 이겨내려고 힘쓰다 보면 '스스로에게 이기는 길이 가장 강해지는 것'이라는 자승최강(自勝最强)에 이르지 않을까.

날이 가고 해가 바뀔수록 의젓해진다. 지난 어버이날이었다. 학교에서 자신이 손수 만들었던 카네이션을 나와 아내에게 건네주며 고맙다는 인사를 해서 가슴이 먹먹하고 코끝이 시큰했었다. 그런데 자기가 만든 카네이션으로는 미진하다고 생각했던 모양

12) 저녁 늦게 유진의 본심을 타진한 결과 내일 할아버지는 공개수업 참관 대신에 등산을 하라고 했다.

이다. 학원에서 돌아오며 다시 카네이션꽃을 사다가 안겨 감동케 했다. 이런 맥락에서 샛노란 병아리같이 맑고 밝으며 순수한 영혼의 참모습이 투영되는 게 아닐까!

유진아! 비록 힘겨운 일이 줄줄이 잇달아 비틀거렸던 5월일지라도 신록의 계절은 싱싱하고 풋풋한 희망의 상징이란다. 계절의 여왕이라는 5월이 불과 일주일 남짓 남았다. 노루 꼬리처럼 짧게 남은 5월의 끝자락일지라도 진정 너를 위한 보람된 날들로 곱게 아로새겨질 수 있었으면 좋겠다.

2016년 5월 23일 월요일

첫 새벽 등산

어제 일요일과 오늘 현충일에 유진이가 연거푸 75, 76번째 청량산 등산을 했다. 보통 아이들의 경우 사위가 깜깜한 꼭두새벽에 일어나 채비를 하고 등산을 하자면 단박에 퇴짜를 놓거나 설레설레 고개를 흔들며 손사래를 칠 게다. 그런데 유진이는 시나 때를 가리지 않고 등산을 즐긴다. 4시 30분쯤 잠자리에서 일어나 등산복을 차려 입히고 5시 조금 전에 약간은 어두컴컴한 상태에서 집을 나섰다.

늘 그렇지만 이른 봄부터 초여름까지 숲속의 새벽은 유별나게 소란하다. 온갖 산새들이 일찍 깨어나 짝짓기를 하거나 무리를 찾기 위해서 분주하게 신호를 주고받기 때문에 호떡집에 불이 난 것 같다. 오늘도 예외는 아니었다. 아파트 울타리를 벗어나면서 곧바로 가파른 언덕이다. 숨을 헐떡이며 데크(deck) 계단을 오르는데 산새들이 한꺼번에 몰려나와 지저귀는지 귀를 막고 싶을 정도였다. 오죽하면 유진이가 새들에게 큰일이 난 것 아니냐고 물었다. 그래서 이유를 대충대충 설명해 주었더니 어렴풋이 이해를 하겠다는 눈치였다.

날씨가 끄무레한 것을 감안할 때 곧 비가 내릴 것 같은 낌새였다. 아파트 후문부터 300m 남짓한 가파른 비탈을 올라 임도가 시작되는 지점에 육각정이 있다. 이 육각정을 막 지나치며 어슬렁어슬렁 걷고 있을 때 유진이가 큰 소리로 다급하게 불렀다. 웬일인가 싶어 뒤돌아서 다가갔다. 길바닥에 어른 손바닥 정도의 커다란 두꺼비가 아직 잠에 취했는지 큰 눈을 껌뻑이며 느릿느릿 뒤뚱거리고 있었다. 한참을 구경하다가 산 쪽을 향해 걸음을 재촉했다.

구름이 끼었고 아직 완전히 날이 밝지 않은 상태라서 나는 앞쪽만 보고 열심히 걸었다. 하지만 곤충이나 작은 동물에 대해 관심이 많고 눈이 밝은 유진이는 길바닥을 찬찬히 살피며 걸었던 가보다. 임도를 100m 남짓 걸어가는데 유진이가 또 소리치며 불러세웠다.

"할아버지! 하늘소 수컷이 있어요."

라고 했다. 다가가서 자세히 살펴보니 하늘소 수컷 한 마리가 엉금엉금 기어가고 있었다. 지금까지 봤던 하늘소 중에 가장 큰 것 같았다. 머뭇거리지 않고 잡아 유진이 손에 들려주었더니 이리저리 살피며 신이 나서 겅중겅중 뛰었다. 그런데 집에서 사육할 형편이 아니었다. 그래서 자연으로 돌려보내자고 조곤조곤 구슬렀는데 순순히 동의해 숲속으로 돌려보냈다.

임도로 500m쯤 걷다가 늘 다니던 정상을 향하는 조붓한 등산로로 접어들었다. 본격적인 등산로로 진입하면서 시작되는 깔딱고개를 숨을 헐떡이며 치고 올라가 잠시 쉬었다가 평지 같은 능선으로 쭉 뻗은 길을 걸었다. 여기에도 다양한 새소리가 불협화음처럼 소란해도 기분은 좋은지 새에 대해 이것저것 물었다. 그렇게 숨을 돌리며 걷다가 또 다른 깔딱 고개를 만나 헉헉대다가 산마루에 자리한 철탑 아래 벤치에 걸터앉아 숨을 돌렸다. 쉬는 동안 마창대교와 마산을 구경한 뒤에 다시 걸음을 옮겨 대략 6시 40분경에 정상에 도착했다. 보통날 새벽에는 등산객이 꽤나 많다. 그런데 오늘은 휴일인 때문인지 불과 너 댓 명을 만났을 뿐으로 인적이 뜸해 한적했다.

아무도 없어 정상의 육각정을 독차지했다. 한참을 쉬면서 주위를 자세히 살펴보니 벚나무에 버찌가 까맣게 익어 먹음직스러웠다. 나뭇가지를 휘어잡고 잘 익은 버찌를 골라 땄다. 잠간 동안에 한 주먹을 따서 유진이에게 건넸다. 약간 쓴맛이 있는 데다가 먹어본 경험이 없어 머뭇거렸다. 그래서 시범을 보였더니 잘 따라 먹었다. 버찌를 여러 개씩 입에 넣고 우물거리다가 씨를 잘 발라내 퉤퉤 뱉어 냈다. 버찌를 많이 먹어 입술과 이가 검게 물들어 웃음이 절로 났다. 버찌를 한 주먹 남짓 먹고 나서 신이 나는지 산에 오기를 잘했다고 몇 번이나 되뇌며 방방 뛰었다.

버찌를 따 먹고 우연히 육각정 아래 풀숲으로 눈이 갔다. 산 정상이라서 아직은 아침저녁으로 날씨가 쌀쌀할 터인데도 빨갛게 익은 산딸기가 눈에 띄었다. 웬 횡재인가! 산딸기 숲에 풀이 웃자라 위험할 것 같았다. 그래서 유진이는 육각정 들마루에 쉬라고 이른 뒤에 풀숲으로 들어가 산딸기를 한 주먹 땄다. 유진이게 주었더니 신나게 먹으며 연신 콧노래를 흥얼거렸다. 오늘 아침 등산길에는 버찌와 산딸기를 따서 먹여 볼 기회를 가졌다는 측면에서 나름대로 의미가 있었다. 또한 이는 쉬 경험하기 어려운 자연학습이 아닐까.

오가는 길섶에 흐드러지게 핀 보랏빛 싸리꽃이 인상적이었는지 여러 번 되풀이해서 질문을 했다. 비록 크고 소담스런 모양은 아닐지라도 작은 꽃들이 한데 뭉쳐 피어 송어리 형태가 맘에 쏙 들었던 가 보다. 길에서 조금 떨어진 숲속에 핀 이름 모를 꽃들을 꺾겠다고 숲속으로 들어가려 해서 독충이나 뱀의 위험성을 이유로 제지했다. 또한 등산길에서 몇 번 마주한 밤꽃에 대해서는 무척 민감했다. 밤꽃은 구역질이 날 정도로 짙은 냄새 때문인지 코를 킁킁거리는가 하면 한편으로는 고약하다며 마뜩치 않은 속내를 가감 없이 온새미로 드러냈다.

무언가에 쫓기듯 서둘 이유가 없어 느릿느릿 걸었다. 그렇다고 빠르게 걸으면 시간을 벌고, 천천히 걸으면 추억을 번다는 생각을 되새긴 것은 아니었다. 어찌 되었던 습관적으로 느리고 굼뜨게 걷다 보니 뜻하지 않은 행운을 또 만났다. 돌아오는 길에도 또 다른 커다란 두꺼비를 만났다. 그를 잡아 집에서 기르겠다고 고집을 부리는 유진이에게 그 부당성을 이해시키는데 입이 아플 지경이었다. 아예 자연학습을 하는 심정으로 이것저것 묻는 대로 설명하면서 천천히 오갔기 때문에 7시 40경에 집에 돌아왔다. 그런데 집에 돌아와 샤워를 하고 나서 아침 식사를 하려는데 비가 추적추적 내리기 시작했다. 새벽부터 서둘러 다녀온 것은 탁월한 선견지명에 따른 선택이었지 싶었다.

2016년 6월 6일 월요일

My stories 나의 이야기[13)]

Hello guys! 안녕, 친구들!

I thank you for listening to my speech. 내 이야기를 들어주셔서 감사합니다.

My name is 유진 and 내 이름은 유진이고요.
3rd grade of 신월 elementary school. 신월초등학교 3학년입니다.

I was born in Vancouver Canada and 나는 캐나다 밴쿠버에서 태어났고

---

13) 위 내용은 유진이가 오늘(2016년 6월 22일 6교시 영어교실) 학교에서 실시하는 "영어 말하기 대회"의 "3학년 본선"에 자기 반 대표로 참가하는 3명 중에 한 사람으로 참가해서 발표했던 내용이다. 초등학교에 입학하면서 시작했던 영어이기 때문에 자기도 한 번 참가해 보고 싶다고 우겨서 허락했었다. 한편 이 원고는 학교의 영어 담당 선생님의 자문을 받아 작성했다.
하지만 내용을 모두 암기하지 못했다. 왜냐하면 대충 연습을 시켰더니 완벽하게 외우지 못했기 때문이었다. 그래서 내용 중에 기억하고 있는 부분까지는 원고를 보지 않고 말하다가, 생각이 나지 않으면 보고하라고 요령을 일러주었다. 그런데 생각보다 시간이 많이 필요하고 노력을 해야 한다는 관점에서 앞으로는 특별한 이유나 계기가 없는 한 또다시 참가하지 못하게 할 참이다. 그래도 이번 발표를 통해서 나름대로 경험을 쌓은 것은 소중한 자산이 될 것이다.

I came back here in Korea when I was one year old.
내가 1살 때 한국으로 왔습니다.

Because my parents were very busy at that time,
왜냐하면 나의 부모님들은 그때 매우 바빴습니다.
So I had to come to my grandparents' house.
그래서 나는 나의 조부모님 집으로 와야만 했습니다.
That is the reason above why I live in 마산 with grandparents now. 위의 이야기는 내가 조부모님과 마산에서 살게 된 이유입니다.

I enjoy climbing 청량 mountain. 나는 청량산 등산을 즐깁니다.
For the past three years, 지난 3년간,
I have been there about seventy four times with my grandfather. 나는 할아버지와 74번이나 그곳에 갔습니다.

During climbing mountain, 등산을 하는 동안,
We talk each other a lot. 우리는 많은 이야기를 합니다.

And, whenever I stand on the top of the mountain
나는 산꼭대기에 섰을 때
I feel so fresh and I think it's good for health
아주 신선하고 그리고 건강에 좋다고 생각합니다.
These days, it's really difficult to go there
요즈음은 등산하기 힘들지요.

because of the hot weather. 왜냐하면 무더운 날씨 때문입니다.

But I still enjoy climbing now 나는 지금도 여전히 산에 오릅니다.

In the next, 다음으로
I have a little bad hobby. 나는 조금 나쁜 버릇이 있는데
I like computer games. 컴퓨터 게임을 좋아 하는 겁니다.

When I was playing games, my dad was worry about
내가 게임을 할 때, 나의 아버지는
my eyesight and often said "stop! stop!"
내 시력이 나빠질까봐 걱정하고 잔소리를 합니다. 그만! 그만!

Of course, I understand my dad, but
물론, 나는 아버지를 이해하지요. 그러나
I can't help stopping. 나는 멈출 수가 없어요.

I know that playing computer game is bad hobby.
나는 컴퓨터 게임이 나쁜 취미라는 걸 알고 있지요.
So I'm not complaining about that to my dad
그래서 나의 아버지에 대해서 불평을 하지 않습니다.

and I'm trying to reduce games slowly~ slowly~
그리고 나는 게임을 줄이려고 노력하고 있습니다. 천천히~ 천천히~

Moreover 또한

I personally like eating sweet ones : 나는 개인적으로 달콤한 것들을 좋아합니다.

Mango, Watermelon, Sweet potato, Snacks, 망고, 수박, 고구마, 간식

even drinking soda and so on.... 음료수 마시기 등등

Anyway, I'm really outgoing and easygoing,
어찌했던 나는 사교적이고 원만한 편입니다.

which means, I have a lot of friends around me.
내 주위에 친구가 많다는 뜻입니다.

So, whenever I'm sad or depressed, 그래서 내가 슬프거나 우울할 때

I easily shared my stories with them and they
쉽게 그들과 나의 이야기를 나누고 그들은

made me relaxed. 나를 편안하게 해주지요.

At the end, 끝으로

My dad often gives me an advice and talks to me.
나의 아버지는 종종 나에게 충고의 말씀을 해 주십니다.

"You should be confident and 내가 용기 있고 두려워하지

don't need to be afraid of!" 않는 아이였으면 한다고요.

Thank you so much. 정말 감사합니다.

2016년 6월 22일 수요일

우포 체험 학습

백문불여일견(百聞不如一見)이라고 했던가. 어제 유진이 학교 3학년은 몽땅 창녕에 자리한 우포늪으로 체험학습을 다녀왔다. 가정통신문에 따르면 무턱대고 찾아가서 주마간산 격으로 둘러보고 휑하니 돌아오는 원족(遠足) 같은 나들이가 아니었다. 학교에서 단체로 찾아가서 우포생태교육원의 위탁교육을 받는 내용이었다. 그 교육원은 학생들을 일정한 교육과정에 따라 전담 선생님들이 규정된 교육 프로그램을 운영했다. 그동안 유진이와 몇 차례 다녀왔어도 공식적인 교육제도가 있는지 몰랐다.

학교에 따르면 아이들에게 환경과 생명의 소중함을 인지시키고 보호하는 태도를 기르기 위한 자연체험학습이라고 했다. 대략 아침 8시 40분경에 출발해 9시 50분 무렵에 도착하는 모양이다. 도착하면 곧바로 빡빡한 교육과정에 따라 학습과 생태체험을 오후 2시 40분까지 한단다. 그렇게 교육을 마치고 오후 3시 50분경에 귀교하는 것으로 고지하고 있었다.

우포늪은 어떤 곳일까? 먼저 경상남도 창녕군 유어면 대대리, 세진리, 이방면 안리, 대합면 주매리 일원에 펼쳐진 자연 늪이다.

낙동강 지류인 토평천 유역에 1억 4,000만 년 전 한반도가 생성될 시기에 만들어졌다는 얘기이다. 담수 면적은 2.3㎢이며 가로 2.5㎞, 세로 1.6㎞로 국내 최대의 자연 늪지란다. 한편 생태계특별보호구역으로 지정되었다(1997년 7월 26일). 또한 람사르협약(Ramsar convention)에 가입하여 국제습지조약 보존습지로 지정되었다(1998년 3월 28일). 게다가 최근에는 우포 따오기 복원센터(창녕군 유어면 세진리의 옛 둔터마을)가 세워져 세간의 이목을 끄는 곳이기도 하다.

근세에 이르러 제방공사를 실시하여 가운데는 우포(牛浦 : 소벌), 동쪽의 사지포(沙地浦 : 모래벌), 서쪽의 목포(木浦 : 나무벌), 가장 아래쪽의 낙동강에 인접한 지역에 자리 잡은 쪽지벌 등의 4개 늪으로 조성되어 있다.

우포늪에는 1997년을 기준으로 342종의 동물과 식물이 서식하고 있는 것으로 조사 보고되고 있다. 첫째로 식물 168종, 둘째로 조류 62종, 셋째로 어류 28종, 넷째로 양서류 5종, 다섯째로 포유류 12종, 여섯째로 수서곤충 55종, 일곱째로 파충류 7종, 여덟째로 양서류 5종이다.

너무도 넓고 방대해서 어린이들이 하루 종일 종종걸음으로 발품을 팔아도 한 바퀴 돌아보기 어렵다. 그런데 늪에 대해서 무엇을 어떻게 짧은 시간에 교육시킬까? 우포생태교육원에서 만들어 방문 학생들에게 제공하는 "우포늪 생태체험 학습장"을 보고 궁금증이 풀렸다. 책자는 모두 48쪽으로 되어 있고, 매번 9시 50분부터 오후 2시 40분까지 정규 학교 수업처럼 체계적으로 이루어지고 있었다. 학습장에 담긴 주요 내용은 이랬다.

책자의 들머리에서 습지의 종류, 습지가 하는 일, 우포늪 소개했다. 그리고 "자연의 선물 우포늪"이라는 동영상을 시청한 뒤에 봄, 여름, 가을, 겨울로 나눠어 기억에 남는 내용을 기록하는 란(欄)이 보였다. 아울러 우포늪 곤충과 동물을 비롯해서 식물에 대해 다음과 같이 소개하고 있었다.

덩굴식물로 칡, 며느리배꼽(사광이풀), 환삼덩굴을 예시하고 학생들 스스로 찾아 기록할 여백이 있었다. 그다음에 대표적으로 버드나무와 가시연꽃에 대해 사진과 설명을 통해 자세히 소개했다.

식물이 사는 곳에 따라 이렇게 갈래짓고 있었다. 첫째로 잎이 물에 떠서 사는 식물인 마름, 가시연꽃, 연꽃, 노랑어리연꽃 같은 부엽식물(浮葉植物), 둘째로 잎이 물 위로 뻗어서 사는 갈대, 창포, 매자기, 줄 따위의 정수식물(淨水植物), 셋째로 물에 떠서 사는 자라풀, 개구리밥, 생이가래, 부레옥잠 등의 부유식물(浮遊植物), 넷째로 물속에 잠겨서 사는 검정말, 나사말, 통발 따위의 침수식물(沈水植物)이 자생하고 있단다.

식물의 씨앗이 멀리 퍼져가는 방법에 대해 다음과 같은 5가지로 구분하고 있었다. 첫째로 바람을 타고 이동하는 박주가리, 부들, 고들빼기 등의 씨앗, 둘째로 사람이나 동물의 몸에 붙어서 이동하는 도깨비바늘, 쇠무릎, 도꼬마리 따위의 씨앗, 셋째로 물을 타고 이동하는 가시연꽃, 마름, 생이가래 등의 씨앗, 넷째로 꼬투리가 터져서 옮겨지는 돌콩, 제비꽃의 씨앗, 다섯째로 동물의 먹이가 되었다가 배설물로 나와 이동하는 찔레의 열매인 영실(營實) 같은 열매속의 씨앗이 있음을 소개하고 있었다.

우포늪의 동물에 대해서는 곤충, 새, 포유류, 물고기와 조개, 따오기, 다른 나라에서 온 동물과 식물 등으로 구분해 예시하고 있다.

곤충 중에 첫째로 땅에 사는 곤충으로 제비나비, 왕사마귀, 네발나비, 말잠자리, 우리벼메뚜기, 말매미 등을 열거하고 있다. 둘째로 물에 사는 곤충으로 물자라, 잠자리애벌레, 장구애비, 물장군, 게아재비, 소금쟁이 따위를 소개하고 있다.

조류에는 첫째로 텃새로 박새, 흰뺨검둥오리, 붉은머리오목눈이, 까치, 왜가리, 딱새 등이 있다고 한다. 둘째로 나그네새로 발구지, 장다리물떼새, 개미잡이, 제비딱새, 청다리도요, 알락도요 등을 열거하고 있었다. 셋째로 여름 철새로 꾀꼬리, 파랑새, 쇠물닭, 물꿩, 중대백로, 쇠백로 따위가 날아와 서식한단다. 넷째로 겨울 철새로 큰부리큰기러기, 물닭, 큰고니, 노랑부리저어새, 쇠오리, 청둥오리 등이 있다는 얘기이다.

포유류에는 담비, 삵, 고라니, 멧돼지, 멧토끼, 너구리 등을 적시하고 있다. 물고기와 조개류에는 가물치, 각시붕어, 피라미, 버들붕어, 드렁허리, 잉어, 참붕어, 메기, 민물새우, 징거미새우, 미꾸라지, 논우렁이, 민물조개 등이 있다. 그리고 중국에서 기증받은 따오기를 따오기 복원센터에서 복원 중임을 소개하고 있었다. 마지막으로 다른 나라에서 온 동물과 식물로서 황소개구리, 블루길, 뉴트리아, 돼지풀, 환삼덩굴 등을 소개하고 있었다.

우포생태교육원에서 발간한 "우포늪 생태체험 학습장"을 한 번만 읽어도 많은 자연 공부가 옹골지게 될 법했다. 하물며 현장에 가서 전문가들의 설명을 곁들이며 보고 배우거나 느낀 점은 크고 많으리라. 내가 데리고 다녔던 우포늪의 경험과 비교할 때 전혀 딴판으로 여겨졌다. 따라서 오늘에 비하면 나와 함께 찾았던 우포늪 경험은 아무짝에도 쓸데없는 시간 낭비에 지나지 않았을 것이다. 어쩌면 '흙벽과 마주하고 앉은 느낌'인 당면토장(當面土墻)의 기분이 아니었을까? 같은 대상이라도 어떤 관점에서 어떤 식으로 접근하느냐에 따라 그 결과는 하늘과 땅 차이라는 사실을 새삼스럽게 깨우친 계기가 되었다. 모쪼록 유익한 체험학습이 되었기를 빈다.

2016년 6월 10일 금요일

수영 체험 학습

제대로 된 수영과 만남이다. 유진이가 학교에서 실시하는 수영 체험학습에 4회(6월 1일, 15일, 20일, 29일) 참여할 예정이다. 이는 학교 교육계획에 따른 체육과 교육과정의 수행을 위해 실시하는 프로젝트이다. 학교에 따르면 전교생 중에서 1~4학년이 대상이다. 그런데 1, 2, 4학년은 시내 올림픽기념관 수영장에서 오전 9시부터 11시 30분까지, 3학년은 마산실내체육관 수영장에서 낮 12시부터 오후 2시 30분까지 실시할 계획이다.

한 가지 이해할 수 없는 부분이 있다. 같은 초등학교 학생인데 1, 2, 4학년은 4회에 걸친 체험학습 경비로 개인당 10,150원을 부담해야 한다. 이에 비하여 유독 3학년의 경우는 창원시 보조금과 교육청의 지원을 받기 때문에 개인 부담이 전혀 없다. 이런 까닭에 유진이는 3학년이라는 이유로 자비 부담 없이 수영 체험학습에 꼬박꼬박 참여하고 있다. 하지만 아무리 교육이라도 천태만상의 천방지축인 어린이들을 떼거리로 이끌고 갔기 때문에 도떼기

시장을 방불케 할 정도로 시끌벅적하고 소란스럽지 않을까 걱정이다.

그동안 태권도장에서 방학에 개설했던 수영교실에 참여해서 킥(kick) 판을 차는 연습을 비롯해 초보적인 교육을 받았었다. 그 이후에는 토요일마다 짬짬이 할머니와 수영장에 가서 기본동작, 물에 뜨는 방법, 자유형(자유영), 숨쉬기, 킥 판 차기 따위를 시나브로 익혀왔다. 그런 까닭에 완전 맹탕으로 물을 두려워하는 천치 같은 얼뜨기 처지를 면한 상태였다.

어린이들인 때문인지 매번 수영 체험학습 하루 전까지 준비물을 챙긴 가방을 학교의 사물함에 가져다 보관토록 했다. 그 이유는 당일 준비물을 챙기지 않아 생기는 불상사를 미연에 방지하기 위한 고육책이리라. 학교에서는 마실 물, 수영복 넣을 비닐봉지, 수영복, 수영모, 수경, 세면도구, 휴지, 개인 상비약 따위를 준비하라고 고지하고 있다.

나의 지난날 돌이켜봄이다. 6·25 전쟁이 휴전된 직후이기 때문에 제대로 된 수영복이나 실내 수영장이 없을 때였다. 초등학교 저학년 때의 악몽 같은 체험을 했다. 장마 뒤끝 무렵에 두려움을 느낄 정도로 많은 물이 흐르던 넓고 깊은 개울에 동네 형들과 멱을 감았다. 어느 날인가 냇가 바위 언덕에 올라가서 물속으로 다이빙하는 형들을 따라 뛰어내렸다. 그런데 센 물살에 휩쓸려 대책 없이 떠내려가다가 주위의 어른들이 물에 뛰어들어 구해주어

익사를 면했다. 그 이후 물에 대한 트라우마(truma)[14]가 생겼는데 배냇병신처럼 그를 극복해내지 못했다. 그 때문에 끝내 수영과 담을 쌓았던 까닭에 여태까지도 물에 들어가면 뜨지 못하는 소위 맥주병이다.

초등학교 때의 추억이다. 여름방학이 가까워질 무렵이면 선생님이 학생들을 인솔하여 냇가로 나갔었다. 그리고 냇물의 깊은 곳을 찾아가서 평상시 착용하던 팬티를 입은 채 수영을 했었다. 그런데 나는 익사 직전에 이르렀던 사고의 두려움을 떨쳐내지 못해 칠푼이처럼 늘 물가에 발을 담그고 낮은 곳에서 빙빙 겉돌 뿐이었다. 결국, 대범하지 못한 못난이에다가 설상가상으로 새가슴이었던 까닭에 끝내 깊은 물 속으로 들어가는 모험을 감행했던 적이 없었다.

토요일에 이따금 수영장을 함께 다닌 할머니 얘기에 의하면 비교적 잘 따라 하는 편으로 소질이 있다고 한다. 하기야 태권도에서 보이는 적응능력이라면 터무니없는 허풍이 아니리라. 아이가 작년에 국기원에서 실시하는 태권도 승품단 심사에서 공인1품에 합격했고, 지난달 심사(5월 20일)에는 공인2품에도 거뜬히 합격했다. 수영에서도 태권도와 엇비슷한 소질을 보인다면 별문제가 없으리라. 따라서 운동에 대한 소질을 걱정하는 것은 배중시영(杯中蛇影)이 의미하는 것처럼 쓸데없는 기우에 지나지 않을지

---

14) 트라우마(trauma) : 옛 사자성어로 트라우마와 비슷한 예가 상궁지조(傷弓之鳥 : 화살에 한 번 맞아 혼이 난 새처럼 한 번 놀란 일로 그 뒤에 사소한 일에도 경계함)나 경궁지조(驚弓之鳥 : 한 번 화살에 놀란 새는 구부러진 나무만 보아도 놀란다는 의미임) 따위가 쓰이고 있다.

모르겠다. 그래도 하루속히 수영에 대해 두루 익숙해지기를 빈다.

2016년 6월 20일 월요일

김해 롯데 워터파크

어린 눈에 워터파크는 어떤 놀이터로 각인되었을까? 유진이가 태권도장에서 주관하는 김해 롯데 워터파크(water park) 2016 여름캠프에 참가했었다. 어떤 수준의 워터파크인지 알아볼 요량으로 홈페이지에 접근해 얼추 섭렵했다. 온새미로 신뢰할 내용이라고 단언키 어렵다. 전국 최대 규모라고 소개하며 실내 워터파크 존, 실외 파도 풀 존, 래피드 리버(rapid river) 존, 토렌트 리비(torrent river) 존 등 네 개의 구역으로 나누어져 있었다.

와일드 서핑(wild surfing), 토렌트 리버, 레이싱 슬라이드(racing slide), 제트 슬라이드(jet slide)를 비롯하여 다양한 시설을 갖추고 있었다. 그래서 어른과 아이들이 함께 즐길 훌륭한 시설과 다양한 음식점 등이 완벽하다는 자랑이다.

이번 주일에 1학기 2차 수시평가 때문에 스트레스를 받으며 심리적으로 압박을 심하게 받았을 게다. 월요일(7월 4일)은 국어,

화요일은 사회, 수요일은 수학, 목요일은 과학 시험이었다. 그런 까닭에 심신의 피로를 풀면서 더위를 씻어내고 체험을 쌓을 워터 파크의 물놀이는 안성맞춤으로 여겨졌다.

태권도장에서 단체로 떠나는 캠프인 때문에 아침 8시 20분까지 도장으로 갔다. 가방에 수영복, 수모, 수경, 세면도구, 수건과 약간의 간식이 전부로 준비물은 엄청 단출했다. 한편, 워터파크의 입장료와 구명조끼 빌리는 비용, 점심 식사비와 차량 운영비 따위로 쓸 최소한의 개인적인 부담금은 이미 은행 계좌로 입금시켰다.

홈페이지에 접속해 여기저기 대충 훑어봤다. 현장에 근무하는 전문가의 빈틈없는 안내가 아닐 경우 제대로 구경하며 체험하기는 너무 방대해 보였다. 따라서 단체로 참가했을 경우 인솔자가 알고 있는 범위 혹은 취미의 한계에 머물다가 일부만을 체험하고 끝날 개연성이 다분했다.

엇비슷한 체험에 대한 고백이다. 오래전 미국의 디즈니랜드(disneyland)를 둘러봤던 적이 있다. 거의 하루를 그 안에서 맴돌았다. 그런데 돌이켜보면 특별한 곳만을 골라서 대충대충 둘러봤던 때문에 그냥 지나쳤던 게 훨씬 많았었다. 그래도 누가 물으면 디즈니랜드에 가봤다고 말한다. 이런 어리석음을 범하지 않았으면 하는 마음이다. 그래서 구석구석에 자리한 다양한 놀이시설을 수박 겉핥기식일지라도 두루 섭렵하는 체험학습이 되었으면 좋겠다.

방학이 되면 워터파크(waterpark)로 나들이를 떠나자고 끈질기게 물고 늘어질 가능성이 크다. 그런데 아예 방학 이전에 워터파크 물놀이를 경험할 기회가 있다는 게 참으로 다행이다. 오늘의 참가를 올여름 물놀이로 대신할 구실이 마련된 셈이다. 그동안 태권도장의 여름캠프, 지난 6월 학교에서 네 차례의 수영 수업을 비롯하여 개인적으로 짬짬이 수영장을 찾았던 경험 때문일까? 벌써부터 여름에 해수욕장이나 계곡으로 피서를 떠나자는 말을 입에 달고 산다. 그동안 되풀이해서 간을 보며 저울질하는 모양새가 심상치 않다. 이런 상황에서 오늘의 워터파크 물놀이는 좋은 핑곗거리가 아닐까!

성장하면서 친구들과 함께하는 단체 나들이를 비롯하여 어떤 캠프나 이벤트가 펼쳐지면 빠지지 않고 꼬박꼬박 참여시키고 있다. 이런 행사를 통해 친구들과 어울리는 방법이나 공존의 법칙을 스스로 터득하고 차근차근 홀로서기 이치를 깨우쳤으면 하는 바람 때문이다. 넓은 세상에서 다양한 세상사를 마주하면서 어떻게 대응해야 하는지 스스로 깨달음은 무엇과도 바꿀 수 없는 소중한 자산이며 공생의 지혜를 여투는 첩경이다.

오늘의 날씨는 하늘에 구름 한 점 없어 여름철 햇볕은 쨍쨍 작렬했다. 게다가 기온은 무척 높아 폭염 주의보까지 내린 무더위였다. 오후 6시경에 현관문을 들어서는 얼굴은 빨갛게 익었고 힘이 들었는지 눈이 퀭하다. 그래도 표정은 싱글벙글 즐거운 모습이다. 그런 아이에게 어리석은 질문을 날렸다.

"오늘, 재미있었니?"

당연한 걸 왜 물어보느냐는 듯 야릇한 표정이다. 대꾸할 가치가 없지만 마지못해 의무적인 답을 한다는 투로 퉁명스런 현답이 날아들었다.

"할아버지! 당연한 걸 왜 물어!"

2016년 7월 9일 토요일

수영 특강 교실

유진이의 3학년 여름방학 버킷리스트(bucket list) 중의 하나가 수영이다. 평소 수영을 체계적으로 배울 기회를 호시탐탐 엿봐왔다. 하지만 학교와 학원 그리고 태권도 수련 따위의 문제로 실천에 옮길 기회를 거머쥘 겨를이 없었다. 그러던 차에 이번 여름방학을 맞아 마산종합운동장에서 초등학교 어린이들을 대상으로 수영 특강 교실을 개설한다는 소식을 들었다. 머뭇거리지 않고 무조건 참가시키기로 했다.

올림픽 수영장에서 전문 강사들이 자유형(자유영)과 배영을 교육시키는 초급반에서 수련을 받고 있다. 혼자서 다니라면 탐탁지 않게 여겨 투덜거리거나 외면할지도 모른다. 그래서 어린이집과 유치원을 4년 동안 동문수학했고, 한때 같은 아파트에 살았던 베스트 프렌드(best friend)인 동근이도 동의를 구해 함께 다니고 있다. 강습기간은 7월 25일부터 8월 24일까지이며, 강습시간은 아침 8시부터 8시 50분이다.

수영강습을 위해 평소보다 훨씬 일찍 일어나야 한다. 그래도 불만 없이 히죽거리며 잘 적응하고 있다. 아침 6시 무렵에 일어나 준비를 마치고 7시 15분쯤에 집을 나선다. 그런데 수영장을 가는 도중 7시 20분쯤에 동근이가 사는 아파트에 가서 동승시켜야 한다. 한편, 유진이 때문에 평소 낮 시간에 수영을 하던 아내도 덩달아 아침으로 바꿔 수영을 하고 있다.

새벽반에 수영강습을 받는 관계로 우리 집의 오전 생활관습이 바뀌며 뒤엉키어 조금은 어수선하고 뒤죽박죽이다. 우선 내가 새벽에 등산을 갔다가 유진이와 아내가 수영장으로 출발하는 7시 15분 전까지 집에 돌아와야 한다. 그런 까닭에 나는 적어도 새벽 4시 30분경에 손전등을 챙겨 등산길에 나선다.

유진이와 아내가 수영장을 향해 집을 나서면 나는 밥이 되기를 기다렸다가 혼자서 아침 식사를 한다. 그리고 조간신문을 읽거나 컴퓨터 앞에 쭈그리고 앉아 여기저기 기웃거리다 보면 수영을 마친 아내와 유진이가 대충 9시 30분에서 10시쯤에 돌아온다. 귀가한 두 사람이 곧바로 아침 식사를 마치면 11시 전후이기 때문에 오전 시간이 뒤엉켜버린다. 그런 이유에서 유진이의 하루를 무의미하지 않도록 적절하게 조정하려고 꽤나 신경을 쓰고 있다. 그래도 아귀가 잘 맞지 않아 효율적인 시간 관리가 어렵다.

강습에서 무엇을 어떻게 배우는지 잘 모른다. 하지만 주의하거나 기본적으로 지켜야 할 준수사항은 지도강사가 잘 알아듣도록 타이르는 훈고(訓告)를 통해 숙지할 터이다. 그런 까닭에서 실제 수영에 대해 궁금하다. 매일 동행하는 아내가 이따금 수영을 하다가 멀찍이서 건네다 보면 뒤처지지 않는 눈치라고 했다. 지도강사가 무엇인가를 시켰을 때 기대에 미치지 못하면 될 때까지 반복하더란다. 그런데 유진이는 허술한 구석 없이 똑 부러지게 따라 하며 단 한 번에 통과한다는 얘기였다.

지난날 태권도장의 여름 특설 캠프로 개설되었던 수영교실 참가를 시켰었다. 그 후에 시간이 날 때마다 할머니를 따라 수영장을 다니며 나름대로 물과 친해졌던 경험 덕이리라. 아울러 또 하나 경험이 있다. 지난 6월에 학교에서 실시했던 네 차례에 걸친 수영교육이 보탬이 됐을 터이다. 이러한 경험들이 아예 무지한 상태의 초짜는 면케 만들었을 게다.

오늘 벌써 닷새째 수영장을 다녀왔다. 유진이의 베스트 프렌드인 동근이를 비롯해서 자기 반 친구 하나와 옆 반 친구 한 명까지 수영장에서 만나 더욱 신이 나고 즐겁지 싶다. 이찌 되었던 새벽에 일어나 서둘러야 지각하지 않을 강습에서 알토란같은 얻음으로 수영의 바탕 지식을 위시해서 자유형과 배영의 기초를 튼실하게 익힌다면 더 바랄 게 없을 터인데.

2016년 7월 29일 금요일

물려받은 자전거

따스한 마음에 감사한다. 바로 위층에 사는 분이 유진이가 탈 자전거를 물려줬다. 아장아장 걷던 시절의 앙증맞은 세발자전거를 탔었다. 그러다가 3년 전에 구입한 바퀴 18인치인 보조바퀴가 달린 파랑 자전거를 타다가 성장하면서 보조 바퀴를 떼어내고 탔었다. 그런데 금년 봄부터 그 파랑자전거의 바퀴에 공기가 빠져서 탈 수 없었다. 이뿐 아니라 너무 작아 새로 사 줘야 할 지경에 이르러 우물쭈물 미적거리다가 오늘에 이르렀다.

오늘 아침의 일이었다. 아내와 유진이가 이른 시간인 7시를 조금 지날 무렵에 수영장에 가려고 하는데 이중으로 주차한 차 때문에 움직일 수 없었다. 급히 나가서 이리저리 차를 밀쳐낸 뒤에 출발토록 도와주고 집으로 돌아오려는 순간이었다. 위층에 사는 분이 손주가 탈 자전거가 필요치 않으냐고 물었다.

아파트 입구 화단에 세워둔 자전거를 가리키며 필요하다면 양도하겠다고 했다. 그런데 앞뒤 바퀴에 공기가 모두 빠진 상태이기 때문에 자전거포에 가지고 가서 공기를 주입해 보고 튜브에 구멍이 났다면 때우면 될 것이라고 알려 주었다. 자전거포에 가서 바퀴 문제를 해결하리라고 작정하고 고맙다는 인사를 한 뒤에 집으로 들어왔다. 바로 자전거포를 갈 수 없는 이유는 우선 아내가 승용차를 가지고 수영장에 갔기 때문에 자전거를 실어 나를 수 없다. 또 다른 이유는 너무 이른 시간이라서 자전거포 문을 열지 않아 기다렸다가 가려는 의도였다.

집에 돌아와 30분쯤 지났을 무렵에 누군가가 벨을 눌러 이른 아침에 "웬 택배람"이라고 중얼거리며 현관문을 열었다. 그런데 뜻밖에도 조금 전에 그분이 자전거를 끌고 올라왔다. 깜작 놀란 표정으로 뚫어지라 바라봤다. 멋쩍은지 만면에 웃음 띠면서 말했다. 그동안 자기 집에서 펌프와 각종 부속을 가지고 나와서 망실(亡失)된 나사를 새로 끼우고 공기가 빠진 바퀴에 바람을 넣었더니 곧바로 탈 수 있어 가지고 왔다는 얘기였다.

유구무언밖에 할 말이 없었다. 집에서 손주들이 쓰던 자전거를 물려주는 것도 고마운 일이다. 그런데 망실된 나사를 새로 갈아 끼우거나 펌프로 바퀴에 바람까지 빵빵하게 넣었다. 그뿐 아니라 지저분해진 부분을 말끔하게 닦아 건네주는 마음씨에 고개가 절로 숙어졌다. 위층에 사는 것 말고는 아는 게 없는 처지인데 말이다. 어떤 연유였는지 모르지만, 이전에 내가 살던 아파트를 자주 방문하여 얼굴을 익힌 정도일 따름으로 통성명을 했던 적이 없다. 입때까지 이웃으로 지켜본 바에 의하면 그분은 언제나 자전거를 즐겨 타며 운동을 하는 자전거 애호가였다.

물려받은 자전거는 우선 바퀴의 크기가 20인치를 넘는다. 유진이에게 알맞은 크기이고, 기어가 10단이라서 속도 조절도 자유자재이다. 아울러 몸체는 흰 바탕에 일부분은 연녹색으로 날렵하고 가벼웠다. 이 정도면 성인이 될 때까지 자전거에 대해서 신경 쓸 필요가 없어 보였다. 유진이가 수영장에서 돌아와 점심식사 전에 한 시간 정도 시승하며 진한 사랑땜을 했다. 그런데 무척 속도가 빠르고 날렵해서 맘에 쏙 든다며 애정을 표했다.

다음에 그 할아버지를 만나면 고맙다는 인사를 정중하게 드리라고 일렀다. 꼭 그러겠노라고 다짐하는 진지한 표정이 결코 입에 발린 코대답[15)]이 아닌 듯했다. 그러면서 그 할아버지는 천사 같은 분이라는 말로 고마운 속내를 솔직하게 드러내며 신이 나서 방방 뛰었다.

2016년 8월 1일 월요일

15) 코대답 : 대수롭지 않게 여겨 건성으로 하는 대답.

수경 분실

이번 여름방학에 유진이를 위해 깔아 놓은 멍석은 수영이다. 이 지역 올림픽 수영장에서 어린이를 대상으로 하는 수영강습에 등록해서 참가한 게 어저께 같은데 벌써 반환점을 돌았다. 오전 8시부터 50분 동안 실시되는 강습에 참여하려면 7시 이전에 잠자리를 박차고 일어나 어정대지 않고 곧장 준비해야 한다. 그럼에도 불구하고 힘들다고 포기하려 들거나 툴툴거리지 않아 신통방통하다.

매일 오가는 길의 운전기사는 아내이다. 여태까지 수영을 해오던 아내가 수영시간을 아침으로 바꿔 동행하고 있다. 어느 정도 적응하는지 궁금해서 강습받는 쪽의 아이들 레인을 넘겨다보면 제법 잘 따라 해서 신기하다고 얘기했다. 지금은 자유영(자유형)을 배우는데 숨을 쉬면서 20여 미터 레인을 무리 없이 오가는 정도라고 귀띔했다. 매일 아침 수영강습 전에 준비운동으로 국민체조를 하는 과정에서 제 친구인 동근이와 함께 수강생들을 마주 보고 서서 시범을 보이는 역할까지 거뜬히 감당해낸다는 얘기이다. 그 과정에서 이끌어가는 모습이 얼렁뚱땅 임하려는 얼치기 자세가 아닐뿐더러 다부지고 당차서 마음에 썩 든다고 했다.

모든 면에서 나무랄 구석이 없어 다행이라고 생각했는데 호사마다일까! 지난 금요일(8월 12일) 수영장에서 수경을 잃어버리고 왔다. 꼼꼼하게 챙기지 않으면 그럴 경우가 일어날 수 있다는 판단에서 별다른 지청구나 꾸지람 없이 간단히 주의를 주었다. 그리고 다음 날(13일) 아내가 백화점에 가서 새로 구입했다. 그런 뒤에 오늘(8월 15일)은 강습이 없는 날이다. 하지만 개인적인 수영은 가능하다면서 평소처럼 일찍 수영을 하러 갔었다. 중간에 제 친구 동근이도 만나서 동행하기로 약속되어 있다고 했다.

새벽 등산을 마치고 돌아와 샤워를 마칠 무렵 룰루랄라 룰루랄라 콧노래를 흥얼거리며 다녀오겠다는 인사를 하고 집을 나섰다. 그리고 수영을 마치고 10시 30분경 싱글벙글 흡족한 모습으로 돌아왔다. 그런데 안방 욕실에서 수영 가방을 챙기던 아내가 날 선 목소리로 유진이를 호출했다. 결코 심상치 않은 톤으로 연거푸 부르는 것으로 봐서 뭔가 크게 잘못된 것 같았다.

문간방의 컴퓨터 앞에 쭈그리고 앉아서 귀를 쫑긋세우고 듣자니 언뜻 수경 문제 얘기 같았다. 그저께 사다가 오늘 처음 썼던 수경 문제라니 이해가 되지 않았다. 은근히 궁금하고 구미가 당겨서 도둑고양이처럼 살금살금 안방으로 다가 가서 엿들었다. 오늘 새로 가지고 갔던 수경을 또 잃어버린 게 틀림없었다.

칠칠치 못하다고 아내에게 오달지게 치도곤을 당하는 유진이게 어떻게 그럴 수 있느냐며 야단을 치고 돌아와 컴퓨터 작업을 계속했다. 그리고 부글부글 끓어오르는 화를 삭이면서 곰곰이 생각해 봤지만 갸우뚱해졌다. 아무리 하찮은 물건일지라도 어영부영 지나칠 일이 아니었다. 하물며 오래된 모지랑이[16]가 아닌 오늘 처음 착용한 새 수경이 아니던가! 어떤 경우라도 자기 물건을 분실했을 때는 찾지 못할 가능성이 높다. 하지만 유야무야 어물쩍 넘기지 않고 반드시 찾겠다는 합당한 노력이 따라야 함을 일깨울 필요가 있지 싶었다. 왜냐하면 잘못된 일에 대해서는 따끔한 정문일침(頂門一鍼)이 필요하다고 느꼈기 때문이다.

섭수(攝受) 하기 어려운 상황이라고 여겨졌다. 뒷북을 치며 쩨쩨한 꼴일지도 모른다. 그렇지만 당장 수경을 놓고 온 수영장 샤워장에 가서 확인하라고 닦달하며 냉혹하게 내몰았다. 담담하게 받아들이고 다소곳하게 내 말에 따랐다. 그래서 혹시라도 수경이 그 자리에 있다면 찾아오고, 그렇지 않고 찾을 수 없다면 새로 하나 사 오라고 아내에게 살짝 일렀다. 이 수경 문제로 아내가 애꿎게 넘터기를 뒤집어쓰며 애먼 벼락까지 맞는 꼴이 되어 무척 미안했다.

수경의 흔적도 찾을 수 없었다고 했다. 그래서 수경을 새로 사가지고 왔다. 오늘 공부 많이 했다며 그 이유를 존조리 일러 주었다. 왜냐하면, 어떤 경우든지 자기 물건을 꼼꼼하게 챙겨야 한다는 사실을 실증적으로 배웠기 때문이다. 유진이도 지난주일 금요일에 사용하던 수경을 잃어버리고 그다음날 새 수경을 사 와서

---

16) 모지랑이 : 오래 써서 닳아진 물건

오늘 처음 가지고 갔던 것을 또 분실했다. 그러고 나서 또다시 새 것을 구입했으니 어처구니가 없었으리라. 그러려니 해서 그런지 망연자실한 표정을 한 채 유구무언의 일그러진 표정에서 참된 반성의 빛이 뚜렷했다.

수경 분실로 아침을 거른 상태에서 자장면을 시켜 주었더니 허겁지겁 먹었다. 잔뜩 긴장했던 뒤끝에 먹은 때문일까. 오후 3시 무렵 열이 나서 쟀는데 37℃를 훌쩍 넘었다. 서둘러 병원을 데리고 가려니 광복절이라서 대형 병원 응급실만 진료를 하는 까닭에 상비약을 먹이고 지켜보고 있다. 그렇다고 응급실을 찾아야 할 만큼 위급한 형편이 아닐지라도 맹랑한 상황이다[17].

왜 수경을 잃어버렸을까? 연유를 캐물었다. 오늘 아침 수영을 마치고 제 친구와 샤워를 하면서 얘기를 주고받고 있었단다. 그때 처음 보는 큰 형이 옆으로 다가오며 뭘 던졌다고 다짜고짜 생트집을 잡더라고 했다. 그래서 던지지 않았다니까 윽박지르는 한편 발로 차고 때리더란다. 덩치가 큰 형이 때리며 안하무인격으로 행동함에도 불구하고 주위에서 지켜보던 어른들이 한결같이 모르는척 해서 무척 서운했단다.

생면부지의 덩치 큰 형의 행패가 두렵고 무서워 바짝 긴장한 상태에서 서둘러 샤워장을 나오면서도 모멸감을 느꼈다는 얘기였다. 그렇게 도망치듯이 빠져나오는 과정에서 미쳐 소지품을 챙기

17) 집에 상비약으로 준비해 두었던 감기약과 해열제를 복용시켜도 열이 떨어지지 않았다. 그래서 16일 아침 일찍 병원에 가서 몇 가지 검사를 하고 링거를 맞은 뒤에 3일 동안 복용할 약을 처방 받아 가지고 왔다. 한편, 절대 안정을 취해야 한다는 의사의 지시에 따라 16일과 17일 수영장, 컴퓨터 교실, 영어 학원, 태권도장 등에 결석을 시키고 있다.

지 못한 것으로 유추된다. 여기까지 정황을 감안할 때 유진이 얘기가 위기를 모면하려는 거짓부렁일 가능성은 희박해 보였다. 그렇다면 오늘 수경을 잃어버린 일을 두고 크게 꾸지람을 하거나 지청구를 할 상황이 아니었다. 왜냐하면 힘이 약한 아이들이 힘센 형의 일방적 주장과 물리적 손찌검에 맞서거나 견뎌낼 힘이 없었다. 그런 연유에서 현장을 황망히 벗어나는 경황 중에 일어났던 돌발사건 때문이지 않은가!

부당한 행패는 아주 작고 사소한 문제일지도 모른다. 하지만 이는 유진이가 체험하지 못했던 불가항력적인 물리력으로부터 위협을 당한 최초의 어처구니없는 경험이다. 앞으로 성장하면서 학교나 가정 주변에서 유사한 사례가 발생하지 않는다고 단언할 수 없다. 왜냐하면 우리의 주위가 모두 청정한 환경이라고 장담할 수 없어 이르는 우려의 단면이다.

글쎄? 일방적인 얘기로 전후 사정을 섣불리 단정하기 어렵다. 그렇지만 이제 겨우 열 살인 주제에 왈패처럼 우락부락한 형을 향해 무엇을 던지거나 시비를 입찰했을 개연성은 없다. 속된 말로 간이 배 밖으로 나오지 않은 이상 그런 무모한 행동을 할 천치가 어디에 있겠는가? 그런 까닭에서 위협적인 힘을 앞세워 작은 아이들을 제압하려고 폭력을 거리낌 없이 행사했던 행동은 어느 모로 따져봐도 온당해 보이지 않는다.

2016년 8월 15일 월요일

캠핑

유진이의 첫 캠핑이었다. 한가위 차례를 모시고 제 아비와 밀양으로 캠핑을 떠나 하룻밤을 보내고 어제 오후 돌아왔다. 몇 주 전부터 추석에 차례를 모시고 제 아비의 친구 가족과 함께 다녀올 계획이라고 했다. 캠핑 전날 밤 잠자리에서 나눈 대화의 일부이다.

"유진아!"
"내일 네가 캠핑가면, 할아버지는 잠을 못 잘 텐데."
"왜?"
"네가 보고 싶어 눈물이 날거야."
"그냥 눈 꼭 감고 자!"
"그래도 잘이 오지 않을 것 같은데?"
"그럼 내 사진 옆에 두고 자!"
"그래도 허전해 쓸쓸할 거야."
"하룻밤만 자봐!, 내가 바로 올게"

"유진이는 할아버지 보고 싶지 않을까?"

"겨우 하루인데 참아야지!"

"......."(자칫하다가 괘씸죄에 걸려들까 봐 할 말을 잃고 허둥댔다)

다람쥐 쳇바퀴 도는 듯한 일상의 틀을 벗어나서 색다른 체험을 하는 것도 신선한 경험을 여투는 지름길이다. 초행의 캠핑이라서 산골짜기 냉랭한 밤 기온이 걱정이 되었는지 할머니가 두꺼운 옷으로 중무장시켜 보냈다. 그것도 모자라 야외 전용 슬리핑백(sleeping bag)인 침낭을 비롯해서 텐트 바닥에 깔고 잘 매트리스와 덮고 잘 이불까지 지나칠 정도로 야무지게 챙긴 보따리를 들려 보냈다.

집을 나서 몇 시간이 지난 뒤인 오후 2시경에 목적지에 무사히 도착했다는 문자가 날아왔다. 그런데 그 메시지에는 유진이의 불만이 가득했다. 날씨가 무더운 데 할머니가 긴 옷을 입혀 보내 애꿎은 땀만 찔찔 흘린다고 투덜댔다. 그러면서 아무리 가방을 뒤져도 반바지나 짧은 티셔츠가 없어 갈아입을 수 없다는 하소연도 빠지지 않았다.

제 아비 친구는 자기 처와 중학교 1학년인 큰딸과 초등학교 2학년인 둘째딸이 모두 참가했더란다. 이런 까닭에 유진이는 자기보다 한 살 아래인 연아라는 아이와 짝을 이루어 어울렸단다. 집을 나서며 곤충을 잡겠다면서 포충망 두 개와 채집통을 챙겨갔다. 그래서 그 애와 포충망을 하나씩 나눠 가지고 잠자리와 개구리를 몇 마리를 포획하여 관찰했단다. 그렇게 놀다가 그들을 풀밭에 풀어줬다고 자랑을 늘어놓기도 했다.

야외에서 구워 먹는 고기는 맛이 있게 마련이다. 캠핑으로 한껏 부푼 마음과 분위기 때문이었던가 아니면 고기의 맛이 뛰어났던 때문이었을까. 혀를 깨물며 허겁지겁 먹었다는 과장된 몸짓이 허무맹랑한 거짓부렁이 아니지 싶었다. 전날 저녁에 스스로 깨물어 상처가 났다는 혀의 부위에 약을 발라줬다.

얽매였던 일상의 틀을 깨고 야외에 나가면 무한정한 자유를 만끽하기 때문에 무엇을 먹던 덩달아 맛이 있고 즐거운 법이다. 유진이도 예외는 아니었던 모양이다. 집보다 불편한 자리에서 간이음식으로 끼니를 때웠으련만 꿀맛 같이 달콤하고 신이 났던가 보다. 집에 돌아와서 주저리주저리 주워섬기면서 지나치다 싶을 만큼 몸짓과 실실거리는 표정에서 그렇게 느껴졌다.

한가위라도 흐린 날씨로 휘영청 밝게 솟아오르는 달구경이 불가능했으리라. 그런 터수에 캠핑 중에 가장 압권이며 백미로 각인된 화룡점정(畵龍點睛)[18]은 캠프파이어이었던 모양이다. 생전 처음으로 경험하며 불을 붙이고 불붙은 나뭇가지를 공중에 휘휘

---

18) 화룡점정(畵龍點睛) : 옛날 양(梁)나라에 장승요(張僧繇)라는 화백이 안락사(安樂寺)라는 절의 벽에 용 두 마리를 그려 달라는 부탁을 받았다. 그런데 그가 그렸던 용은 눈동자를 그리지 않았다. 이를 본 사람들이 이상하게 여겨 그 까닭을 물었다. 이에 장승요는 '눈동자를 그리면 용이 승천하기 때문에 그리지 않았다'고 대답했다. 사람들은 그 말을 믿지 않고 자꾸 그리라고 성화를 대는 때문에 용의 눈에 점을 찍자마자 천둥과 번개가 치면서 용은 벽을 박차고 승천했다고 한다. 여기서 화룡점정이라는 고사성어가 유래되었다. 이 말은 '일의 가장 중요한 부분을 완성하여 끝내는 것'을 뜻한다.

※ 점정(點睛) : '사람이나 짐승 따위를 그릴 때 맨 나중에 눈동자를 그려 넣음'을 의미한다.

흔들 때 활활 타오르던 불꽃과 그 궤적이 신비했던 가 보다. 그럴 줄 알았으면 지난날 정월대보름 달맞이를 나가서 쥐불놀이라도 경험토록 했으면 좋았을 것을.

완벽한 준비를 했던 관계로 야외에서 처음으로 맞는 잠자리는 별로 불편함을 느끼지 못했던 것 같다. 그렇게 과도한 짐을 싸고 챙기는 과정에서 유진이와 아내는 티격태격 밀고 당겼었다. 하여튼 추위는 고사하고 되레 더워서 땀을 흘리며 고생했다는 불평은 단순한 투정이 아니지 싶었다. 그런 까닭에 아내의 진정한 마음을 옹호하거나 대변할 계제가 못 되었다. 그야말로 '지나치면 모자람만 못하다'는 뜻의 과유불급이라는 말이 떠올랐다. 이런 맥락에서 이번 캠핑 나들이에서 난벌[19]은 그다지 성공적이지 못했던 것 같다.

캠핑을 나섰던 추석날 하룻볕에 노출했을 뿐이다. 그런데 유진이 얼굴은 검정콩을 연상시킬 정도로 새까맣게 탔다. 봄볕도 아니련만 초가을 하룻볕에 그다지도 심하게 얼굴이 그을렸다는 사실이 믿어지지 않았다. 추석날 밤부터 돌아오던 이튿날 낮까지 비가 내려 햇볕을 구경할 수 없었는데도 말이다.

돌아오는 길에 숯불갈비로 마무리 식사를 했던 모양이다. 그 점심이 엄청 맛이 있었다며 자랑했다. 같은 고기라도 특히 숯불갈비를 유독 좋아하는 아이다. 평소 외식에서도 그 메뉴를 으뜸으

---

19) 난벌 : 나들이할 때 착용하는 옷이나 신발, 모자 따위를 통틀어 하는 말이다.

로 꼽는다. 어찌 되었든 캠핑을 마무리하는 점심 자리가 맘에 쏙 들었단다. 이 또한 이번 나들이 길을 흡족하게 만드는 데 일조했던 공신이 분명했다.

눈 깜짝할 사이에 훌쩍 흘렀을 하루가 아니었을까. 집을 떠나 야외의 불편한 잠자리에서 한뎃잠을 경험하며 부실한 끼니를 때워야 했던 캠핑에서 무엇을 느꼈을까! 집에 돌아온 뒤에 넌지시 변죽을 울려 봐도 시큰둥한 대답에 진의를 종잡을 수 없었다. 그래도 나름대로 스스로 강해지고 세상의 이치를 점진적으로 넓혀 나가기 위한 날갯짓에 해당하지 않을까? 이런 연유에서 이번 캠핑이 삶의 외연을 넓히는 계기가 되는 한편 아름다운 추억으로 또렷이 각인되었으면 좋겠다.

2016년 9월 17일 토요일

Ⅲ. 고학년으로 진급하는 날

문서실무사 자격증

스펙(spec) 쌓기에 해당하는 걸까. 오늘 유진이가 한국정보관리협회에서 시행하는 문서실무사(KB) 실기 4급(자격증번호 : 161GN51-40008178)의 합격확인서(2016년 9월 14일)를 받았다. 방과 후 수업을 마치고 합격확인서를 손에 쥐고 집에 돌아오는 길에서 만나 격려와 축하를 해주었다. 크던 작던 어떤 분야의 전문 자격을 취득한다는 사실은 해당 분야에 관심을 가지고 그에 상응하는 노력을 기울였다는 방증이기에 함께 기쁨을 나눔은 자연스러운 감정의 표현이리라.

내가 컴퓨터 앞에 앉아 일하는 모습을 어깨너머로 넘겨다보며 쪼는 타법(hunt and peck typing) 혹은 독수리타법(two fingered typing)으로 컴퓨터 자판을 두드리며 덤벙거렸다. 그런 잘못된 모습을 보고 놀라서 제대로 된 운지법(fingering)을 익히라는 맥락에서 1학년 2학기부터 매주 월·수·금요일에 1시간씩 실시하는 방과후 수업인 컴퓨터 교실에 보냈었다. 그동안 나름대로 익혔는지 지난달(8월 27일)에 실시되는 자격시험에서 합격했다.

여름방학을 마치고 개학하면서 자격증 시험이 있다며 신청하라는 안내문을 받고 곧바로 원서를 접수시켰다. 그런 뒤에 살펴보니 시험 날짜가 조상들의 벌초하는 날과 겹쳤다. 그래서 매년 벌초에 참석하던 유진이는 집에 남아 시험을 봐야 한다고 했다. 그랬더니 시험을 포기하고 따라나서겠다고 길길이 뛰었다. 간신히 이해시키는 한편 살살 구슬려 응시하도록 유도했다. 나와 아내만 선영에 가서 벌초하고 돌아왔었다. 그때 따라나서지 못하는 게 서러워 눈물을 뚝뚝 흘리면서 토라져 심통을 부리며 초저녁부터 잠을 자겠다고 툴툴대던 모습이 여태까지도 또렷하다.

컴퓨터를 전공하고 그 분야에서 일했었다. 하지만 새로 생긴 문서실무사가 어떤 성격을 가지는 자격증인지 가늠이 되지 않았다. 그래서 해당 기관의 사이트에 접속하여 살폈다. 문서실무사는 한글과 영문 두 영역으로 나뉘어 1급~4급으로 구분되어 있었다. 그 중에서 유진이가 합격한 문서실무사 4급은 실기시험으로 한 문제가 출제되어 제한 시간 5분 동안에 "타이핑 속도를 테스트하는 시험으로 1,750타~2,250타 사이를 타이핑하여 정타(正打)가 500타 이상이면 합격"으로 규정하고 있었다. 결국, 이 급수의 자격 요건은 타자속도와 정타 수준을 합격 기준으로 정한 가장 낮은 자격이었다. 다시 말하면 "한글 키보딩(keyboarding)에 관한 하급 숙련 기능을 가지고 다양한 프로그램을 활용하여 이와 관련된 업무를 신속·정확하게 수행할 수 있는 능력의 유무"를 체크하는 자격시험이었다.

성장 과정에서 이것저것 하나씩 익혀 진정한 자기의 것으로 만들어나가는 모습이 대견하다. 그 대부분은 자의나 타의에 관계없이 알토란같은 지식으로 축적되어가고 있다. 한편, 그중의 일부는 일정한 형식과 틀에 따라서 공인되기도 한다. 이처럼 공인된 절차를 거친 예들이다. 먼저 유치원을 다니며 한자교육진흥회에서 실시한 한자실력급수 8급(2012년 : 증서번호 063-81-12186)과 7급(2013년 : 증서번호 069-71-12510) 자격증을 취득했다. 그리고 국기원에서 실시한 태권도 1품(品) 자격증(2015년 : No-21669706)과 2품 자격증(2016년 : No-21669706)을 취득했다. 또한 이번에 취득한 문서실무사 4급 따위가 그런 부류에 해당한다.

줄넘기, 자전거, 훌라후프, 킥보드, 수영, 피구, 배드민턴, 인라인스케이트, 송구 따위를 익혀 나감은 성장하면서 외연을 넓히는 증좌이다. 아울러 앞서 열거한 각종 자격증 또한 같은 맥락에서 기뻐하고 적극 응원할 일이다.

사람들은 꿈과 희망은 크고 높게 가지라고 조언한다. 그렇지만 예로부터 천 리 길도 한 걸음부터라는 당부도 잊지 않았다. 그러므로 앞으로 크고 작은 시련에 직면할 때 피할 궁리에 골몰하지 않고 순리에 따르는 진솔한 삶을 꾸려나가길 빈다. 또한 원대한 꿈을 이루기 위해서는 한 걸음 한 걸음 내딛는 신실한 삶의 자세와 노력이 전제되어야 한다. 이런 관점에서 유진이가 아름다운 삶을 위해서 직면하는 작은 일부터 최선을 다해 적진성산(積塵成山)의 참뜻을 바르게 깨우쳤으면 더 할 수 없이 좋으련만.

2016년 9월 19일 월요일

산마 식별 실수

무지함을 엄중히 꾸짖음이리라. 서 푼어치도 되지 않는 선지식을 믿고 나대지 말고 자중자애해야 할 뿐 아니라 겸손해야 한다는 경고였을까! 오늘 경거망동하다가 손주 유진이 앞에서 씻을 수 없는 망신을 자초한 뒤에 쥐구멍이라도 찾아 기어들고 싶었다. 산야에 흔하게 자생하는 야생의 마(산약(山藥), 산우(山芋), 서여(薯蕷)라고도 함)를 제대로 식별하지 못해 크게 실망시키는 남우세스러운 짓을 저질렀다.

올해 이른 봄부터 등산로 옆에 새싹이 돋아나 자라고 있는 마의 잎과 줄기를 발견했다. 그때 동행했던 유진이에게 잎사귀의 생김새와 특징 그리고 덩굴 모양을 세세히 설명해 주었다. 이는 약용으로 쓰일 뿐 아니라 식용으로도 훌륭하다는 얘기를 곁들였다. 등산을 오가던 길목에서 마를 마주칠 때마다 잊지 않도록 되풀이해서 설명했다. 그 때문에 언제부터인가 등산길에서 유별난 관심을 나타낼 정도로 친숙한 존재가 되었다.

몸에 좋을뿐더러 날것을 갈아먹거나 고구마나 감자처럼 쪄서 먹을 수 있다는 얘기에 당장 캐자고 했다. 하지만 봄이나 여름에 캐면 줄기나 잎 쪽으로 영양분이 옮겨가서 맛이 없다고 설명하면서 가을에 탱글탱글 여물어 살진 뿌리를 캐자는 쪽으로 유도했다. 그렇게 하여 진득하게 기다리면서도 내심으로는 호시탐탐 기회를 엿봤을 터였다.

오늘은 일요일이고 내일(10월 24일)은 유진이 학교 19주년 개교기념일이라서 등교하지 않는다. 그런 때문에 청량산 등산에 나설 절호의 기회를 맞은 셈이었다. 게다가 최근 한두 달 동안 잡다한 핑계로 유진이의 등산이 뜸했었다. 그래서 늦은 아침 식사를 마친 뒤에 서둘러 채비를 하고 길을 나섰다. 오늘이 유진이의 81번째 청량산 등정 도전이기도 하다.

등산 채비를 갖추면서 유진이가 말했다. 오늘은 기필코 마를 캘 것이라며 모종삽을 가지고 가겠다고 우겼다. 가을이 깊이져 바뿌리가 충실해졌을 시기이기 때문에 아무런 문제가 없다고 판단되었다. 만일 실한 것으로 몇 뿌리를 캔다면 모종삽과 함께 맨손에 달랑달랑 들고 내려오는 꼴이 우스꽝스러운 모양새로 보일 것 같았다. 그래서 작은 등산용 색(sack)에 보온물병, 초콜릿, 물티슈, 휴지 따위와 모종삽과 비닐봉지를 챙겨 넣었다.

이것저것 구경하거나 도란도란 얘기를 주고받으며 걷다 보니 부지하세월이었다. 얼추 한 시간 가까워질 무렵에 첫 번째 마가 자라는 지점에 이르렀다. 매구처럼 위치를 기억해낸 유진이가 다짜고짜 모종삽을 거머쥐고 캐겠다고 덤벼들었다. 땅속 깊이 내린 뿌리까지 작은 연장으로 파 내려간다는 게 쉽지 않아 이내 허우적댔다. 게다가 막무가내로 흙을 파헤쳐 마 뿌리에 상처를 내거나 몇 동강을 낼 위험성이 있어 아예 내가 모종삽을 넘겨받았다. 대충 땅속으로 10cm를 좀 넘게 파 내려갔을 무렵이다. 흙 속에서 희끗희끗한 뿌리 모양이 눈에 들어왔다. 쾌재를 부르며 주위를 넓게 파내는 한편 손가락으로 연신 뿌리 주위 흙을 파헤치기 시작했다.

단순한 뿌리 한 개가 아니었다. 순간 엄청 오래된 대물을 만난 격이기 때문에 로또에 당첨된 기분이었다. 그런데 주위를 넓고 깊게 파 들어갔건만 그것으로는 역부족이었다. 그래서 더 넓고 깊게 파 들어갔는데 엄청 큰 뱀이 똬리를 튼 형국의 덩어리 모양으로 기함할 정도였다. 지금까지 이런 마를 직접 캐봤거나 다른 사람이 캤던 경우를 본 적이 없었다. 그 순간 무언가 잘못되어 간다는 생각이 머릿속에 번개같이 스쳤다.

온전한 모습이 대충 드러나도록 흙을 파내고 자세히 살펴보니 단단한 뿌리 모습에 어이가 없었다. 놀랄 정도로 굵은 대나무 뿌리가 서로 엉겨 붙은 모양의 덩어리였다. 한편, 아무리 만져 봐도 마와는 거리가 멀었다. 그런데다가 어떤 방법으로도 뿌리가 다치지 않거나 통째로 온전하게 캘 재간이 없었다. 그래서 나름대로 한 가닥씩 떼어 냈다.

거대한 덩어리 중에서 가장자리의 떼어내기 쉬운 부분을 거머쥐고 힘을 주었다. 한데, 웬일일까? 도대체 덩어리에서 떨어질 기미를 보이지 않았다. 더욱 세게 힘을 주었더니 '으드득' 소리를 내며 일부가 떨어졌다. 오호통재라! 마가 아니라 큰 대나무 뿌리 덩어리와 흡사했다. 질긴 특징이 흡사하고 뿌리가 마디처럼 생긴 게 닮았다. 그뿐이 아니었다. 마디 사이에 잔뿌리가 드문드문 나 있는 모양새가 대나무 뿌리를 판박이로 빼닮았다. 이것은 분명 마가 아니었다.

내 연배의 등산객 하나가 걸음을 멈추고 참견했다. 뭐냐고 물어서 마 같아 캐 봤는데 뚱딴지같이 엉뚱한 게 나왔다고 말했다. 그 역시 줄기와 잎을 살피면서 '마의 잎과 줄기가 분명한데 뿌리는 왜 마가 아닐까!'라면서 의아해했다. 내 상식으로는 마의 잎사귀와 줄기가 분명했다. 그런데 나무뿌리를 빼닮았으니 귀신 곡할 노릇이었다. 첫 번째에서 실패하고 참담함을 제대로 삭이지 못한 채 정상을 넘어 골짜기에 두 번째 마가 자라는 장소로 옮겨가서 다시 도전했다. 이곳에서도 똑같은 현상이 나타남으로써 유진이가 크게 실망하여 슬픈 날이라고 말하며 시무룩했다.

입이 열 개라도 할 말이 없는 벼랑 끝으로 내몰린 옹색한 처지로 전락했다. 그래서 할아버지가 칠칠치 못해 우스꽝스러운 결과가 나타났다고 미안한 마음을 전했다. 그랬더니 "마가 지난봄부터 우리에게 사기를 쳤다"고 투덜거렸다. 체면이 바닥에 내동댕이쳐진 꼴이 되어 뻘쭘하고 기분은 엉망진창이었다. 유진이 마음을 달래 줄 요량으로 집에 가서 인터넷을 함께 찾아보자며 국면 전환을 꾀하려 애를 썼다. 하지만 벌레를 씹은 듯한 씁쓰레한 표정을 끝내 풀지 않았다. 너무도 어처구니가 없어 너럭바위에 걸터앉았다. 내친김에 챙겨갔던 초콜릿과 따뜻한 옥수수차를 따라 주었다. 거듭된 실패를 경험하며 비위가 상했는지 데면데면하며 딴청을 부리는 것으로 비비 꼬여 까칠해진 속내를 에둘러 나타냈다.

입때까지 살아오며 산야에 자라는 동식물이나 농작물에 대해 누구보다 많이 정통으로 꿰뚫고 있다는 자만에 빠졌었다. 왜냐하면 동식물에 대해서 비교적 많이 배운 셈이고 실제로 생활하며 많이 접했던 까닭에서 그렇게 믿어왔다. 하지만 하찮은 마의 구별도 제대로 하지 못하는 주제에 허접한 자만과 착각 속에 살아온 꼴이 되레 우스꽝스럽고 한심하다. 이제부터라도 모든 면에서 겸손하고 낮은 자세를 잃지 않아야겠다. 그런 관점에서 유진이에게 진정 미안하다는 말을 올곧게 전해야 했다. 그럼에도 불구하고 협협하지 못한 옹졸함과 알량한 자존심 때문인지 자꾸 합리화시킬 구실만을 찾으려는 내가 구차하고 싫었다. 그렇다면 어떻게 진솔한 내 맘을 곧이곧대로 전하는 게 참된 참회이며 어른다움일까!

마산문학, 제40집, 마산문인협회, 2016년 12월 3일
(2016년 10월 23일 일요일)

영재교육 신청

이웃에서 장에 간다고 애먼 씨 나락 섶을 걸머지고 무작정 따라 나선 우스꽝스러운 꼴이었다. 무엇을 어떻게 하는지 모르는 상태였다. 그럼에도 유진이 학교에서 선발한다는 영재교육대상자 모집 마감일(12월 2일)에 벼락 치듯 지원서를 제출했다. 학교에서 자체적으로 운영을 하는 프로그램이다. 하지만 신청은 영재교육종합데이터베이스(Gifted Education Database : GED) 사이트에 회원으로 가입하여 온라인 지원서, KEDI 창의적 인성검사(학생용), KEDI 리더쉽 특성검사 간편형(초중등용), 자기보고서(학생용)를 작성해야 했다. 눈이 침침하고 귀찮을 뿐 아니라 아들 문제에 관심을 갖도록 제 아비에게 절차를 밟아 지원토록 조치했다.

제 아비가 해당 사이트에 접속해 회원에 가입하여 기본적인 조치를 해둔 눈치였다. 그런 절차를 밟은 뒤에 유진이가 학원에서 돌아와 스스로 구체적인 내용을 차근차근 입력했다. 겨우 초등학교 3학년이 정성을 다해 입력했을지라도 미심쩍었다. 그래서 내가 다시 접속하여 살펴봤다. 서툰 문장에다가 맞춤법에 어긋나 엉망진창인 상태로 혀를 날름거리고 있었다. 그 내용을 보고 대충 내 생각을 얘기해 주면서 수정토록 조언했다.

달포 전쯤일 게다. 아내가 풍문으로 들었던 가 보다. 유진이 학교에서 현재의 3, 4학년을 대상으로 한 반(20명)을 선발하여 내년(2017년)에 영재교육을 실시할 예정이라는 얘기를 했다. 그러면서 곧 공고가 날 것이라면서 지원시키면 어떻겠느냐고 조심스럽게 내 의중을 타진했다. 여러 가지 측면을 감안해 올해는 없는 일로 하자는 쪽으로 아귀를 맞췄다. 꼭 필요하다면 내년에 따로 알아보기로 잠정적인 합의를 했다. 그 이면에는 아이가 천재성을 찾을 수 없이 평범할 뿐 아니라 구태여 그럴 필요가 있을까 싶은 생각 때문이었다.

두 주일 전쯤 학교 홈페이지에 공고가 났고 담임선생님도 알림장을 통해 알려주었다. 그 내용을 나름대로 검토해본 결과는 이랬다. 학교 자체로 운영하는 특별반으로 일주일에 한 번씩 1시간 30분 동안 별도로 하는 교육을 비롯해 모두 101시간을 교육한다고 안내하고 있었다. 특이한 매력이나 구미를 당길 구석이 별로 없다고 느껴져 무시하기로 했다. 그런데 유진이가 학교에서 친구들에게 듣고 와서 자기도 지원하겠다고 끈질기게 요청해서 떠밀리듯 번갯불에 콩 구워 먹듯이 신청하기에 이르렀다.

일단 온라인 신청을 한 뒤에 학교에서 고지한 내용을 자세히 살펴봤다. 현재의 3, 4학년을 대상으로 하기 때문에 한 반에 평균 2

명 정도가 선발될 것으로 유추되었다. 그리고 응시자의 평가방법은 행동특성평정 체크리스트 20%(학생(본인) 10%, 담임교사 10%), 교과성적 20%, 영재성검사 60%로써 도합 100%였다. 이런 관점에서 전혀 준비 없이 지원하는 것이 온당한 짓인지 단안을 내리기 어려웠다.

지원을 포기하려 했던 또 다른 이유가 하나 더 있다. 여태까지 각 영재교육 기관에서 학생을 선발할 때 정규교육 결과를 평가하는 문제보다 한 단계 높은 고난도일 것이라고 믿어왔다. 그런 선떡 부스러기 같은 알량한 지식으로 무장되어 있는 내게 아닌 밤중에 홍두깨 격인 사태가 발생했다.

학교 홈페이지에 영재반 지원자 모집이 공고되고 며칠 지난 어느 날이었다. 아내가 밖에 나가서 지인으로부터 책을 한 권 얻어 가지고 와서 보라면서 코앞에 디밀었다. 심드렁한 마음에 내키지 않아 건성으로 들여다보니 영재교육원 대비 "영재성 검사(초 2/3학년용)"라는 책이었다. 구미가 당겨 자세를 바로잡고 정신을 가다듬었다. 그리고 책을 펼쳐 대충 넘겨가면서 훑어보며 언뜻 스쳐 지나는 직감이었다. 아무리 천재성을 지닌 아이라도 이런 유형의 책을 한 번도 들여다본 적이 없다면 테스트 결과는 불문가지일 것 같았다. 그런 까닭에 유진이가 올해 아무런 준비 없이 무모하게 응시하는 것은 아무런 실익이 없을 듯했다. 그래서 절실하게 원한다면 내년에 도전시켜보려고 맘을 고쳐먹고 있던 참이었다. 과한 욕심에서 무모하게 덤벙댔다가 실패하고 마음에 상처만 받으리라는 우려 때문이었다.

며칠 동안이라도 준비하면 좋으련만 현실은 그렇지 않다. 공교롭게도 내일 월요일(12월 5일)부터 목요일(8일)까지는 학교에서 2학기 2차 수시평가[20]가 진행된다. 그리고 이틀 뒤인 토요일(10일) 학교에서 지필고사(영재성 검사)가 치러지는 관계로 준비할 시간적 여유가 전혀 없어 안타깝다. 이런 까닭에 이번에 도전에 실패하면 내년에는 나름대로 준비하여 다시 도전토록 지도해 볼까 싶기도 하다[21]. 지극히 평범한 아이도 나름대로 노력하면 뛰어난 아이들과 견줄 수 있다는 예를 보여주고 싶다는 이유에서이다.

이제 열 살의 고개를 넘어서고 있는 유진이 도령은 생각보다 감수성이 무척 예민하다. 그를 말해주는 징표가 오늘 아침 시험공부를 한답시고 책상 앞에 앉았다가 연습지에 가을이라는 제목으로 뚱딴지같이 끄적거려 놓은 흔적이다. 그 내용을 한 글자도 첨삭 없이 온새미로 옮겨 놓는다. 내년 2월 초에 영재반의 합격 여부가 최종적으로 발표될 예정이란다. 그와 관계없이 비단결같이 곱고 맑은 마음에 상처를 받거나 얼룩지지 않도록 다독이며 포근하게 살포시 품어 훈훈하게 감싸야겠다.

---

20) 2학기 2차 수시평가 : 유진이는 이 시험에서 국어 82, 수학 94, 사회 96, 과학 100점을 획득해서 평균 93점으로써 가까스로 반 평균 점수를 살짝 넘기는 선방을 하여 체면치레를 했다.

21) 2017년 2월 3일 학교에서 불합격되었다는 문자 메시지가 할머니 전화로 전달되었다.

가을

가을바람 차가운 바람 나의 볼 스치고
가을바람 나의 마음속으로 들어온다

가을 나의 친구를 왜 데려가나
데려 가려면 나를 데려 가다오

가을 넌 왜 푸른 잎사귀들을 노랑으로 만드느냐
가을 넌 어떻게 그런 재주가 있느냐

2016년 12월 4일 일요일

통도환타지아

유진이가 어제 토요일에 통도환타지아에 다녀왔다. 그 놀이동산 체험이 어떤 모습으로 각인되었을까. 태권도장에서 주관했던 양산 통도환타지아 겨울캠프에 참가했다. 이곳은 경남 양산에 위치한 경남 최대의 복합놀이동산으로 유아부터 청소년들까지 즐길 수 있는 위락시설이다. 몇 해 전 유진이가 유치원 다닐 때 여름철에 1박 2일 다녀왔던 관계로 내 기억의 곳간에 오롯이 새겨져 있는 이름이기도 하다.

시의에 맞춘 행사였을 게다. 아마도 태권도장 수련생 대부분이 학기말 고사가 끝나고 방학을 맞을 무렵에 색다른 나들이 행사를 통해 스트레스를 풀어줄 요량으로 기획된 나들이 이리라. 이른 아침 시간인 8시 30분에 태권도장에서 모여 출발했다가 오후 5시경에 돌아왔다. 참가경비는 수익자 부담 원칙에 따라 37,000원(입장료, 차량경비, 자유이용권, 피자 만들기, 점심, 보험료 등이 포함)을 기꺼이 납부했다. 같은 도장에서 수련하는 엇비슷한 또래의 도반들이 공동생활을 통해 서로를 배려하고 이해하며 공존하는 질서를 깨우치면서 활동 영역을 넓히는 부수적인 효과도 쏠쏠할 게다.

유진이의 베스트 프렌드인 동근이도 함께 다녀왔단다. 동근이는 어린이집과 유치원에서 다섯 해 동안 동문수학했고 지금도 같은 태권도장에서 수련하는 사이이다. 게다가 한때 같은 아파트에 함께 살았었다. 나들이 길에 가까운 친구와 동행은 더 즐거움과 감동이 배가되기 마련이 아니던가! 이런 까닭에서 기분이 어땠을까? 라는 추측은 부질없는 관심의 낭비일러라.

같은 곳을 다녀와도 무엇을 체험했느냐에 따라 감흥이나 기쁨이 사뭇 다르다. 놀이동산에서 피자 만들기 체험, 청룡열차, 롤러코스트, 바이킹, 하늘 자전거 따위의 탑승을 비롯하여 귀신의 집을 들어가 보기도 했나 보다. 유진이를 보내고 집에 머물다가 문인들의 모임 약속 때문에 오후에 밖에 나갔었다. 지녁 식사를 마치고 집에 돌아왔을 때 무척 지친 모습이었다. 연유를 물었다. 낮에 여러 가지 놀이 기구를 너무 많이 탔기 때문인지 어지럽다는 얘기였다. 더 묻지 않아도 불문가지였다. 자고로 넘침은 모자람만 못하다고 했거늘 도를 넘어 설치며 무모하게 나댔다는 스모킹 건(smoking gun) 같은 증거였다. 그런 상황에서도 낮에 겪었던 갖가지 경험을 주저리주저리 주워섬기며 맹꽁징꽁 읊어대는 모습에 지켜보는 나까지 덩달아 흐뭇했다.

피곤한 기색이 역력해 가능한 일찍 잠자리에 들도록 권했다. 딴에는 힘에 부칠 만큼 피곤했었던가 보다. 일요일 늦게 일어났지만, 어제의 여파가 지속되는지 기압골은 냉탕과 온탕을 오가는 듯했다. 아침 식사를 마치고 제 방에 들어가 뭔가를 하며 흥얼거렸다. 얼마나 지났을까? 스케치북에 그림물감을 풀어 붓으로 아침이라는 시를 써가지고 나와서 할머니 코앞에 디밀었다.

아마도 3학년 과정의 국어 시간에 배웠던 동시의 영향이었을 게다. 시에서 같은 말의 반복은 노래 리듬을 타듯이 읽을 수 있어 친근감을 준다는 내용을 곧이곧대로 믿은 격이라서 고지식하고 융통성 없는 미생지신(尾生之信)[22]이 떠오른다. 그런 취지를 고스란히 살린 표현일지라도 서툴고 부족하여 시를 흉내 냈을 뿐이다. 하지만 나름대로 유진이의 생각을 더덜이 없이 나타내 3연(聯)으로 읊은 내용이기에 원문 그대로 옮긴다. 이 시에서 '경이롭다'라고 평이하게 나타내는 대신에 맛 갈 나도록 '경이롭도다'라는 시적인 감각을 살린 표현을 높이 사고 싶다. 왜냐하면 '경이롭다'라는 단순한 사실 기술이 아니라 '경이롭도다'라고 자기화시켜 독창적으로 서술했다. 이는 문학적 맛이 한결 도드라지도록 생명력을 불어넣고 있다.

22) 미생지신(尾生之信) : 옛날 중국의 노나라에 남하고 약속을 하면 무슨 일이 있어도 꼭 지키는 미생(尾生)이라는 이가 있었다. 그가 어느 날 사랑하는 여인네와 개울 다리 밑에서 만나기로 약속했다. 미생은 약속된 시각 약속 장소에 나갔지만, 여자가 나타나지 않았다. 그때 억수 같은 비가 쏟아져 그는 점점 물속에 잠겼다. 하지만 약속을 했기 때문에 기다려야 한다는 마음으로 버티다가 물에 쓸려 내려가 익사하고 말았다. 이처럼 한 번 약속은 어떤 일이 있어도 굳게 지키겠다는 믿음이나 고지식해서 융통성이 없는 경우를 가리켜서 미생지신이라고 한다.

아침

아침에 우는 닭과 소쩍새
아! 경이롭도다

아침에 솟아오르는 해
아! 경이롭도다

아침에 생기는 일
모두 경이롭도다

2016년 12월 18일 일요일

3학년의 겨울방학

방학에 진정 자유를 만끽할 느긋한 은총이 따를까? 오늘(2016년 12월 23일)부터 다음 해 정월 말(2017년 1월 31일)까지 유진이의 겨울방학이다. 이 기간 동안 생활에 어떤 변화를 주어야 할지 모르겠다. 추운 계절인 때문에 생각을 거듭해도 선뜻 떠오르는 묘안이 없었다. 그렇게 고심을 하던 중에 방과 후 수업으로 수강해 오던 컴퓨터교실에 집중하고 싶다는 자신의 의견을 개진하며 내 뜻을 타진해왔다.

내 딴에는 여러 가지 경우에 대해 좌고우면해 봐도 도긴개긴 격으로 생각되었다. 이것저것을 견주어 덧셈과 뺄셈을 하면서 득실을 따져 봐도 그 밥에 그 나물 꼴이었다. 이런 와중에 뜻밖의 유진이 제안을 받고 학교에서 실시하려는 방과 후 수업 계획서를 새삼스럽게 꼼꼼히 살폈다. 학기 중에 수강하던 컴퓨터교실의 수업인 자격증반이 방학 중에는 오전 9시부터 9시 40분까지 실시한다고 예고하고 있었다. 아울러 10분을 쉰 다음에 9시 50분부터 10

시 30분까지 특강반을 한시적으로 신설하여 운영할 것임을 고지하고 있었다. 유진이가 이 특강반에 필(feel)이 꽂혔다. 그 이유는 마인크래프트와 3D피큐어 만들기를 배우기 때문이었다.

눈길을 사로잡을 뚜렷한 계획이나 이벤트가 없는 밋밋한 일상을 되풀이해야 할 이번 방학이다. 따라서 특별히 기억에 남을 방학이 될 수 없을 성싶어 은근히 미안한 마음이다. 이 같은 연유에서 특별히 수강하려는 컴퓨터교실 교육이라도 흡족했으면 좋겠다. 왜냐하면 그마저도 유진를 흡족하게 하지 못한다면 이번 겨울방학이 마냥 삭막해질 위험이 도사리고 있기 때문이다.

아무런 대책이 없는 경우에 방학 동안 내내 공연히 아침 늦게 일어나 오전 시간을 무의미하게 허비할 개연성이 다분하다. 그래서 유진이에게 학기 중에 월·수·금요일 3일만 수강하던 컴퓨터교실을 화·목요일도 수강하도록 제안했더니 흔쾌히 받아들였다. 이 때문에 이번 방학 내내 매일 아침 일찍 일어나 서둘러 준비를 하고 학교에 등교하여 9시부터 10시 30분까지 2강좌의 컴퓨터교실 교육을 수강할 참이다. 따라서 토요일과 일요일 외에는 일찍 일어나야 할 충분한 핑곗거리가 생긴 셈이다.

외형적으로 분명한 방학이다. 하지만 내면적으로 자세히 살펴보면 평소와 달라진 게 없는 무늬만 방학이다. 왜냐하면, 첫새벽에 일어나 준비하고 학교에 가서 컴퓨터교실 2강좌 듣고 11쯤에 집에 돌아와 조금 쉬었다가 점심식사를 한다. 그리고 방학 숙제를 끼적이다가 3시에 학원이 가서 공부하고 화·목요일엔 6시에 귀가한다. 한편, 월·수·금요일에 5시에 돌아와 곧바로 태권도장에 가서 수련을 하고 7시에 돌아온다.

학원이나 태권도장에서 돌아와 샤워를 한 뒤에 저녁 식사를 마치고 잠시 쉰다. 그러다가 일기 쓰기, 잡다한 방학 숙제, 학원 숙제, 학교에서 배운 내용이나 배울 내용의 예습과 복습에 매달리다 보면 밤늦게까지 종종걸음을 하게 마련이다. 어찌 보면 방학 내내 시간에 쫓겨야 하는 아이에게 미안하다. 톱니바퀴가 맞물려 돌아가듯이 아귀를 맞춰야 하는 빠듯한 시간과의 싸움 연속이다. 그런 까닭에 주말만이라도 자유를 누릴 수 있도록 특별히 신경을 쓰지 않으면 바깥나들이 한 번도 쉽지 않다. 왜냐하면 내 어린 시절 고삐 풀린 망아지 놔먹이듯이 천방지축으로 나대며 놀이에 몰두했던 경험이 결코 나쁘지만 않았다고 회상되기 때문이다. 진정 오늘의 방학은 그 옛 시절처럼 여유를 즐기는 쪽으로 돌아가면 안 되는 걸까!

2016년 12월 23일 금요일

고학년으로 진급하는 날

유진이가 벌써 4학년이다. 독일의 실러(Friedrich von Schiller)의 말이다. "미래는 머뭇거리며 오고, 현재는 화살처럼 지나가고, 과거는 영원히 정지해있다"고. 세월에 대하여 참으로 감탄을 자아낼 만큼 적절하게 나타낸 비유적 표현이다. 태어난 지 달포 남짓해서부터 십일 년째에 접어들어 오늘(2017년 3월 2일) 4학년에 진급한 첫날이다.

봄방학인 지난 토요일(2월 25일)엔 새로운 학년으로 진급을 준비하고 아울러 축하해 준다며 할머니가 데리고 외출했었다. 먼저 수영장에 가서 수영을 하고, 운동화 한 켤레 산 다음에 외식을 했다. 그리고 말끔하게 이발을 한 후에 돌아와 행복했노라고 콧노래를 부르며 마냥 신이 났던지 웃음이 헤퍼졌다.

개학을 앞두고 산을 오르면서 새로운 학년에 관해 얘기를 도란도란 주고받으며 도움말을 들려주고 싶었다. 그런 뜻에서 일요일

(2월 26일) 아침 일찍 식사를 마치고 서둘러 아파트 뒷산인 청량산으로 향했다. 오늘이 유진이로서는 청량산 정상에 여든여덟 번째 도전했던 노정이었다. 날씨가 확 풀려 가파른 비탈길을 오르는데 송골송골 솟아오르는 땀방울 훔치기 바빴다. 산등성이 송전선 철탑 아래의 벤치에 앉아서 숨을 고르고 있을 때였다.

조용한 산등성이의 분위기를 한 방에 날려버릴 듯이 전화벨이 요란스럽게 울렸다. 아내였다. 유치원 두 해를 비롯하여 초등학교 3학년까지 함께 다녔으며 같은 아파트에 살다가 장유 신도시로 이사를 갔던 유진이 친구 송혜가 놀러왔다고 했다. 산등성이 평탄한 능선을 조금만 더 걸으면 다다를 정상을 코앞에 두고 서둘러 돌아왔다. 오랜만에 마주한 유진이와 송혜는 쑥스러워하면서도 티격태격 밀당을 거듭하며 노닐다가 헤어졌다.

송혜와 헤어져 자유스러워진 유진이를 데리고 외출을 했다. 고학년으로 진급을 축하하려고 며칠 전에 약속했던 나들이였다. 유진이가 노래를 부르듯이 입으로 읊어대며 주워섬기던 생선회를 먹기 위해 횟집에 갔다. 하도 호들갑을 떨어서 실컷 먹으라는 뜻에서 넉넉히 시켰다. 하지만 막상 회를 한 점 집어 들더니 깨작거리며 헛젓가락질만 해댔다. 허풍으로 내뱉었던 말갈망을 위한 체면치레로 몇 점을 먹고 나서 고개를 절레절레 저었다. 공연히 어린 아이 말을 믿고 지나치게 주문한 꼴이었다. 나와 아내는 꾸역꾸역 회를 먹어 치우고 배가 불러 매운탕과 밥은 아예 입에 대지도 못했다. 어른들은 함포고복(含哺鼓腹)상태였다. 하지만 유진이가 배가 고플 것 같아 햄버거 한 개 사서 들려가지고 돌아왔다.

결국 유진이의 성에 차지 않는 시답잖은 생선회 때문에 고학년 진급 축하 외식은 변명의 여지없이 죽을 쑤었다.

금년 들어 유진이에 대해 커다란 변화가 있었다. 꼴난 제 아비의 자존심과 알량한 주장이다. 아이에게 목소리를 높여 야단을 치거나 정신을 집중하라는 견지에서 얼차려는 무조건 반대란다. 이 때문에 그동안 봐주었던 학습에서 완전히 손을 떼기로 했다. 그 대신 스스로 자신의 몫이며 아람치인 학습이나 일을 처리해 나가도록 유도하겠다는 얘기였다. 이런 상황에서 자칫하다가는 애먼 덤터기를 뒤집어쓰지 싫어 단호하게 돌아섰다. 그래서 유진이의 일상에서 한 발 비켜서서 소가 닭 보듯이(逐鷄望籬) 지켜볼 뿐 간섭을 하거나 어떤 도움도 주지 않는다. 막상 애써 초연하려 해도 물가에 아이를 내놓은 것처럼 좌불안석이다. 왜냐하면 스스로 모든 걸 해결할 주변머리가 되지 못할 뿐 아니라 그릇의 크기나 재목의 됨됨이가 따를 수 없기 때문이다.

예를 든다면 4학년 1학기에 배울 내용인 도형 중에 예각삼각형, 직각삼각형, 이등변삼각형, 둔각삼각형, 정삼각형 따위의 정의만 알려주고 응용문제를 해결해 보라면 적응력이 뒷받침되지 못할 게 뻔하다. 그 같은 경우에 처했을 때 기본원리의 이해가 전제되어야 하는데 과연 스스로 터득하여 깨우쳐 나갈지 모르겠다. 아주 평범한 아이인 까닭에 비단 수학뿐 아니라 모든 과목에서 엇비슷한 현상이 불거질 터이다. 그런 문제점을 스스로 슬기롭게 해결해 나갈지 안심이 되지 않고 불안하여 이르는 독백이다.

이치를 따지자면 바른 대응이다. 왜냐하면 영원히 누군가가 옆에 끼고 돕거나 가르쳐 줄 수 없다. 따라서 모든 면에서 스스로 깨우치고 터득하여 직면하는 문제를 해결해 나가는 게 순리이고 맞는 처사이다. 그렇다고 하더라도 아직 성장하는 아이이다. 따라서 모자라거나 생각이 미쳐 닿지 않아 부족한 부분에 대해서 원리를 터득시키거나 도움을 주면 효과적으로 깨우치며 성장할 것임은 자명하다. 이런 맥락에서 아이를 제대로 보살피는 도움이 절실하다. 그럼에도 설익은 제 아비가 막무가내로 뻗대는 꼴이 내키지 않을뿐더러 뗣어서 더 이상 간섭하거나 마음을 쓰지 않기로 했다.

대롱을 통해 하늘을 엿보는 통관규천(通管窺天) 식의 어리석음은 백해무익이다. 따라서 생각이 미치지 못하거나 부족한 부분은 일깨워주거나 채워줘야 한다. 그런 단련을 통해 더 깊게 생각하고 더 멀리 볼 수 있도록 이끌어 세상 이치를 넓고 깊게 통찰하여 깨닫거나 터득할 지혜의 눈이 활짝 열릴 길을 생각해 본다. 아직은 갈고 닦지 않아 원석처럼 진가를 정확히 가늠할 수 없다. 하지만 무한정한 가능성을 실현시키기 위해서는 어른들이 환경을 어떻게 만들어 주고 동기를 부여하느냐에 따라 달라지게 마련이다. 왜냐하면 일정한 수준에 다다르면 자연스레 멀리까지 시야가 트이고 하늘의 섭리나 자연법칙의 문리를 터득하고 깨우칠 지혜의 눈이 열리기 때문이다.

변변히 내세울 바가 전혀 없는 평범한 유진이다. 그런 연유에서 이 세상 누구보다 애정으로 보듬고 듬뿍 사랑을 베풀어야 활짝 꽃을 피울 수 있다. 참된 애정으로 하나둘 챙기고 보살피노라면 그 정성이 온새미로 투명한 아이의 혼에 스며들어 성장의 밑거름이 될 터이다. 그래서 여태까지처럼 때 묻지 않은 무채색의 순수한 영혼이 세파의 풍진에 물들지 않고 푸르고 맑은 본성을 고스란히 지닌 채 성장했으면 좋으련만. 어른들의 그릇된 가치관이나 칠칠치 못한 아집 때문에 휘거나 세속에 휘둘리지 않고 곧고 청청하게 말이다.

2017년 3월 2일 목요일

해피 데이

태어나 가장 행복한 해피 데이(happy day)란다. 평소와 다르게 잠자리에서 일어나면서부터 입이 귀에 걸려 다물 줄 모르고 실실거린다. 유진이가 이번 달에 4학년으로 진급했고 다음 달(4월 23일)엔 11살의 생일을 맞는다. 이를 축하하기 위해 제 아비는 스마트폰을 나와 할머니는 카시오(casio) 방수 시계를 선물하기로 약속했었다. 진득하게 생일까지 기다려도 좋으련만. 하루라도 당겨서 사달라는 집요한 채근에 견딜 재간이 없었던가. 제 아비는 지인에게 스마트폰을, 할머니는 인터넷으로 시계를 각각 주문했었나 보다. 그런데 그 두 가지가 우연하게도 오늘 도착할 것이라며 한껏 기대에 부풀어 싱글벙글대며 등교했다.

갑자기 내 어린 시절 11살 무렵 생일의 희미한 기억이 아른아른했다. 6·25 전쟁이 휴전된 직후라서 참혹한 전흔(戰痕)이 넘쳐나던 때였다. 따라서 특별한 부자가 아니면 궁핍을 면할 수 없었던 잔인한 세월의 얘기이다. 때문에 내남없이 어른 아이를 막론하고 생일을 맞아도 미역국과 따뜻한 쌀밥으로 차린 생일상을 받기도 어려웠다. 따라서 별도로 생일 선물을 챙기거나 케이크에 촛불을 켜고 생일 축하 노래를 부르는 문화를 꿈도 꿀 수 없었다. 나와 유진이는 불과 62살의 차이인데 하늘과 땅만큼의 간극을 보이는 문화가 지배하는 세상을 살아가고 있다. 그런 연유에서 조손(祖孫) 사이에는 도저히 메꾸기 어려운 문화의 간극이 엄연히 존재하는 게 아닐까.

점심 식사를 마치고 산에 갔다 돌아오니 택배로 시계가 도착해 있었다. 제 아비가 날짜와 시간 같은 기본적인 기능을 맞추는 세팅을 해놓고 주인이 돌아오기만을 기다리고 있었다. 얼핏 살펴보니 몇 년 전에 사주었다가 분실한 모델에 비하면 그동안 꽤나 진화했나보다. 끊임없는 변화가 잇따르며 다양한 기능이 추가적으로 더해졌다. 그 때문에 매우 복잡한 모양새로서 되레 어지러울 정도로 산만한 느낌이 들었다. 그래도 유진이 맘에 쏙 드는 것이리라. 왜냐하면 여러 날 동안 인터넷과 씨름을 하면서 여러 모델을 비교한 뒤에 이런저런 궁리를 거듭한 뒤에 결정한 전리품이기 때문이다.

학교를 마치고 학원과 태권도장을 거쳐 집에 돌아온 유진이가 서둘러 샤워를 마치고 저녁 식사를 했다. 그리고 배달된 시계를 손목에 찼다가 풀기를 반복하면서 입이 아플 정도로 주절거렸다. 신바람이 나서 이 방 저 방을 되풀이해 오가면서 자랑하거나 기능이나 모양을 나름대로 맹꽁징꽁 읊어대는 모습이 무척 귀여웠다.

저녁 9시 무렵이었다. 어린아이에게 마땅한 모델을 선정한 지인이 스마트폰을 가지고 찾아왔다. 폰을 받아들고 기본적인 설정을 비롯한 와이파이 개통을 위해 뚝딱거리더니 막힘없이 해결해 나갔다. 최고조로 신이 났던가. 이 구석 저 구석으로 옮겨 다니며 정상적으로 통화되는지 확인해댔다. 나는 원래 폴더 폰(2G)을 추천했다. 하지만 게임에 사용하지 않겠다는 약속을 전제로 스마트폰으로 정했다기에 간섭하지 않고 잠자코 지켜보고 있다.

살며시 서운하여지려 했다. 내 나름대로 최선을 다해 보살폈었는데 말이다. 가족의 전화번호 저장 순서를 슬쩍 넘겨다봤다. 1번이 제 아비, 2번이 할머니, 3번이 나였다. 그 꿍꿍이속을 들여다볼 재간이 당최 없었을 뿐 아니라 내가 가장 끄트머리라는 사실이 묘한 여운으로 윙윙 울려댔다. 하기야 아무리 노력해도 가족 중에 내가 꼴찌일 개연성을 두고 섧고 떫으며 편편치 않다는 푸념은 철부지의 억지일 게다. 따지고 보면 아무리 뺄셈과 덧셈을 해봐도 그 순서가 자연스러운 흐름으로 순리에 합당하다고 여기면서도 서운한 느낌은 집착 때문이리라.

기쁜 날 마가 끼었던가. 못된 마녀가 잔뜩 심술을 부리듯 유별나게 학교와 학원의 숙제가 많았던가 보다. 스마트폰과 시계를 마냥 끌어안고 사랑땜을 계속할 형편이 못되어 11시경부터 자정가까이까지 숙제를 하는 곤혹을 치렀다. 그래도 잠자리에 들며 가장 행복한 해피 데이를 읊어대는 까닭에 나까지 덩달아 기분이 좋아졌다. 그렇게 설치다가 내일 아침 여섯 시 반쯤에 깨워 달라는 부탁을 하고 무지개다리를 건너 꿈속으로 여행을 떠났다.

요즈음 아이들을 진정 바르고 곧은 품성을 지니도록 교육이 가능할까. 어쩌면 다양한 교육의 욕구 충족을 겨냥하여 사교육으로 내모는 척박한 현실을 두고 이르는 독백이다.

물질적으로 부족함이 없는 풍요롭고 평화로운 세상에 태어난 아이들은 분명 축복을 받은 왕자이며 공주이다. 그렇지만 이 아이들을 진정 바르고 곧은 품성을 쌓도록 교육이 가능한 현실일까. 부질없는 허욕과 조바심을 채울 요량에서 마구 사교육으로 내모는 삭막한 오늘의 환경을 두고 이르는 푸념이다. 그럴지라도 모두가 구김살 없이 곧고 푸르며 맑고 티 없는 영혼을 간직하고 삶을 꾸려나가기를 빈다. 이제 4학년으로서 11살의 생일을 맞이하는 유진에게 다시 한 번 사랑한다는 마음을 전하련다. 아울러 건강하고 바르게 무럭무럭 자라는 꿈나무가 되려무나.

2017년 3월 13일 월요일 자정

다양한 매체에 책 소개

여태까지 펴낸 에세이집이 열두 권이다. 그중에 가장 최근의 것이 『은발 할아버지의 손주 양육기』다. 이 책은 손주와 동거하며 겪었던 소소한 일상들을 그러모아 금년 정월에 세상에 내놓은 뒤에 여러 매체에 소개되었다. 학교에 머물던 시절 꽤 많은 전공서적을 출간해서 그중에 몇몇 책은 오랫동안 각 대학에서 교재로 채택되거나 독자의 끊임없는 사랑을 널리 받았던 까닭에 발행 부수의 측면에서 부러움의 대상이었다. 하지만 그에 관련해서 이런 저런 매체에 소개되거나 방송에 출연해 인터뷰를 했던 기억이 전혀 없다. 특별히 선전하려고 애쓰지 않아도 입소문으로 그들의 존재가 비교적 널리 전파되었었다. 그렇게 대학의 강의 교재로 채택되거나 다양한 부류의 독자로부터 꾸준한 사랑을 받아왔던 사실이 신기했고 자랑스러웠다.

지천명(知天命)에 이르러 전공 분야와 전혀 다른 수필을 써보겠다고 무모하게 덤벼들었다. 하루 이틀 그리고 한 해 두 해를 넘기며 시나브로 쌓였던 글을 책으로 묶어 펴내고픈 욕망에 앞뒤 재지 않고 출간을 밀어붙였다. 그때마다 다양한 매체에서 가뭄에 콩 나듯이 출판 사실을 노루 꼬리만큼 짧을지라도 찔끔찔끔 소개해주었다. 그렇게 세월이 흐르면서 열 권 이상의 에세이집을 엮어냈다. 하지만 이번 책처럼 여러 매체에서 관심을 보였던 적이 없어 다소 의외라는 생각과 함께 놀랍기도 하다.

아마도 이번에 출간한 『은발 할아버지의 손주 양육기』가 세상에 얼굴을 내민 뒤에 그 사실을 알렸던 매체는 대충 이런 유형들이다.

인터넷을 통한 소개이다. 책의 출간을 알리는 가장 보편적인 수단은 출판사가 인터넷의 관련 사이트에 출판 사실을 알리는 방법이리라. 아울러 각종 온라인 서점에서 영업을 겨냥해 소개하는 방법이 있다. 그런 까닭에 인터넷을 검색하거나 서핑하다 보면 이들 내용들을 숱하게 조우할 수 있다. 또한 각 온라인 서점에서 영업을 목적으로 인터넷에 선전하는 방법은 오늘날 보편화된 문화적 추세이기도 하다.

전통적으로 인쇄매체를 대표하는 신문이나 각종 잡지 같은 터줏대감을 통한 소개이다. 이들 중에 신문의 경우는 경남도민일보(2017년 3월 10일)는 지역민이 낸 책이라는 코너에서, 경남신문(2017년 4월 3일)은 '좌충우돌 할아버지의 육아기'라는 제목으로 문화면을 통해서 소개했었다. 아울러 일반 월간지에서는 출판과 문학(2017년 4월, Vol. 3) 등에서 소개하고 있다.

방송의 경우 라디오와 텔레비전으로 나뉘어 생각할 수 있다. 라디오 방송은 어떻게 연이 이어졌는지 경인방송(FM 90.7MHz 이영철이 만난 〈사람과 책〉(2017년 2월 11일(토) 오전 7시~8시))을 가장 먼저 출연해 얼추 30분을 대담했다. 그다음에 MBC경남 라디오(FM 98.9MHz)의 좋은 아침(4월 4일(토) 오전 8시~9시)에 출연하여 12분 동안 출간에 담긴 얘기를 했다. 또한 KBS창원 제1라디오(FM 91.7MHz)〈생방송 경남〉(4월 10일 오후 5시 10분~6시 00분)에서 전화로 연결하여 8분가량 진행자와 대담을 했다.

텔레비전 방송 과정은 이렇다. KBS1 텔레비전에서 아침에 생방송으로 진행하는 아침마당(아침 8시 30분~9시 30분)에서 교섭이 들어와 조율하다가 유진이가 방송에 출연하는 게 싫다는 제 아비의 반대로 중간에 포기했었다. 그렇지만 이 프로그램은 완전 생방송으로 방송 당일 손주와 직접 여의도 스튜디오에 가서 출연하는 프로였는데 아쉬움이 남는다. 그 이후 며칠 뒤에 MBC TV의 생방송 오늘 아침(아침 8시 30분~9시 30분)의 기획취재 '이젠 할매보다 할배'라는 꼭지에서 상경하지 않아도 되도록 마산으로 기술진이 내려와서 촬영해 간다는 조건으로 교섭이 왔다. 그래서 손주 유진이를 중심으로 얼추 3시간 남짓한 시간에 걸쳐 촬영해 가서 어린이날 아침에 방송을 했다. 그런데 마산의 시청권을 쥐고 있는 MBC경남 TV에서 로컬 프로그램(테마기행 길)을 방영하는 까닭에 서울 본사의 방송을 시청할 재간이 없었다.

방송이 끝나고 서울에 사는 친인척들이 동영상으로 방송 내용을 보내와 결국은 녹화로 시청했다. 비지땀을 흘려가며 여러 시간 촬영해 갔던 내용이 불과 몇 분으로 축약되었다. 게다가 원래 촬영하며 PD가 겨냥한다던 의도와도 달리 편집되어 낯설고 어이가 없었다. 물론 방송 경험이 없는 사람들의 일거수일투족을 촬영하여 전문가 눈에 맞춰 편집하는 과정에서 당연한 현상일지도 모른다. 그동안 이 지방의 TV 방송국 생방송인 토론 프로그램에 패널로 참여했던 경험이 몇 차례 있었다. 그런 프로그램에 참여하면 주어진 주제에 따라 내 주장을 펴나가면 편집을 당하거나 전후가 뒤바뀌는 황당한 경우가 발생하지 않았다. 이런 맥락에서 앞으로 텔레비전 프로그램의 경우 생방송이 아니라면 출연 기회가 주어져도 사양할 참이다. 왜냐하면 마치 발가벗겨진 꼴을 보이다가 애꿎게 아무렇게나 구겨서 팽개쳐진 묘한 느낌이 유쾌하지 않기 때문이다.

입때까지 전공서적을 비롯해 에세이를 펴낸 책을 모두 합하면 얼추 서른 가지를 훌쩍 넘는다. 그런데도 이번의 '은발 할아버지의 손주 양육기'처럼 다양한 매체로부터 관심을 받았던 적이 없다. 처음엔 책을 출간하고 여러 매체를 통해 다뤄진다면, 그것이 마중물 역할을 하여 시나브로 판매량과 직결되는 나비 효과(butterfly effect)를 꿈을 꿨던 적도 있다. 착각은 자유라고 했던가. 내 깜냥대로 연이 닿는 몇몇 출판사의 문학서적 판매 실상을 알아본 결과는 믿기 어려울 만큼 참담했다. 특별한 계기가 촉발되어 대대적으로 사회적 관심을 끌었던 경우를 제외하면 거의가 예상외로 저조했다. 그런 맥락에서 문학서적 집필이 호구지책의 수단이 되는 전업 문인이 몇이나 될지 모르겠다. 물론 책을 집필하는 저자의 앎이나 시야가 좁고 식견이 짧고 얕아 기대가 높고 높아진 독자의 욕구를 충분히 수렴하지 못한다는 냉철한 지적을 부정하지 않는다.

문학 서적이 독자에게 철저하게 외면당하는 문화 환경이 결코 바람직한 현상이 아니다. 지난날 전공서적을 펴냈을 때 받았던 사랑의 일부만이라도 받을 묘책을 찾으려 해도 극복하기 어려운 절벽 앞에서 서 있는 참담한 기분이다. 책을 새로 출간할 때마다 출판사의 부담이 걱정되어 은근슬쩍 판매량이 늘어나기를 꿈꿔 보기도 한다. 출판의 어려움에 도움을 주고 싶어 백방으로 생각해 봐도 묘책이 없어 답답할 뿐이다. 그래도 이번 책과 지난번 책은 쎄노텍(ceno tec)(주)의 사장인 G 교수가 기꺼이 도움을 주어 어려운 형편인 출판사 L 대표의 어깨에 지워진 무거운 짐을 조금이라도 덜어줄 수 있어 다행이었다.

2017년 5월 5일 금요일(어린이날)

객관식이 배제된 수시평가

유진이가 4학년으로 진급한 이후에 첫 수시평가가 있었다. 지난 15일 국어, 16일 과학, 17일 수학, 18일 사회 과목 순으로 진행되었다. 올해 들어서며 유진이가 공부하는데 손을 떼었던 까닭에 각 과목의 시험 범위와 그 내용을 전혀 알지 못한다. 월요일 첫 평가였던 국어시험을 마치고 집에 돌아온 유진이가 할머니와 나누는 얘기를 엿듣고 내 귀를 의심했었다. 이번 평가에서는 모든 과목을 4지선다형이나 5지선다형을 완전히 탈피하여 서술형을 비롯하여 논술형이나 단답형 문제만 출제된다고 했다. 이전의 평가 방식과는 전혀 달라 신선한 충격이었다. 하지만 그 얘기를 전해 들으며 과연 아이들이 제대로 적응할지 의문이 듦과 동시에 걱정이 앞섰다.

요즘 교육과정에는 창의적 융합 인재 양성을 목표로 하는 STEAM(과학(Science), 기술(Technology), 공학(Engineering), 예술(Arts), 수학(Mathematics)) 교육을 통해 교과 간의 통합교육을 겨냥하고 있다. 또한 그와 동시에 스토리텔링(Storytelling) 개념을 도입 운용함으로써 이전 세대가 경험했던 교육 방법에 견주면 무척 생경하다. 그래도 아직 초등학교 4학년에게 모든 과목에서 객관식을 배제한 문제로 평가하는 데는 무리가 따르리라는 우려가 앞서 초미의 관심을 가지고 그 결과를 지켜보기로 했다.

교과서를 제대로 살펴본 적이 없다. 따라서 평가하는 4과목의 구체적인 시험 범위나 문제 수준을 정확히 가늠하거나 예측할 수 없었다. 하지만 학습 참고 문제집을 대충 훑어보고 과목마다 한두 문제씩 예제(例題)를 간추리면 다음과 같은 유형의 문제일 것으로 유추된다.

국어에서 출제될 문제의 유형은 주어지는 지문을 읽고 답하는 유형이 주류를 이룰 것이다.

"책 읽기는 학생들에게 많은 도움이 됩니다. 책을 통하여 지금까지 몰랐던 새로운 지식을 얻을 수 있다. 그리고 깊이 있게 생각하는 방법을 배울 수 있습니다. 또, 책을 읽으면 마음이 풍요로워집니다."

6. 이 글의 중심 문장을 찾아 쓰시오.

답 : **책 읽기는 학생들에게 많은 도움이 됩니다.**

7. 이 글의 뒷받침 문장은 모두 몇 개인지 쓰시오

답 : (**3**)**개**

과학에서는 다음과 같은 유형의 문제들이 출제되리라고 유추된다.

10. 여러 가지 씨의 공통점과 차이점을 각각 쓰시오.

(1) 공통점 : ① **껍질에 둘러싸여 있다.** ② **단단하다.**
(2) 차이점 : **색깔, 모양, 크기, 촉감 등이 다양하다.**

11. 식물이 자라면서 잎과 줄기에 어떤 변화가 생기는지 쓰시오.

(1) 잎 : **잎이 점점 넓고 커진다. 개수가 많아진다.**
(2) 줄기 : **줄기가 점점 길어지고 굵어진다.**

수학의 경우도 마찬가지로 다음과 같은 유형들이 출제될 것이다. 평가를 받고 집에 돌아온 유진이 얘기에 따르면 수학은 풀이 과정에서 소요되는 시간을 감안했는지 서술형 혹은 논술형을 비롯한 단답형이 15문제, 4지선다형 객관식 문제가 5문제 출제되었다고 했다.

12. 숫자가 0, 1, 2, 3, 4, 5, 6의 7개가 있다. 이를 가지고 7자리 숫자 중에 가장 큰 수를 만드시오. 그런데 10000의 자리 수는 5로 해야 한다.

답 : **10000의 자리를 5로 하고, 나머지 6개의 숫자 중에서 큰 수부터 차례로 쓰면 된다. 그러므로 6453210이다.**

13. 100이 5, 100이 15, 10이 7이면 모두 얼마인가?

답 : **1000이 5이면 5000, 100이 15이면 1500, 10이 7이면 70이다. 그러므로 5000, 1500, 70을 모두 더하면 6570이다.**

사회과목 역시 시험 범위에 적합한 평가 문제가 다음과 같은 유형으로 출제될 것이다.

5. 도시에 문화시설이 늘어나고 있는 까닭을 한 가지만 쓰시오.

답 : **다양한 여가 생활을 즐기려는 사람들이 많기 때문이다.**

6. 도시에서 도서관이나 박물관, 미술관이 많아서 좋은 점을 쓰시오.

답 : **취미활동을 할 수 있으며 여가생활을 즐길 수 있다.**

지난해까지 유진이의 학습을 돌보면서 느꼈던 소회의 솔직한 고백이다. 선다형의 객관식 문제와 달리 서술형, 논술형, 단답형 따위로 답을 작성하는 능력은 문제의 본질을 꿰뚫는 능력 외에 해당 내용을 문장으로 서술하는 훈련이 선결되어야 할 전제조건이라고 생각되었다. 따라서 어떤 사실이나 원리를 이해하는 능력을 전제로 체계적인 문장으로 서술하는 능력이 뒷받침되어야 한다. 이런 맥락에서 이번 수시평가의 결과가 궁금하고 상당히 염려되었다.

평가가 끝난 이튿날 학교에서 돌아온 유진이가 선생님이 확인시켜준 수시평가 결과를 적바림해 왔다. 상당히 낮추잡았던 내 예상보다는 매우 높은 수준에 도달한 것으로 판단되어 기특했다. 그 점수는 이랬다. 국어 93점, 과학 95점, 수학 90점, 사회 94점으로 4과목 총점 372점으로 평균 93점을 획득했다. 정확히는 모르지만 가까운 친구 중에 하나는 평균 97점, 또 다른 하나는 평균 94점인데 자기는 그들보다 낮은 점수라는 고백이었다[23]. 하지만 그 정도의 수준이라면 체면치레를 하며 선방했다고 여겨져 응원의 뜻을 담아 푸짐한 덕담과 아울러 격려를 해주었다.

아이들의 학습 수준을 평가하는 방법은 다양하다. 그 방법 중에 하나인 객관식은 어쩔 수 없이 선택된 방법으로 하위책략이다. 이 방법은 단순한 사고나 우연성에 의해 왜곡될 소지가 크기 때문이다. 무릇 평가란 다양한 측면을 전제로 사고의 깊이와 폭이 넓은 범주에서 논리적으로 자기의 생각을 풀어낸 내용을 심층적이고 다면적으로 이루어져야 한다. 이런 철학과 평가 기준을 준수한다는 맥락에서 시험적으로 도입한 방안으로 보이는 서술형

---

23) 7월 10일부터 14일까지 실시된 제2차 수시평가가 실시되었다. 여기서 유진이는 수학 90, 국어 92, 사회 98, 과학 100점을 획득하여 평균 95점이었다. 이는 보일 듯 말 듯 미세하고 굼뜬 변화일지 모르지만 제1차 수시평가보다 다소 향상되었다. 이는 실상을 기록하려는 것으로 결코 손주에 대한 앞치레가 아니다.

을 비롯한 논술형 또는 주관식 형태의 평가 방법이 영속되었으면 좋겠다. 물론 당사자들은 어렵고 힘들다고 아우성칠 개연성이 높지만…

2017년 5월 20일 토요일

사춘기의 들머리

사춘기 초입 언저리에서 나타나는 징조일까. 올해 열한 살로 4학년인 유진이의 행동이나 모습이 예사롭지 않다. 육체적인 관점에서 또래의 사내아이들의 평균 키이고, 몸무게는 평균에 조금 빠질 뿐 아니라 성조숙, 변성기, 여드름, 우울증 같은 제2차 성징 따위의 발현은 도통 찾아볼 수 없다. 그럼에도 자신이 사춘기를 앓고 있다고 스스럼없이 내뱉는다. 여기에 더하여 여러 측면에서 민감한 반응을 보이는 행동거지가 이전과 판이하다. 곰살갑던 심성은 오간 데 없고 사사건건 어깃장 지르며 딴죽을 걸듯 주장을 펼치면서 날 선 목소리를 높이는 꼴이 생소하고 편편치 않다.

사춘기는 천방지축의 악동들이 아동기를 벗어나면서 큰 변화를 겪는다. 이때가 되면 남성이나 여성의 신체적 특징을 갖추기 시작하게 마련이다. 아울러 정서적으로 성적 충동을 느끼면서, 욕구를 표출할 대상을 찾는 과정에서 갈등을 겪으며 으르렁대려 든다. 인지적으로는 타인의 입장을 고려할 수 있게 되며 자기중심적인 생각에 빠지기도 한다. 한편, 사춘기 특징을 간추리면 이렇다. 청년기를 시작하는 변곡점으로, 생식능력을 갖추는 일련의 생물학적 변화가 나타난다. 예를 들면 초등학교 저학년들은 남녀 구별이 뚜렷하지 않아 머리 모양이나 옷차림으로 식별되는 경우가 숱하다. 이러한 겉모습이 바뀌어 성적 특성이 나타나는 시기이다. 일반적으로 9~16세 사이에 신체적 변화를 경험하게 된다. 결국 사춘기는 육체적, 정신적으로 성인이 되는 시기로서 제2차 성징의 발현이 특징이다. 따라서 이 시기에 심리적이나 신체적으로 큰 변화를 보인다. 남자는 왈왈대는 떠꺼머리총각의 모습으로 변한다. 그런가 하면 여자는 뻘대추니의 모양을 벗어나 조신하고 고운 품성의 여자로 거듭 태어난다.

유진이 나이였던 때를 회고한다. 아무리 애를 써도 예순두 해 전 나의 열한 살 적 기억은 도통 깜깜하다. 그 시절 체격이 왜소했고 게다가 6·25 전쟁이 휴전된 직후라서 끔찍하게 어렵던 시절로써 사회적 혼란 때문에 사춘기를 느낄 겨를이 없었다. 그렇지만 피할 수는 없었던가 보다. 외롭게 타향생활을 시작하던 중학교 시절에 뒤늦게 바람처럼 다가와 혼란을 일으키며 허둥대도록 분탕질을 해댔다. 그러다가 연기처럼 사라졌어도 몹시 혼란스러웠다.

올 초부터 유진이의 공부는 할머니가 돌봐주고 있다. 때문에 한발 비켜서서 지켜보고 있다. 하나에서 열까지 할머니 말에 당차게 대거리를 하며 왈짜의 면모가 언뜻 보이기도 하여 무척 낯설다. 또한 저 혼자 있기를 좋아하며 누군가에게서 전화가 오면 제

방으로 들어가 문을 닫고 통화한다. 그 외에도 어쩌다 함께 시청하는 TV 방송에서 젊은 남녀의 삼각관계 내용이 나오면 은근히 비난하면서도 극의 전개 과정에 초미의 관심을 보인다. 또 하나 무시할 수 없는 내용이다. 제 친구들을 빗대 얘기하는 꼴이 웃음을 자아낸다. 친구 누군가가 여자 누구와 사귄다며 은근히 관심이 많다. 이런 일련의 현상은 본격적인 사춘기가 아닐지라도 전조(前兆) 증상을 뜻하는 미풍이 솔솔 불어오는 길목에 들어섰음을 뜻한다.

옛날에 비해 요즈음 조숙해지는 이유가 뭘까. 다양한 원인과 이유를 열거할 수 있을 게다. 중요한 몇 가지다. 먼저 고열량의 패스트푸드(fast food) 따위를 지나치게 섭취하는 게 원인의 하나이리라. 그리고 과도하게 IT 기기가 사용되면서 조숙을 부추기는 문화가 만연하는 현실도 원인 중에 하나일 게다. 아울러 다양한 스트레스 역시 외면할 수 없는 요인이지 싶다.

사춘기 점검은 어떻게 해야 할까. 인터넷에 접속하여 사춘기 테스트를 위한 체크리스트(check list)를 다운로드 받아 점검해 보는 방법이 가장 무난하지 싶다. 예를 든다면 다음과 같은 유형의 문항들이다. "부모님과 얘기가 통하지 않아요. 혼자 있고 싶을 때가 많아요. 엄마가 잔소리하면 신경질 나요. 거울을 보는 일이 많아졌어요. 옷차림에 신경을 많이 써요. 좋아하는 여자(남자)친구가 있어요. 거짓말을 한 적이 많아요. 연예인이나 가수 팬클럽에 가입한 적이 있어요." 이와 유사한 문항들에 '○'와 'X'로 답하도록 유도한다. 그래서 '○'가 몇 개인가에 따라 "사춘기가 아직 멀었음, 이제 곧 사춘기, 사춘기에 들어섰음, 사춘기의 절정"식의 집단으로 나누는 기준에 따라 판정한다면 실제와 엇비슷한 결과를 얻을 수 있지 싶다.

예로부터 자식 농사에서 바탕이 되는 마음은 탐진치(貪瞋癡)를 훌훌 털어버리고 비우고 버리는 길이다. 그렇지만 사춘기에 접어들며 육체적이나 정신적으로 많은 변화를 겪는 아이들을 제대로 이끌기 어렵다. 이런 이유에서 지나치게 윽박지르거나 체벌을 가하면 되레 비뚤어지고 빗나갈 위험성이 도사리고 있다. 럭비공처럼 어디로 튈지 모르는 위태위태한 이 시기에 유념할 몇 가지를 요약한다.

첫째로 함부로 다른 아이와 비교하지 말라. 옛 어른들이 이르기를 자식농사에서 선불리 주위의 비범한 아이들의 능력을 탐(貪)하지 말라고 했다. 무심코 다른 아이와 비교했다가는 크나큰 상처를 주어 자신감을 잃고 부모에 대한 반감을 불러일으킬 위험의 소지가 있다. 둘째로 대면(對面) 대화를 하라. 특히 이 시기의 아이들과 대화를 할 경우 반드시 얼굴을 마주 보고 대화를 나눠야 한다. 아이들이 스마트 폰, 텔레비전, 컴퓨터, 게임기 따위의 IT 기기에 푹 빠져 정신이 없을 상황이다. 이 때문에 어쭙잖게 얘기를 건네면 정확히 듣지 않을 뿐 아니라 자신만의 시간을 존중하지 않는다고 불만이 쌓이게 된다. 결국 사춘기의 아이들에게도 자신만의 시간을 갖도록 배려해야 한다. 셋째로 식탁 앞에서 잔소리는 피하라. 옛 어른들의 얘기이다. '밥을 먹을 때는 개도 건드리지 않는다'고 말이다. 그런 때문일까. 식탁 앞에 앉아서는 혼을 내거나 잔소리를 하지 말아야 한다는 주장이다. 따라서 꼭 혼내야 하거나 잔소리할 일이 있으면 식사가 끝난 다음에 맞춤한 시간을 택해 하라는 조언이다. 넷째로 극단적인 표현을 피하라. 비록 기대에 미치지 못해 화를 내거나(嗔), 무조건 따라오라고 내모는 어리석음(癡)을 범하더라도 극단적인 표현은 피해야 한다. 왜냐하면 극도로 예민한 사춘기에는 작은 아픔에도 깊은 상처를 받기 쉽다. 그러므로 극단적인 표현은 치유하기 힘든 상처가 되어 인격 형성에 나쁜 영향을 끼친다. 다섯째로 체벌은 신중하라. 체벌이 무조건 나쁘다고 할 수 없다. 하지만 아이들의 인격을 존중하는 맥락에서 심한 구타나 함부로 발로 걷어차는 행위는 금해야 한다. 과도한 체벌은 긍정적 효과보다는 아픈 상처가 되어 인격 형성에 해가 된다.

누구나 성장하면서 겪어야 하는 성장통으로 넘어야 할 아리랑 고개가 사춘기이리라. 아동기를 벗어나면서 정신적이나 육체적으로 커다란 변화를 겪으며 변성기, 성조숙, 우울증, 남녀의 특성이 뚜렷해지는 제2차 성징으로 대변되는 시기이다. 경우에 따라 질풍노도가 휘몰아치듯 유별나게 넘기는가 하면 아주 조용히 자분자분 넘기는 경우도 있다. 피할 도리 없이 넘어야 할 요지경 속 같은 고개라면 꽃잎을 뿌린 곱고 아름다운 비단길을 걸으며 사춘기를 겪었으면 좋으련만. 이는 희망 사항일 따름이기에 실제 겪어야 할 사춘기의 더덜이 없는 모습을 지켜보며 바르게 맞이하도록 꼼꼼하고 올곧은 길라잡이 노릇을 야무지게 해볼 작정이다.

출판과 문학, 2017년 8월호, 2017년 8월 15일
(2017년 6월 2일 금요일)

벌에 쏘여 우짖던 헛똑똑이

설마 벌 한 방 쏘였다고 죽음에 이를까? 손주가 벌에 쏘여 죽게 되었다고 섧게 울면서 눈물을 뚝뚝 흘리며 현관을 들어서 어안이 벙벙했다. 눈물에 콧물을 훌쩍이며 자기는 곧 죽을 것이라고 꺼이꺼이 울어대는 꼴을 혼자 보기 아까운 구경거리였다. 자초지종을 파악할 수 없어 엉거주춤한 상태로 왜 그러느냐고 물었다. 얼마나 절박한지 울음과 말소리가 뒤섞여 분간키 어려운 대답은 이랬다. 조금 전 말벌을 한 방 쏘였기 때문에 독이 온몸에 퍼져 곧 죽는다는 절박한 단언을 했다.

벌에 쏘였다는 손가락과 얼굴이나 팔과 다리를 대충 훑어봐도 별다른 알레르기 증상이 없었다. 그래도 놀라 당황한 아이를 서둘러 진정시키는 게 무엇보다 시급했다. 벌에 한 방 쏘였다고 죽지 않으니 진정하라고 거듭해서 안심시켰다. 집에 상비된 응급조치 약이라야 기껏 벌레 물린데 바르는 게 전부였다. 급한 불을 끄는 심정으로 대충 발라주고 온통 땀범벅이 된 아이를 샤워부터 시켰다. 샤워 중에도 죽을 거라는 걱정을 해대며 애절하게 우짖는 아이를 달래다가 어이가 없어 쓴웃음이 절로 났다.

정신이 퍼뜩 들게 진정시킬 솔로몬의 지혜가 절실했다. 하지만 묘책이 떠오르지 않아 땀범벅이 된 아이를 시원한 물로 샤워를 시키면서 조곤조곤 설명해도 쉬 진정되지 않았다. 학교 운동장에서 친구들과 야구를 하던 중간에 쉬고 있을 때 벌에 쏘였는데 몹시 따갑고 간헐적으로 반복되는 통증 때문에 하늘이 노랗게 보였던가 보다. 이런 경우를 활활 타오르는 불길에 기름 붓기 격이리라. 함께 야구를 하던 친구들이 벌에 쏘이고 나서 즉각 치료를 받지 않으면 금세 죽는다고 잔뜩 겁을 주며 빨리 집으로 가라고 등을 떠밀더란다. 그렇게 참담한 처지로 몰려 울고불고 나리 굿을 피우면서 집으로 돌아오는 내내 극심한 공포에 시달렸지 싶다.

올해 11살로 4학년이 되면서 의젓하고 합리적인 생각과 행동으로 제법 다부져 보였다. 그런데 한 꺼풀 벗기면 아직 어린이의 치기(稚氣)를 벗어나지 못해 구멍이 숭숭 뚫려 엉성하기 짝이 없다. 겉으로는 재간둥이처럼 보인다. 하지만 정작 알아야 하는 것을 모르거나 선택이 요구되는 상황에서 정확한 의사결정이 서툰 헛똑똑이라는 관점에서 어리숙하다는 표현이 제격이다.

그저께 토요일은 유진이게 제법 바쁜 날이었다. 아침 식사를 마치기 무섭게 할머니와 함께 치과에 가서 흔들리는 젖니 하나를 뽑았다. 그리고 곧바로 미장원에 가서 머리를 깎은 다음에 며칠 전부터 조르던 야구배트와 글러브를 비롯해서 야구공을 십 몇만 원인가를 들여 사가지고 점심때 돌아왔다. 그 이후 나는 오래전부터 약속된 문학 모임에 참석하려고 밖으로 나왔다. 그런데 저녁 새참 무렵에 전화가 왔었다. 친구들과 학교 운동장으로 가서 야구를 해도 되느냐고 말이다. 물론 흔쾌하게 청을 들어줬다.

문학모임이 1박 2일에 걸쳐 진행된 때문에 외박을 했다. 일요일인 어제 오전에 다시 유진이가 전화를 했다. 예의가 바르고 반듯했다. 잘 잤느냐고 안부부터 물었다. 그러면서 오늘 낮에 친구와 놀기 위해 밖에 나가도 되느냐고 물었다. 조건 없이 허락하며 할머니께 용돈 얻어가기고 나가서 목이 마를 때 음료수를 사 먹으라는 조언까지 곁들였다.

모임에서 점심을 함께하고 느긋한 마음으로 집에 돌아와 실컷 쉬고 있던 해거름에 밖에 나가서 놀던 유진이가 헐레벌떡 돌아와 서둘렀다. 모자와 글러브를 갖춘 같은 반 친구 하나를 대동한 채로 거실로 들어서며 지금 학교에 가서 친구들과 야구를 하겠단다. 워낙 급히 설쳐대는 관계로 멍한 상태로 지켜보다가 글러브와 야구배트 그리고 공과 모자를 챙기는 아이에게 시원한 물 한 병을 쥐어줘 내 보냈다.

학교 운동장에서 친구들과 신나게 야구를 했던 모양이다. 운동을 하다가 잠시 쉬며 나무 그늘을 찾았던 것 같다. 그때 말매미 한 마리가 땅에 떨어져 파득거리더란다. 원래 매미나 곤충을 좋아하는 성격 때문이었을 게다. 무심코 매미를 덥석 손으로 쥐었단다. 그런데 날개 밑 배 부분에서 매미를 물고 씨름을 하던 말벌이 있었던 모양이다. 이 벌이 갑작스럽게 발생한 상황에 놀라 유진이 오른손 가운뎃손가락을 매정하게 쐈던가 보다. 말벌에 쏘이는 순간은 고압 전류가 흐르듯 심한 통증으로 어른도 눈물을 찔끔거릴 정도이다. 게다가 견뎌내기 어려운 통증이 간헐적으로 되풀이된다. 그런 무시무시한 찰나에 아무런 예비지식이 없는 11살 어린이는 순간적으로 얼마나 무섭고 황당했을까.

철딱서니 없는 또래들이 안심을 시키거나 벌의 독침을 빼는데 도움은커녕 되레 겁을 잔뜩 주었기에 두려움이나 공포가 감당하기 어려울 정도로 커지며 이성을 잃었으리라. 함께 놀던 무리 중에 누군가가 얘기하더란다. "말벌에 쏘였을 때 즉시 조치하지 않으면 한 시간 내에 죽는다며 빨리 집에 가서 된장을 바르라"고 말이다. 허무맹랑한 얘기를 곧이곧대로 믿었던 나머지들도 덩달아 겁을 주었던 때문일까. 응급조치로 약을 바르고 샤워를 시키며 안정을 꾀해도 막무가내로 된장을 발라야 한다고 박박 우겨대며 생먹으려[24] 했다. 친구들의 설익은 지식이 불변의 진리라도 되듯이 반복해 주워섬기며 중얼거리는 꼴이 어처구니가 없어 가능한 말을 아꼈다.

어느 정도 진정되었을 무렵 내가 어린 시절 겪었던 얘기를 해주며 잘못된 상식을 바로 잡기를 바랐다. 땅벌이 떼 지어 달려들어 수십 방을 쏘였던 무서운 기억, 밤나무에서 알밤을 따려고 기를 쓰다가 말벌집을 건드려 결국은 쏘여 호되게 고생을 했던 쓰디쓴 체험을 들려주었다. 그러면서 아프기는 해도 절대로 죽지 않는다

---

24) 생먹다 : 남의 말을 모르는 체하다. 남의 말을 잘 듣지 않다.

고 안심을 시켰다. 밤에 잠들 때까지 몇 차례 약을 거듭해서 발라 주었더니 손가락의 부기(浮氣)가 거의 가라앉아 심리적으로 안정을 찾았다.

벌에 쏘이고 하룻밤을 보낸 이튿날 아침의 얘기이다. 아침 잠자리에서 깨우면서 건넨 첫 마디였다. "우리 유진이! 말벌에 쏘였는데도 죽지 않았네!" 그렇지만 앞으로 며칠 동안은 벌에 쏘인 자리가 이따금 따끔거리다가 괜찮을 것이라는 얘기도 곁들였다. 결국 유진이는 벌에 한두 방 쏘여도 죽지 않는 것임을 체험을 통해 터득했다. 잔인할지 모르지만 그렇게 세상을 배우고 터득하며 깨우쳐 나가는 게 진리와 만나는 첩경이 아닐까.

2017년 7월 17일 월요일

가을과 유진이

올가을 유진이가 다양한 세계와 마주하며 풍성한 추억 만들기는 현재 진행형이다. 개학을 한 뒤에 생량머리 건들마가 불어오면서 신나고 즐거운 일이 줄줄이 이어지는 눈치이다. 하루가 다르게 떠꺼머리총각 모습으로 쑥쑥 자라면서 요구하는 것도 사내아이 성정에 걸 맞는 역동적인 내용 일색이다. 펄펄 끓는 노염이 기승을 부리던 어느 날인가 개학을 했었다. 하지만 계절의 변화는 거스를 수 없지 싶다. 소리소문없이 가을 문턱의 언저리에 들어서 날씨가 눈에 띄게 선선해지면서 아이의 운동량도 부쩍 늘어나고 있다. 가을을 맞아 유진이가 맞닥뜨린 세 가지의 생김수 들여다보기이다.

이야기 하나. 조석으로 일교차가 뚜렷해지면서 운동과 찰떡궁합을 이룬 격일까. 지난여름부터 구워삶으며 뜸을 들이는가 싶더니 할머니가 백기를 들었던 모양이다. 드디어 스케이트보드를 사 들고 집에 돌아와 자랑을 늘어놓으며 신이 나서 방방 뛰었다(9월

8일). 집에 도착하기 무섭게 이웃 친구들에게 전화로 무릎을 맞추는가 싶었다. 그러더니 얼렁뚱땅 무리를 지어 겁 없이 타고 내달리기를 거듭해 간담을 서늘케 만들었다. 처음 타는 처지에 오래전부터 타오던 프로급의 친구들과 어깨를 나란히 하고 내달리는 강심장과 적응력에 어안이 벙벙하고 어리둥절해 혼났다.

지칠 정도로 친구들과 아파트 주위를 발탄강아지처럼 빙빙 맴돌다가 내게 다가왔다. 제 친구들 스케이트보드는 코너링(cornering)이 잘되도록 만들어졌는데 자기 것은 그렇지 않다는 불만을 속사포처럼 쏟아냈다. 그러면서 누구에게 들었는지 무엇인가를 추가로 구입해서 장착해야 한다는 얘기였다. 하지만 그 옳고 그름을 정확하게 가름할 재간이 없었다. 그래서 단정적인 결론을 유보한 채 뒷날 구매처에 확인하기로 타협한 상태에서 더 이상 왈가왈부하지 않고 묻어두기로 했다. 며칠 뒤에 할머니가 구입처에 확인했다. 그런데 유진이 스케이트보드는 친구들 것에 비해 한 단계 진화된 모델이었다. 그래서 뒷부분 뾰족하게 돌출한 부분을 발로 조정하여 코너링을 하는 신제품이라는 얘기였다. 어찌 되었든 새로 친구가 된 스케이트보드는 사내답게 활동적인 기질의 아이로 이끌면서 또 다른 추억의 역사를 만들어가고 있다.

이야기 둘. 다섯 해째 수련을 하고 있는 태권도장도 이 가을 아이의 추억을 풍요롭게 쌓는 역할을 하고 있다. 지난 토요일(9월 23일) 경남에서 가장 큰 규모를 자랑한다는 양산통도환타지아에 가서 놀이기구를 타는 놀이뿐 아니라 고구마 캐는 체험까지 하고 돌아왔다. 게다가 자기가 캤던 고구마 한 봉지를 집으로 가져오는 즐거움도 있었다. 수익자 부담 원칙에 따라 교통비, 입장료, 고구마 캐기 참가비, 점심 식대 따위로 일정한 참가비(38,000원)를 기꺼이 감당했다. 최소한의 회비에 견줄 때 놀이 기구의 탑승을 위시하여 고구마를 캐는 알토란같은 체험은 매우 값지고 소중한 추억이 되리라.

그날 나는 경북 구미의 호텔금오산 컨벤션홀에서 열리는 글밭지기 동도의 출판기념회에 참석해 축사를 하고 밤늦게 집에 돌아왔다. 귀가했을 때 유진이가 기다리고 있어 낮에 겪었던 일에 대해 슬쩍 변죽을 울려봤다. 시시콜콜 비집고 들어가고픈 내 맘과 달리 멋대가리 없이 시큰둥하게 대거리해서 살짝 서운했지만, 짐짓 대범한 척 그냥 넘겼다. 녀석이 무뚝뚝하게 표현해도 표정이나 행동을 미루어 짐작할 때 즐겁고 재미있었던 게 확연하다.

중간에 우연히 고구마 얘기가 나왔다. 그러자 자기가 캐 온 고구마가 담긴 검은 비닐봉지를 눈앞에 들이대며 캐는 과정을 미주알고주알 주워섬기며 신이 나서 어쩔 줄 몰랐다. 곁눈질로 고구마를 언뜻 훑어보며 무척 놀랐다. 알갱이가 무척 가는 진흙땅의 밭에 고구마를 심었던 모양이다. 고구마보다 더 많은 진흙이 덕지덕지 붙어 있어 흙덩이인지 고구마인지 구별이 안 될 지경이었다. 입때까지 밭에서 캐낸 고구마가 그런 흙투성이 모양은 처음 구경했다.

이야기 셋. 오늘과 내일(9월 27~28일)은 1박 2일 일정으로 학교에서 4, 5학년 전원이 의령군청소년수련관(http://www.ngr.kr : 경남 의령군 부림면 소재)으로 수련을 떠났다. 안내문에 따르면 심신 수련활동을 통한 배려와 나눔의 올바른 인성 함양을 목적으로 실시한단다. 그리고 참가비는 78,000원(식대 15,000원, 숙박비 7,000원, 시설사용료 7,000원, 수련교육비 19,000원, 차량비 30,000원)이었다.

수련원 홈페이지에 접속하여 확인한 대략적인 프로그램이다. 첫날 오전(27일) 학교를 출발해 수련장에 도착해서 오리엔테이션을 받고 점심을 먹는다. 식사를 마치고 오후에는 수상(水上) 체험 및 승마체험을 한다. 그 후에 수련관으로 옮겨 가서 입소식을 거행하고 저녁 식사를 하는 것으로 계획되어 있었다. 아울러 저녁식사 후에 레크리에이션을 하고 취침을 하는 모양이었다. 둘째 날은 아침 식사를 하고 나서 어울림 마당, 심폐소생술, 소화기 발사, 홍의장군(곽재우) 의병 체험 따위를 한 뒤 퇴소식을 거행한단다. 그리고 점심을 마친 다음에 귀교 길에 오르는 것으로 계획되어있다. 요약하면 이번 수련에서는 큰 내(강)에서 카약(kayak)을 타는 수상 체험과 말을 타는 승마체험이 화룡점정이다. 여타의 자질구레한 프로그램은 구색 맞추기였다.

고약한 마귀의 훼방이며 심술일까. 하필이면 오늘 새벽부터 추적추적 비가 내리고 있다. 초대받지 않은 밉상의 비는 빗밑이 느려 오후 늦게까지 오락가락하리라는 예고이다. 따라서 오늘의 모든 야외행사는 접고 실내에서 진행하도록 대폭적인 수정이 불가피하지 싶어 안타깝다. 결국, 오래전에 정한 일정임에도 불구하고 택일을 잘 못 한 셈이다. 뉘를 원망해야 할까.

입학한 이후 네 해가 다 되어 가는 시점에서 처음 맞는 1박 2일 행사이다. 친구들과 어울려 다양한 체험과 숙식을 같이 하는 과정에서 협동심을 기르고 문제해결 능력을 키우는 계기가 된다면 그 무엇보다 값진 체험이 되리라.

다채로운 체험에 푹 빠져 노니는 중에 9월은 서서히 막이 내려지며 곧바로 휴일로 칠갑을 한 10월 초순이 이어지고 있다. 신의 축복일까. 9월 말부터 10월 초순 말미까지 장장 열흘 동안 추석을 낀 황금연휴이다. 이는 머리 좋은 사람들이 법정공휴일, 대체공휴일, 임시공휴일 따위의 온갖 핑계를 몽땅 끌어다 붙여 낮내려고 인위적으로 만듦으로써 실속 없는 뻥튀기가 아닌지 곱씹어 볼 일이다.

개학 이후 여태까지 줄기차게 놀고 즐기기는 나날의 연속이다. 어린아이들이 꿈같은 분위기에 휩쓸려 방방 뛰며 홍타령에 흠뻑 빠져 즐기는 걸 그 누가 탓하랴. 하지만 개학(10월 10일)하고 일주일 정도 지나면 유진이 학교에서는 나흘(9월 16~19일) 동안 매일 한 과목씩 국어, 사회, 수학, 과학에 대한 3차 수시평가를 실시할 예정임을 공지하고 있다[25]. 놀이에 푹 빠져 정신 줄을 놓고 멍 때리며 마음이 청처짐해졌다가는 외려 크게 낭패를 당할 개

25) 수시평가 결과 : 국어 100, 사회 90, 수학 93, 과학 95점을 받아 평균 94.5로서 반 평균을 약간 상회했다. 그리고 12월 11일~14일 사이에 제4차 수시평가가 치러졌다. 이 시험에서 국어 79, 사회 83, 수학 95, 과학 100점으로 평균 89.25로 반 평균 언저리에 머물렀지 싶다.

연성 때문에 꽤나 불안하다. 이런 까닭에서 줄줄이 사탕같이 달콤새콤한 황금연휴가 이어짐도 결단코 좋은 것만은 아닌 듯하다. 오지랖 넓은 공연한 걱정이며 착각일까.

마산문학, 제41집, 마산문인협회, 2017년 12월 9일
(2017년 9월 27일 수요일)

IV. 이소를 위한 날갯짓

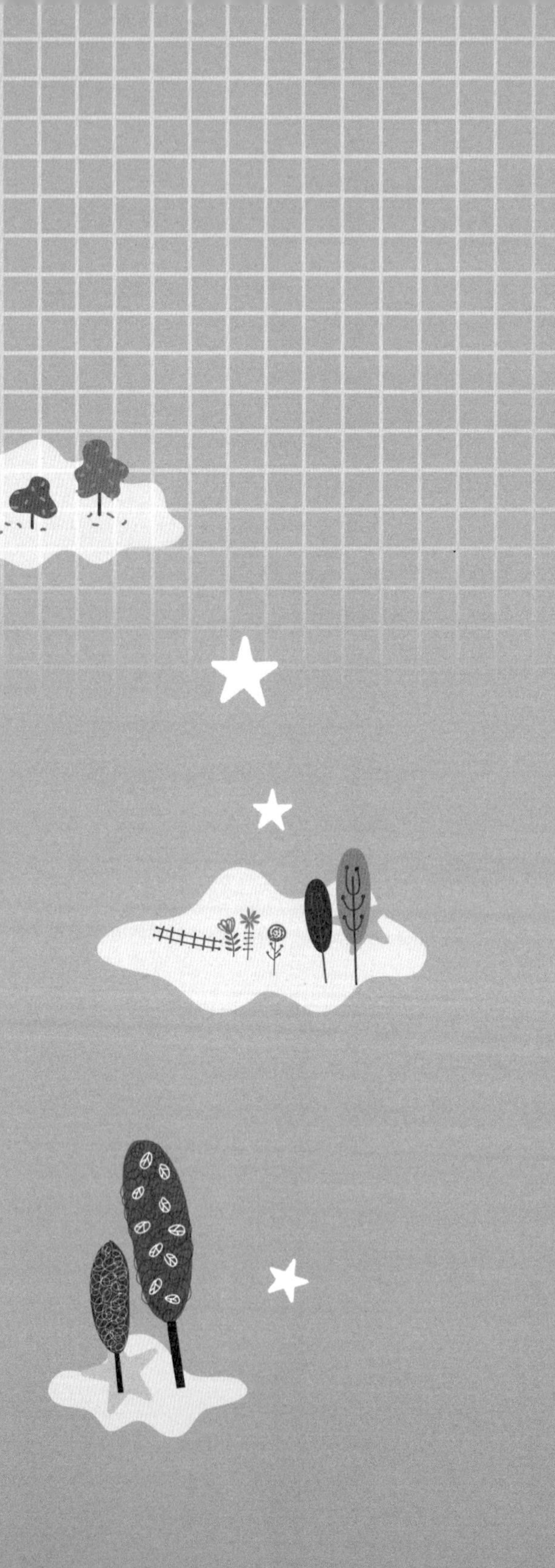

성인용 자전거

얼추 달포 전쯤 유진이가 성인용 자전거를 새로 샀다. 바퀴의 지름이 26인치(inch)로서 전문가에 맞춤한 모델로서 아직 어린 아이에게 어울리지 않고 되레 위태위태한 느낌이다. 핸들의 생김새를 비롯해 자전거의 뼈대인 틀(frame)의 얼개가 여느 자전거와 영판 다르다. 지난해 여름 바로 위층 분이 물려준 중고품 자전거도 아직 멀쩡한데 제 아비를 들볶아 받아낸 전리품이다.

자전거를 선물한 이웃은 나와 엇비슷한 연배로서 언제나 자전거를 끼고 사는 애호가(mania)로 며칠 전에 이웃에 신축된 아파트로 이사 갔다. 유진이가 덩치에 비해 작은 자전거를 타고 다니는 게 몹시 안쓰럽게 비쳤던 모양이었다. 이런 모습을 지켜보다가 자기 손주가 타던 것을 선뜻 양도하려는 단안을 내렸을 게다. 바퀴의 크기가 20인치를 넘었다. 바퀴도 알맞은 크기이고 기어가 10단이라서 속도 역시 맘대로 조절이 가능했다. 그리고 몸체는 흰 바탕에 일부분은 연녹색으로 날렵했다. 이 정도면 성인이 될 때까지 자전거에 대해 신경 쓸 필요가 없지 싶었다. 처음엔 감지덕지하더니 더더욱 날렵하고 쾌속 질주가 가능한 스마트한 자전거를 꿈꿨던가 보다.

언제부터인가 컴퓨터로 인터넷에 접속하여 전문가용 자전거 모델을 검색하여 보여주며 가격이나 모양 따위를 열심히 주워섬겼다. 아마도 자기 딴에는 내 의중을 떠보며 은근히 간을 봤지 싶다. 하지만 사내 녀석이라 다르구나 하는 정도로 치부하며 음흉한 속내가 숨겨져 있다는 낌새를 눈치채지 못한 채 무심코 지나쳤었다. 한 달 남짓 그런 행동을 되풀이하더니 드디어 마각을 드러내며 밀당을 시작했다. 그러면서 친구 누구누구는 이런 자전거가 있다며 당장 사 달라고 보채며 으르렁댔다. 그렇게 하소연해도 어린아이에게 지나쳐 보여 탐탁하지 않았다. 게다가 워낙 가격이 비싸기 때문에 허투루 결정을 내릴 사안이 아니라는 생각에서 온갖 핑계를 대며 뭉그적거렸다.

코앞의 난감한 상황을 벗어날 요량에서 치렛거리 삼아 묘책이라고 여겨지는 타협안이 절실했다. "지금부터 내년 생일까지 용돈 받는 것을 모아라. 그렇게 모은 돈이 자전거를 사는데 모자라는 돈은 할아버지가 도와주겠다"는 말로 입막음을 하려 했다. 그 다짐을 따르려는 의도였을 게다. 어른 머리통보다도 큰 돼지저금통을 사가지고 와서 겉면에 네임펜(namepen)으로 유진1호라고 써 달라고 했다. 그러고는 입때까지 모았던 20만 원 가까운 돈을 한꺼번에 집어넣고 난 후에도 용돈이 생길 때마다 깡그리 쓸어넣기를 두 달 남짓 지속해왔다.

급한 성격 때문일까. 용돈은 생기는 대로 저금통으로 직행했다. 그러면서도 한편으로는 오매불망 꿈에 그리는 자전거를 하루라도 빨리 갖고 싶은 충동을 누르고 느긋하게 기다릴 수 없었나 보다. 할아버지 앞에 납작 엎드려 머리를 조아리고 애면글면 통사정을 해봐도 계란으로 바위치기를 의미하는 이란격석(以卵擊石)인 꼴이라는 사실을 매구같이 간파했던가? 그렇게 희망이 절벽인 상황을 감지하고 다른 길을 열심히 찾으며 안달복달했지 싶다. 예로부터 궁하면 변하라는 뜻으로 궁즉변(窮卽變)이라고 하지 않던가. 이런 이치를 깨우쳤을 리 만무하다. 하지만 신통하게도 대체 방안을 찾아내서 열심히 두드리며 다른 길을 뚫는 수완을 뽐냈다.

평소에 제게 소용이 닿는 것을 잘 사주지 않는 제 아비이다. 그럼에도 붙들고 씨름하며 끝없이 뜸을 들이고 구워삶으면서 집요하게 공략했던 모양이다. 결과는 불을 보듯 승자와 패자가 분명한 게임이 아니었을까? 왜냐하면, 예로부터 자식 이기는 부모가 없다고 일렀다. 그렇지만 제 아이에게 무언가를 제대로 사 줄지 모르는 숙맥이 거금을 투자해 덥석 자전거를 안겨주었다.

열 길 물속은 알 수 있어도, 한 길 사람 속은 알 수 없다고 했던가. 유진의 꿍꿍이속을 가늠해 볼 수 없어 잠자코 지켜볼 참이다. 원하던 자전거를 손에 넣은 지 두 달이 지났음에도 용돈이 생겼다하면 어김없이 예의 저금통에 탈탈 털어 넣는다. 그 이유가 무척 궁금해도 군마음 먹지 않고 절대로 물어보지 않을 참이다. 언젠가 스스로 그 저금통을 깨서 무엇에 쓰는지 아이의 눈높이와 맘 길을 묵묵히 지켜보고픈 호기심 때문이다.

덩치에 비해 힘겨울 정도로 커다란 자전거를 타고 사이클 선수처럼 잔뜩 웅크린 채 마구 달리는 모습이 엄청 위태롭게 보인다. 아니 지나치게 빠른 속도로 질주하다가 오가는 자동차와 충돌하거나 여타의 사고를 당하지 않을까 조마조마 마음을 졸이고 있다. 그런 내가 불안해하는 심리를 꿰뚫었을까. 마뜩치 않은 표정으로 지켜보는 나를 비웃기라도 하듯이 힐끗 쳐다보며 싱긋 웃음 지면서 내닫는 아이의 등에 대고 쓸데없이 잔소리를 날린다. "다칠라! 천천히 달리고 조심하거라"고. 하지만 애석하게도 내 목소리는 저만큼 달아난 아이의 귀에 다다르지 못한 채 허공에 묻혀 버리고 만다.

아장아장 걷던 시절부터 앙증맞은 세발자전거를 탔었다. 그러다가 일곱 살 때(2013년) 바퀴가 18인치로 뒤쪽에 보조바퀴가 달린 파랑 자전거를 새로 구입하여 친구처럼 지냈다. 그리고 성장하면서 자연스럽게 보조바퀴를 떼어내고 탔었다. 그런데 지난해 봄부터 바퀴에 공기가 자주 빠지는 성가신 문제가 발생하여 쓰렁쓰렁 넘길 일이 아니었다. 게다가 하루가 다르게 성장하는 아이의 덩치에 비해 너무 작아 새것을 사줘야겠다고 생각하던 터였다. 그런 상황에서 차일피일 미루다가 이웃으로부터 자전거를 물려받아 급한 불을 끈 셈이었다.

유순하고 차분한 성격임에도 사내아이의 성정은 숨길 수 없나 보다. 정적인 놀이나 방구석 지킴이 노릇보다는 밖으로 뛰쳐나가

물불 가리지 않고 마구 내닫거나 힘차게 몸으로 부딪치는 쪽을 선호한다. 그래서 천지를 분간하지 못하는 고삐 풀린 망아지 모양새를 보이기 일쑤이다. 이런 아이에게 운동선수용의 스마트한 자전거가 건강한 육체와 정신을 기르기 위해 안성맞춤의 묘약이 되었으면 좋겠다. 하지만 천방지축의 어린아이를 물가에 세워둔 채 멀찌감치 떨어져 지켜보는 것처럼 미덥지 못해 안절부절못하는 내 꼴이 더 기관이다.

2017년 12월 11일 월요일

무술의 서설과 유진이

마산에 몇 년 만에 눈이 내렸다. 이는 올해 무술년의 서설이다. 하지만 자린고비 선심 쓰듯 감질날 정도로 내렸기 때문에 온 세상을 순백으로 바꾸는 신비한 장관을 연출하지 못했다. 방학이라서 한껏 늦어진 아침 식사를 마칠 무렵 손주 유진이가 전화를 받다가 갑자기 '눈이 온다!' 하면서 거실 창문의 커튼을 급히 열어젖혔다. 그리고 나와 할머니를 향해 빨리 베란다로 나오라며 호들갑을 떨었다. 처음엔 어쩌다 한 송이씩 내리는가 싶더니 시간이 지나면서 함박눈 모습으로 제법 세차게 휘날렸다.

눈이 온다고 길길이 뛰며 환호해도 유진이 하루 일과는 여느 날과 다름없다. 학교의 컴퓨터 특강을 비롯해서 학원, 태권도장 등의 스케줄로 빈틈이 없다. 이런 연유로 눈발이 휘날리는 환상적인 정경을 한껏 즐기고 느낄 수 있는 등산에 나설 처지가 못 된다. 그래서 아쉽지만 나 혼자서 서둘러 채비를 하고 허둥지둥 등산길에 나섰다. 등산로 초입인 임도의 아스팔트 바닥에 희뿌연 가루를 흩뿌려 놓은 모양으로 조금 더 내리면 하얗게 쌓일 것 같았다. 하지만 인색한 좀팽이를 닮은 하늘의 희롱이나 수작이었을까. 이후 등산을 마칠 때까지 끊어질 듯 이어지기를 되풀이할 뿐이었다. 그래서 수북하게 눈이 쌓이기를 기원하던 곡진한 바람은 끝내 헛된 망상일 뿐이어 몹시 애났다. 그렇게 아쉬움과 갈증을 불러일으킬 정도였다. 그런 때문에 기껏해야 음지에 2~3mm 정도 눈이 쌓였고 양지쪽엔 내리는 즉시 녹아버려 바짝 마른 땅이나 수북하게 쌓인 낙엽을 축축하게 적시는 꼴이었다.

눈답지 않은 눈인데도 원래 눈이 귀한 지역이라서 심상치 않은 날씨라고 여겼는지 등산객 발길이 뜨막해 한적하기 이를 데 없었다. 얼추 세 시간 가까이 오르내린 등산길에서 고작해야 대여섯과 스쳐 지나쳤을 뿐이었다. 비록 내린 눈의 양은 미미했을지라도 구름은 땅에 가까이 나지막하게 내려앉았다. 그리고 사방은 희뿌옇게 부유스름해 등산 내내 선경을 걷는 묘한 기분에 싸여 꿈을 꾸는 듯했다. 고즈넉한 산길에서 알싸한 바람을 맞으며 터벅터벅 걸음을 옮기며 함박눈이 소담스럽게 쏟아지는 정경을 맘속으로 간절하게 비손했다. 하지만 정성이 부족했던가. 잔뜩 부풀었던 헛된 욕심을 버리지 못해 씩씩거려도 허탈한 마음을 차분하게 다잡아 달랠 길 없어 왠지 떨떠름했다.

아파트 후문을 나서면 호흡의 리듬을 잃기 쉬운 가파른 산비탈길에 띄엄띄엄 자리 잡은 침목(枕木) 계단과 데크(deck) 재(材)로 만든 계단이 있다. 등산에서 돌아오며 이곳에 이르러 무심코 샛길에 눈이 갔다. 그런데 저만치 떨어진 곳에 낯익은 패딩을 걸친 어린아이의 모습이 눈에 들어왔다. 손주 유진이가 분명했다. 의례적으로 '유진아!' 하고 불러봤다. 유진이가 제 친구 도현이와 함께 산에서 내려오는 나를 만나러 올라가는 중이라는 어처구니없는 대답이었다. 그 이유였다. 학교에서 돌아와 밖에 나가 놀고 싶은데 내가 없더란다. 그래서 등산길에서 돌아오는 나에게 허락을 받을 요량으로 힘든 비탈길을 헉헉대며 올라왔다는 얘기였다. 전화로 허락을 받아도 허물이 될 정황이 아니었는데 말이다. 슬기롭거나 매끄럽지 못한 행동이 탐탁지 않다는 기색을 드러내지 않고 아무렇지도 않은 듯 손주의 기분에 맞장구를 쳐주었다.

영혼이 맑고 밝으며 곧은 순백한 동심이 무척 부럽고 싱그러웠다. 망설임 없이 시원스레 허락했다. 한 시간쯤 놀아도 좋다고. 신바람이 났는지 친구와 함께 뒤도 돌아보지 않고 냅다 놀이터로 내달리며 고맙다고 공치사를 등 뒤로 날렸다. 집에 돌아와 한 시간쯤 지나서 유진이가 꽁꽁 언 동태 꼴이 되어 돌아와 춥다면서 야단법석을 떨며 엄살을 피웠다. 그러면서 말했다.

"할아버지!".
"냉장고 냉동실 열어봤어?"라고 뜬금없이 물었다.
"웬 냉동실은?" 하며 시큰둥하게 되물었다.
"한 번 열어봐!"
"애완동물 한 마리 기르려고 넣어 두었어"라고 했다.

어이가 없고 하도 괴이해서 서둘러 냉장고의 냉장실 문을 열었다. 전혀 뜻하지 못한 상황에 입이 딱 벌어졌다. 학교에서 돌아오는 길에서 음지에 조금씩 쌓였던 눈을 그러모아 뭉쳐서 제법 큰 눈사람을 만들어 냉동실에 넣어 녹지 않도록 갈무리하고 있었다. 나름대로 발상은 가상했으나 할머니가 돌아오면 치도곤을 면키 어려워 보였다. 이런 이유에서 끝갈망을 탈 없이 매조지하려면 버리는 게 좋겠다는 얘기를 넌지시 하고 표정을 살폈다. 내 얘기를 듣고 덧셈과 뺄셈을 분주히 하는 눈치였다. 그러다가 곧바로 눈사람을 버리는 유진이를 지켜보다가 '발상은 매우 신선했는데'라는 생각을 떨쳐 버릴 수 없었다.

매서운 날씨인데 밖에서 친구들과 어울려 놀면서 많이 떨었을 유진이 속을 풀어주어야 할 참이었다. 마침 점심시간이라서 라면을 하나 끓여 밥과 함께 차려주었다. 라면에 밥 한술을 말아 게 눈 감추듯 뚝딱 먹어 치울 무렵 밖에는 다시 함박눈이 소담스럽게 휘날렸다. 그 황홀한 정경을 거실에 앉아 다소곳이 즐기는 것으로는 직성이 풀리지 않았던가 보다. 득달같이 밖으로 튀어나가 눈을 맞으며 겅중겅중 뛰어다니는 꼴이 고삐 풀린 망아지를 떠올리게 했다.

초등학교 2~3학년 때의 회상이다. 그 당시 우리 집에 어린 강아지인 멍멍이가 있었다. 무슨 이유인지 그 녀석은 밤낮으로 나를 졸졸 따라다니는 껌딱지였다. 학교에 등교하는 시간을 제외하면 언제나 내 옆을 맴도는 순둥이였다. 그런데 눈이 오는 날은 전혀 딴판이었다. 눈이 펑펑 내리면 하루 종일 어디를 싸다니는지 코빼기도 구경하기 힘들었다. 하지만 신기하게도 어둑어둑 땅거미가 내리기 시작하면 지친 모습으로 터덜터덜 돌아와 댓돌 옆마루 밑의 제집에 배를 깔고 축 늘어져 눈만 껌뻑거리기 일쑤였다.

눈이 펑펑 내리는 게 강아지에게 무슨 의미가 있었는지 감이 잡히지 않는다. 아무리 생각을 거듭해도 수수께끼이며 미스터리 같은 행동이었다. 몇 년 만에 내리는 눈에 물불을 가리지 않고 빠져들던 유진의 모습을 우두커니 지켜보다가 그 옛날 멍멍이가 데자뷰(deja vu) 되었다. 그 둘 사이에는 어떤 공통적인 함의가 있을까. 아마도 거친 세상의 풍진에 찌들지 않아 순진무구하며 맑고 풋풋한 영혼을 지녔다는 공통분모를 찾을 수 있지 싶다.

한맥문학가협회사화집, 2018년 제12호, 2018년 5월 30일
(2018년 1월 10일 수요일)

라면과 스테이크

이즈음 토요일 점심엔 오갈 데 없는 혼밥족이다. 내 뜻과 관계없이 발생하는 상황이라서 가장의 권위나 나이를 내세워 항변하거나 뭇생각[26]할 처지가 아니다. 겨울방학을 맞아 매주 토요일 오전이면 아내와 유진이가 함께 수영을 갔다가 외식을 하고 돌아오기 때문에 변화된 환경에 순응일 따름이다. 이런 처지이기에 아침에 먹다가 남은 밥을 물에 말아 한술 뜨거나 라면을 끓여 적당히 한 끼 때우는 게 나 홀로 해결하는 혼밥의 진면목이다.

토요일인 오늘도 김이 모락모락 피어오르는 라면과 김치 한 보시기를 앞에 놓은 채로 점심의 시작이다. 이런 나에 비해 지금쯤 아내와 유진이는 식도락을 즐기고 있으리라. 어젯밤에 약속했다. 오늘 수영을 끝내고 특별한 자리를 마련하여 점심을 먹기로. 이번 겨울방학 토요일의 수영은 일정한 시간을 고집하지 않고 그때

26) 뭇생각 : 잡다하게 많은 생각.

그때 사정에 따라 시간을 당기고 늦출 요량이었다. 그런데 방학 후의 첫 번째 토요일 수영장에서 반 친구들 몇을 만나면서 그들과 어울리려고 매주 같은 시간대로 바뀌었다.

방학을 맞은 뒤에 태권도장에서 주관할 두 가지 행사에 대해 참석 여부를 물어왔다. 그 첫째는 1박 2일의 캠핑이고, 둘째는 공인기관에서 주관하는 줄넘기 급수 심사대회 참석 여부였다. 이번 겨울 들어 요즈음 가장 추운 날씨이기 때문에 캠핑은 무리이고, 줄넘기 급수는 직접적으로 필요치 않다. 그래서 두 가지 모두 외면하는 쪽으로 가닥을 잡았다. 그 대신에 유진이가 원하는 먹거리로 외식을 시켜주기로 약속했었다. 그를 지키기 위해 오늘 수영을 마치고 전문 레스토랑을 찾아가 스테이크를 먹도록 조치했다. 매주 토요일 수영을 마치면 늦은 점심시간이 되기 때문에 밖에서 간단히 식사를 하고 돌아오는 것이 훨씬 편하다. 하지만 평소엔 기껏해야 간단한 짜장면이나 가벼운 햄버거 따위가 고작이었는데 오늘은 예외이다.

2학년 방학까지는 틈나는 대로 등산을 다녔었다. 그래서 아파트 뒤에 자리한 청량산 등정을 95번이나 했다. 아무리 아파트와 지근의 거리에 자리했어도 왕복 10km를 훨씬 넘는 등산길이기 때문에 그동안 적지 않은 내공이 쌓였다. 그런데 조금씩 성장하면서 손주가 원하거나 경험토록 이끌어야 할 대상이 다양해지면서 3학년 방학부터 이번 방학까지는 주로 수영에 정성을 쏟고 있다.

오늘 좀 색다른 맛의 라면을 끓일 요량이었다. 이를 겨냥해 먼저 쌈을 싸 먹다가 남은 노란 배춧잎 한 잎과 대파 줄기 한 토막을 넣고 정성스레 육수를 끓였다. 아울러 거기에 떡국 떡까지 한 움큼 불렸다가 넣었다. 그렇게 라면을 넣고 끓인 뒤에 먹으려고 대접에 옮겨 담았다. 아무래도 육수를 너무 많이 잡았던가 보다. 겨우 라면 하나 끓였을 뿐인데 우동 대접에 안다미로[27] 퍼 담은 꼴이 되었다. 딴에는 라면 끓이는 데 이골이 났다고 생각했었는데 불길한 징조 같아 께름칙하고 떨떠름했다.

라면과 떡을 갈퀴질 하듯 대충 건져 먹고 국물은 미련 없이 버렸다. 그리고 컴퓨터 앞에 쭈그리고 앉아 작업을 했다. 그때 현관문의 비밀번호를 누르는 소리가 들렸다. 여느 토요일에 비해 아내와 유진이가 훨씬 이른 시간에 돌아왔다. 의아해서 고개를 내밀었더니 유진이가 피자 가게의 팸플릿을 덜렁거리며 들어서며 히죽이고 있었다. 그러면서 이거(피자) 먹었다고 했다. 무언가 크게 잘못된 게 분명했다.

택일을 잘못해 마가 끼어도 단단히 끼었던가 보다. 아내와 유진이가 수영장에 갔더니 성인용 수영장은 대청소를 실시하는 관계로 아예 수영이 불가능하더란다. 게다가 수영이 가능하다는 청소년용 수영장 역시 그 밥에 그 나물 격이라서 맘 놓고 수영할 상황이 아니었다는 얘기였다. 그래서 유진이만 수영을 하는 흉내를 내다가 약속을 지키기 위해서 백화점으로 향했단다. 그런데 이번

27) 안다미로 : 담은 것이 그릇에 넘치도록 많이.

에는 무슨 연유인지 백화점 주차장으로 진입이 불가하여 길 위에서 40여 분 기다리다가 지쳐 귀가할 작정으로 길머리를 돌렸다고 했다. 이런 경우가 복은 짝지어 오지 아니하고, 화는 홀로 다니지 아니한다는 뜻의 복무쌍지 화불단행(福無雙至 禍不單行)인 격인가보다. 이를 서양식 관점에서는 머피의 법칙(Murphy's law)을 들먹일 수 있는 정황이지 싶다. 사정이 이러하니 어린아이가 얼마나 허탈하고 실망했을까.

꿩 대신 닭이라는 심정이었을 게다. 순간적으로 차선책을 택하는 기지가 발동했던 모양이다. 집 쪽을 향해 운전 중인 할머니에게 헝그러운[28] 표정으로 스테이크 대신 피자를 먹자는 제안을 하더란다. 그렇게 스테이크에서 피자로 급선회했어도 유진이가 만족해 집에 돌아와서도 연신 콧노래를 부르니 그나마 다행이다. 하지만 유진이 입장에서는 어렵사리 얻은 스테이크 먹을 기회를 통째로 날려 엄청 원통하리라. 이런 아이의 맘을 헤아려 다음 주 토요일이라도 다시 스테이크를 앞에 놓고 신나게 칼질할 기회를 슬쩍 만들어 줄 참이다. 따지고 보면 먼저 눈을 감고도 할 수 있던 라면을 끓이기를 실패한 사실, 아내와 유진이가 수영을 제대로 할 수 없었던 수영장, 스테이크를 먹을 수 없었던 불가항력적인 차량 정체 등의 사달은 오늘의 일진에 동티가 났기 때문일까. 아니면 신의 공연한 시샘이 빚은 농간이며 희롱일까.

2018년 1월 13일 토요일

28) 헝그럽다 : 여유가 생겨 마음이 가볍다. 동작이나 태도가 여유 있다.

장난감 권총

사내아이들에게 놀잇감으로 장난감 총기류는 으뜸이 분명하다. 유진이가 어느 날부터인가 장난감 권총 한 자루와 자동소총 두 자루를 가지고 놀았다. 부분적으로 망가져 버렸으면 좋으련만 그럴 기색이 전혀 없었다. 새것을 구입한 게 아니고 누군가에게서 물려받은 것 같았어도 출처를 확인했던 적이 없다. 집에 총이 굴러다녀도 위험하기 때문에 비비탄은 구입하지 못 하도록 당조짐[29]해 두었었다. 하지만 눈치를 보니 밖에서 제 친구들과 어울려 비비탄을 쏘면서 놀이를 하는 낌새가 엿보였다. 어른들의 가시권을 벗어난 치외법권 지대에서 저희들끼리 구메구메[30] 어울리는 경우까지 감시나 제재는 사실상 어렵다. 그래서 다양한 예를 들어가며 위험성을 누누이 강조하면서 조심하도록 이르는 대응을 제외하면 뾰족한 묘수가 없었다.

---

29) 당조짐 : 정신을 차리도록 단단히 단속하고 조임.
30) 구메구메 : 남모르게 틈틈이.

말을 타면 종을 부리고 싶은 게 사람의 욕심이라 했다. 욕심은 끝이 없음을 이르는 얘기이리라. 조잡하고 고장 나서 삐걱거리는 총을 가지고 하는 놀이는 참맛을 느낄 수 없을 게다. 그래도 총에 대한 유혹을 잘 참아온다고 여겼었다. 하지만 참을성의 임계점을 넘나들면서 으르렁대는가 하면 내 의중을 떠보려고 수없이 간을 보며 뜸을 들였다. 지난해 가을부터였다. 비비탄을 장착해 발사하는 장난감 권총을 갖고 싶다며 애걸복걸했다.

장난감 권총을 사주면 친구나 행인, 유리창이나 승용차를 비롯해 물건을 향해 발사하지 않겠다고 자청하여 다짐했다. 그러면서 한사코 사 달라는 강력한 청을 되풀이해도 매정할 정도로 단호하게 거절해왔다. 열 번 찍어 넘어가지 않는 나무 없다고 하듯이 몇 달을 두고 찌르고 찌르는 집요한 강청을 마냥 외면키 어려웠다. 서서히 무너져 내리는 내 맘을 매구같이 간파하고 집요하게 파고들어 계란으로 바위 치기(以卵擊石)에서 승자로 등극했다. 참으로 교묘하게 파고들어 백기를 들게 만들었다. 결국 무장 해제된 채 지난 연말 장난감 권총(일명 비비탄 권총)을 사주는 쪽으로 맘이 기울었다. 마냥 끌 수 없어 할머니에게 넌지시 끝갈망[31)]을 부탁했더니 자그마치 2만 5천 원이라는 거금을 들여 사주었다.

깜짝 놀라 인터넷을 뒤졌다. 참으로 다양한 모델과 천차만별의 가격에 또 한 번 놀랐다. 게다가 기존에 굴러다니던 권총 한 자루와 자동 소총 세 자루를 위시해서 새로 구입한 것 모두가 필리핀에서 만든 제품이었다. 아마도 우리나라에서 유통되는 장난감 총

---

31) 끝갈망 : 일의 뒤끝을 수습하는 일.

은 원산지가 필리핀인 경우가 많기 때문이리라. 한편, 비비 총(BB gun)은 어떤 의미인지 인터넷을 검색해보니 공기총의 일종으로 구경 0.180인치(inch)를 뜻하는 것 같았다.

어린 시절 6·25 전쟁을 겪었기 때문에 내 뼈속에는 총 공포증 다시 말하면 건포비아(gun phobia)가 깊숙이 똬리를 틀었는지 체질적으로 거부 반응이다. 어찌 되었든 어린 시절 총을 가까이 했던 적이 없다. 그렇게 유년 시절을 보내고 대학 3학년 겨울방학에 학생 신분으로 월남(베트남)에 갔다가 처음 소총 사격 경험을 했다. 한편, 권총의 모양에 빗대서 생겨난 은어일까. 대학의 교과목에서 낙제 점수인 F를 받았을 때 권총을 찼다고 한다. 그런가 하면 두 과목 F를 받았을 경우 쌍권총을 찼다고 하는 표현이 매우 이색적이다.

어젯밤의 일이다. 유진이가 제 방에 들어가 잡다한 숙제와 일기 쓰기를 마치고 나와 괴이한 행동을 시작했다. 갑자기 헬멧, 배낭, 자동소총 두 자루, 권총 두 자루, 간이 나침반, 장갑 따위를 들쑤셔 찾아 거실 바닥에 던졌다. 그러고 나서 머리에 헬멧을 쓴 뒤에, 배낭에 자동소총 두 자루를 넣은 뒤에 어깨에 걸머지고, 운동복 양쪽 주머니에 권총을 한 자루씩 쑤셔 넣고, 괴춤에 간이 나침반을 찔러 넣고 장갑을 끼었다. 그런 다음에 집 안 구석구석을 휘젓고 누비면서 맞춤한 목표물이다 싶으면 가차 없이 비비탄을 발사하는 병정놀이를 하면서 난리법석을 떨었다. 딴에는 '황야의 무법자'나 '석양의 총잡이'와 엇비슷한 노릇을 하며 즐기는 꼴이 가관이긴 해도 재미있게 투영되었다. 이를 지켜보면서 생뚱맞게도 형제가 없는 외톨이가 집안에서 홀로 할 수 있는 활동적인 운동이 아닐까 하는 생각이 들기도 했다.

제 아비가 지금의 유진이와 같은 4학년 무렵이었다. 유난히도 발발거리며 천방지축으로 나댔던 때문인지 소소한 말썽을 끊임없이 피웠다. 어느 날 퇴근하고 아이들 방에 들어가니 고성능의 장난감 소총(M16 모형)이 있어 무척 놀랐다. 연유를 살펴보니 작은아이(유진 아비)가 사 온 비비탄 소총으로 너무 강해 사람이 맞으면 상처가 날 위험이 도사리고 있었다. 게다가 차나 무른 물건에 맞으면 찌그러지거나 탄이 뚫고 들어갈 정도의 파괴력을 가지고 있어 무르게 어물쩍 넘길 일이 아니었다. 그래서 곧바로 압수하여 단박에 폐기시켰던 적이 있다. 제 아비의 경우나 유진이의 권총 구입은 같은 맥락으로 성장 과정에서 필연적으로 겪어야 할 과정이 아닐까 하는 생각으로 받아들이고 있다.

사내아이들 성장 과정은 조용하고 자분자분하며 곱게 행동하는 여자아이들과 사뭇 다르다. 거칠고 끝없는 광야를 야생마가 거칠게 없이 물불을 가리지 않고 마구 내달리는 모양새이다. 방망이로 공을 후려치는 야구를 좋아하고, 스케이트보드나 자전거를 타고 위험한 비탈길을 거침없이 내닫는 만용을 탐닉하기 일쑤이다. 그런가 하면 장난감 총으로 대변되는 병정놀이는 가장 사내다운 활달함을 상징하는 징표가 아닐까.

2018년 1월 14일 일요일

방학과 영화

방학마다 유진이가 꼭 경험하고 싶은 몇 가지를 정해 실천하고 있다. 이는 버킷 리스트(Bucket List)와 흡사하다. 유진이가 4학년 겨울방학을 맞이하여 작성한 리스트에 포함된 몇몇 희망 사항 중의 하나가 영화 감상이다.

방학이라도 월요일부터 금요일까지는 학교의 방과후 수업, 수학과 영어 학원, 태권도장 따위를 다람쥐 쳇바퀴 돌듯 순례해야 하는 일정의 연속이다. 이런 때문에 영화나 수영 혹은 등산을 할라치면 주말 일정을 어렵사리 꿰맞출 수밖에 도리가 없다. 그래서 할머니가 다양한 채널에 촉수를 뻗쳐 극장에 상영 중인 애니메이션 영화와 상영시간을 살폈다. 새해 들어서며 주만지(Jumanji)와 코코(Coco)가 상영되다가 주만지는 슬그머니 간판이 내렸단다. 그런 까닭에 지금은 코코가 상영되고 있다는 정보를 얻었다. 그래서 토요일인 오늘(1월 20일) 아침 식사를 마치고 11시 20분에 상영하는 영화를 감상하겠다고 서둘러 집을 나갔다.

어떤 영화인지 궁금해 인터넷을 뒤졌다. 애호가들이 평한 내용을 대충 요약하면 얼추 네 갈래의 특징을 찾을 수 있었다.

영화의 성격과 배경이다. 코코는 그동안 겨울왕국과 인사이드 아웃을 만들었던 디즈니 픽사(Disney Pixar)에서 제작한 장편 애니메이션이다. 멕시코를 배경으로 펼쳐지는 작품이라고 했다. 이 영화의 메인이벤트는 멕시코의 전통 축제인 망자의 날(Dia de los Muertos)이다. 멕시칸들은 1년에 한 번 죽은 사람들이 가족을 만나기 위해 찾아온다고 믿어 죽은 이들을 위해 가정과 공공장소에 특별한 제단을 마련한다. 이는 우리의 제사 문화와 흡사하다. 이렇게 전통문화를 보여주며 가족관계가 소원해진 현대의 많은 가정에 깨달음을 준다는 것이다.

영화 코코에서 저승은 으스스하거나 두려운 회색 세상이 아닌 화려한 불빛이 가득한 장소로 묘사된단다. 또한 죽음에 대한 감독의 시각이 독특하다는 견해였다. 다시 말하면 망자의 날이라는 멕시코 문화를 차용하여 제단 위에 사진이 모셔지지 않은 죽은 사람은 망자의 날에도 이승으로 돌아오지 못한다는 기발한 생각이 가미되었다는 지적이다.

애호가들의 견해에 따르면 가족을 주제로 한 음악영화라는 얘기이다. 왜냐하면 가족을 버리고 저승으로 떠났던 미구엘과 가족의 연결, 마마 코코가 아버지를 기억해내는 방법, 사별한 부부가 다시 손을 잡는 계기 따위가 모두 음악이란다.

누군가가 기억하는 한 영원한 죽음이 아니라는 사상을 엿 볼 수 있다는 견해이다. 아프리카 스와힐리(Swahili)족의 얘기이다. 그들은 사람이 죽어도 누군가가 잊지 않고 기억하는 동안의 사사(Sasa)의 시간에 머물기 때문에 죽은 것이 아니라고 믿고 있다. 그러다가 시간이 지나며 아무도 기억해 주지 못하면 자마니(Zamani) 시간에 이르러 영원한 죽음에 이른다고 믿는다. 그런데 이 영화에서도 기억해 주는 가족만 있다면 죽음조차 슬프지 않다고 생각한다. 이런 관념에 따라 사후세계 생활도 이승의 사람들 기억에서 완전히 사라질 때 영원히 죽음에 이른다는 사상이 지배한다는 견해이다.

명불허전이었을까. 할머니는 손주 영화 보기 프로젝트에 보호자로 감상을 했을 따름이다. 그런데 자신도 모르는 사이에 흠뻑 빠져들게 이끌어 뭉클하게 감동이 밀려오더란다. 그 때문에 민망스럽게도 눈물이 핑 돌더란다. 하지만 시치미를 뚝 떼고 몰래 눈물을 훔쳐내며 아무렇지도 않은 척 정신을 가다듬을 무렵이었다고 한다. 어두운 극장 구석구석에서 훌쩍거리는 소리가 떼창을 하는 것처럼 이어졌다고 했다. 그런 상황에서 옆자리를 훔쳐보니 유진이 두 눈에서 흐르는 눈물을 손으로 훔쳐내는 모습이 무척 귀엽더란다. 그 모습에서 맑고 순진무구한 영혼을 만나는 것 같아 되레 흐뭇했단다. 이 정도로 감동을 안긴 영화라면 오늘의 목표는 기대치 이상이라는 생각에서 마음이 가벼워졌다고 했다.

오후 4시 무렵 입이 귀에 걸린 모습으로 현관에 들어서는 유진이 발걸음이 경쾌했다. 밖에서 신이 났었다는 징표이다. 그 이유는 불문가지이다. 우선은 영화가 만족했을 터이다. 게다가 밖에서 먹었던 점심이 기분을 한껏 고조시켰으리라. 그런데 영화나 점심에 관해 물어도 시큰둥했다. 무뚝뚝한 사내아이의 틀에 박힌 대응인 셈이지만 살짝 아쉬웠다. 그러나 할머니를 통해 밖에서 겪었던 큰 그림을 그려 볼 수 있었다.

정확히 지난 주말이었다. 할머니와 수영을 갔다가 수영장 사정으로 허탕을 치고 심란해졌던 마음을 달랠 요량으로 스테이크 집을 찾아갔다가 교통 정체로 포기했었다. 이런 아쉬움을 추스르며 기분 전환을 위해 지난주에 포기했던 스테이크를 점심으로 먹도록 일러두었다. 둘이서 신나게 외식을 즐길 무렵 나는 집에서 아침에 먹다가 남은 밥으로 대충 한 끼를 때웠다.

32일간(2017년 12월 28일~2018년 1월 28일)의 긴 방학이었다. 딴에는 어떻게 하면 멋진 방학을 보내도록 도울 수 있을까 고민했었다. 그런데 무엇 하나 어엿하게 이룬 것이 없음에도 방학이 불과 여드레 남았을 따름이다. 유진이가 방학 동안에 경험해 보고 싶어 작성했던 버킷 리스트 항목에 가위표(×)를 하는 불상사는 없을까. 이쯤에서 방학을 한 번 돌아보고 정리할 시간을 갖도록 슬며시 부추겨 놓고 반응하는 모양새를 지켜봐야겠다.

2018년 1월 20일 토요일

유진이의 무학산 등정

손주 유진이와 무학산을 등정했다. 무학산은 마산을 너른 품에 안고 있는 진산으로 정상을 알리는 표지석(세로로 '舞鶴山'과 가로로 '761.4m'라고 새겨짐)을 배경으로 기념사진을 촬영했다. 며칠 뒤면 5학년으로 진급하며 새로운 각오를 다지기 위해 등산하고 싶다는 뜻에 따라나섰던 길이다. 어린아이가 새로운 세상을 열면서 생각을 가다듬고 각오를 다지겠다는 다짐이 가상했다. 이런 취지를 적극 응원하고 격려함이 당연하다는 취지에서 열흘 전쯤에 약속했던 산행이었다.

모든 산이 그렇듯이 무학산도 정상을 향하는 길이 여럿이다. 험해도 최단 시간 내에 정상에 오를 수 있는 길이 성호골 유원지 주차장에서 등정을 시작하는 방법이다. 이곳의 초입에 무학산 정상 1.7km라는 이정표가 세워졌다. 이를 믿고 같잖게 여겨 함부로 내닫다가는 겨우 몇백 미터 남짓 걷다가 보기 좋게 나가떨어져 헉헉댈 개연성이 다분한 녹록치 않은 노정이다.

입구에서부터 완만하고 구불구불한 오르막을 10여 분 남짓 걷다 보면 길 왼편 계곡 쪽으로 정자 모양의 등나무산장 약수터가 나타난다. 여기서 암반수로 갈증을 달래고 완만한 오르막의 개울 옆으로 개설된 갓길을 걷는다. 그렇게 걷다가 작은 계곡 위에 방부목(데크)으로 만든 간이교량을 지나칠 무렵 쉼터가 나타난다. 이는 급경사 바위너설의 가파른 돌밭 길을 오르기 전에 힘을 여투며 각오를 다지거나 비탈을 내려온 하산 길에 숨을 돌리라는 뜻으로 만들었을 게다.

이 쉼터부터 얼추 500m가량은 된비알 바위너설로 트인 조붓하고 험한 길을 휘감아 돌며 헉헉대며 치고 올라가야 한다. 그런 때문에 극기 훈련에서 가장 험준한 시험 코스가 연이어지는 길과 흡사하다. 생전 처음 경험하는 유진이가 지레 겁을 먹고 포기할까 봐서 한두 발 오를 때마다 걸음을 멈추고 쉬면서 독려를 하거나 지켜봤다. 딴에는 당황했는지 이런 정도로 가파르고 힘들 줄 몰랐다는 후회를 하기도 했다. 잘은 모르지만, 유진이가 이 가파를 비탈길을 오르내릴 때는 무척 긴장하며 마음고생을 했던 마의 구간이었지 싶다.

"할아버지! 무슨 길이 이렇게 가파르고 돌이 많아?"
"왜! 힘드니?"
"다리가 떨리고 끝없이 미끄러져 포기하고 싶은 생각이 들어."

아이를 진정시키기 위해 잠시 쉬어갈 요량으로 길옆 암반 위에 궁둥이를 붙이고 주저앉았다. 그리고 에둘러 오늘의 산행의 참뜻을 되새겨보도록 유도했다.

“힘들거나 어려울 때 쉬면서 생각해 보면 없던 힘이 생기고, 새로운 방법이나 길을 찾을 수 있는 거야.”

“정말로 그럴까?”

“그럼…”

“그리고 힘들 때마다 포기하면 아무것도 할 수 있는 게 없단다.”

“오늘 왜 등산을 하자고 했지?”

“5학년이 되면서 각오를 다지려고”

“그런데, 조금 힘들고 어렵다고 중간에 포기해야 할까?”

“포기하면 안 되겠지!”

“유진아! 힘들고 어려워도 참고 견뎌보자.”

“알았어.”

“할아버지! 우리 힘들어도 꼭 정상에 가자!”

오늘 정상에 다가가는 길의 된비탈이 끝나는 지점에서 서머지기 마당에 이르는 급경사 구간에 수입 방부목으로 만든 ‘사랑 365계단’이 있다. 한편 서 마지기 마당에서 무학산 정상 사이에 ‘건강 365 계단’이라는 이름의 계단이 있었다. 이들은 그런대로 아기자기한 맛과 멋을 내기 때문에 이 등산로의 특별한 존재였다. 그런데 유진이를 앞세우고 가장 험한 산비탈을 어렵사리 기어올라 숨을 돌리며 ‘사랑 365계단’ 언저리에 도착했을 때였다.

재수가 없었던 때문일까. 계단의 자재인 방부목이 썩어 전면 교체공사를 하는 관계로 ‘사랑 365계단’이 폐쇄 되었다. 그 대신 임시로 만들어 위험천만한 가파른 직선의 비탈길로 서 마지기 마당에 도착했다. 예로부터 복무쌍지 화불단행(福無雙至 禍不單行)이라 했던가. 어찌하면 좋을까. 서 마지기 마당에서 무학산 정상에 이르는 길에 가설된 '건강 365계단' 역시 똑같은 이유로 폐쇄되어 있었다. 이들 두 개의 계단을 오르내리며 아름다운 추억을 새겼으면 좋았으련만. 먼지 펄펄 나는 임시로 뚫어 놓은 길로 오르내리다가 엉덩방아를 찧고 깜짝 놀라 겸연쩍어했던 유진이에게 이 구간이 어떤 모습으로 각인 되었을까.

아침에 택시를 타고 등산로가 시작되는 성호골 주차장에 도착했다. 대략 9시 40분 무렵 초입에 들어서 얼추 두 시간 만에 정상에 도착했다. 마침 토요일인 때문인지 평일을 웃도는 등산객들이 삼삼오오 모여 새해맞이 산신제를 모시거나 점심식사를 하고 있었다. 서둘러 기념사진을 몇 장 촬영하고 빵과 우유로 점심을 때우고 사방을 둘러보며 유진이에게 이런저런 설명을 해줬다. 하지만 미세먼지로 산 아래 풍경이 잿빛으로 흐릿해 엄청 아쉬웠다. 얼마나 지났을까. 땀이 식으면서 유진이가 춥다고 해서 하산을 서둘러야 했다.

하산은 올라왔던 길을 되짚어 내려가는 역순으로 정했다. 등산에서 오를 때보다는 하산 길이 더 위험하다. 게다가 빨리 걸으면 시간을 벌고, 천천히 걸으면 추억을 번다고 하지 않던가. 이런 연유들을 핑계 삼아 아주 느릿느릿 발걸음을 옮기면서 위험해 보일 때마다 다양한 얘기를 나누며 긴장을 풀지 않도록 이끌었다. 특히 마의 구간 같이 여겼을 가파른 된비알을 어렵사리 천천히 내려올 때였다. 무섭다거나 수직에 가까운 비탈에 굴러떨어지면 죽을 것 같다고 에둘러 두려움을 드러냈다. 또한 심하게 미끄러지면서 발톱이 빠진 것 같다고 얘기해 깜짝 놀라기도 했다. 어린 마음에 엄습할 공포를 덜어주기 위해 끝없이 대화를 주고받거나 손을 잡고 최대한 느릿느릿 걸으면서도 조마조마 마음을 졸였지만, 무사히 하산했다.

바람결이 부드럽고 날씨가 온화해도 아직은 겨울의 뒤끝이 분명했다. 등산로 입구에서 상당 부분은 개울을 옆으로 끼고 오르막길이 이어진다. 그런데 개울 곳곳 물이 흐르던 자리엔 겨울에 얼었던 얼음덩이가 허연 속살을 드러내는가 하면 작은 폭포수가 흐르던 자린엔 기묘한 나무형상의 얼음덩이가 살아 숨 쉬는 모양새를 하고 있었다. 유진이는 하산 길에 그런 얼음판에 다가가 만져보거나 썰매를 타는 시늉을 하며 즐거워했다. 하지만 저만치 봄이 밀려오고 있었나 보다. 조용한 산속이지만 오색딱따구리, 백로, 박새를 비롯해 이름 모를 산새가 날갯짓을 하는 분주한 모습이었다. 그런 평화로운 모습을 휴대전화 카메라에 열심히 담는 유진이 모습을 지켜보는 재미도 쏠쏠했다.

무척 어렵고 힘에 부쳤을지라도 오늘 산행이 즐겁고 재미있었단다. 집에 돌아와 샤워를 하고 쉴 때였다. 다음에 기회가 닿으면 또 무학산에 데리고 가겠다는 약속을 하라고 졸라댔다. 그런 유진이의 오늘 등산에 대해 곱씹어봤다. 과연 새로운 학년이 되면서 무슨 각오를 다지려 했던가 라는 의미 말이다. 오늘 산행을 통해 무엇을 생각하고 마음을 다지며 각오를 했던 그런 다짐을 한 유진이가 기특하고 미쁘다. 곧고 바르고 환한 모습의 5학년은 푸르고 맑으며 드높은 세상을 향해 훨훨 나는 축복의 연속이기를 기원하련다.

한맥문학, 2018년 4월호, 통권 331호, 2018년 3월 23일
(2018년 2월 24일 토요일)

재수 옴 붙은 날에 건진 보석

5학년인 손주 유진이가 사달을 냈다. 학교를 마치고 아파트 단지 내 학원 앞 언덕배기 길에서 친구 몇몇과 어울려 돌팔매질을 했던 모양이다. 그 와중에 멀리 던지려 했던 돌이 실수로 손아귀를 빠져나가 방향이 바뀌면서 코앞에 주차된 승용차 지붕에 떨어지는 변고가 발생했던가 보다. 사고 현장을 살펴보니 주위의 길은 아스팔트이고 인도는 보도블록이 깔린 곳이었다. 그런데 어디서 팔매질을 할 돌을 주울 수 있었는지 아리송했다.

네 개의 이를 뺀 채 두 해 가까이 지났다. 더 이상 방치하면 심각한 위험이 초래될 것 같아 여섯 달 전에 임플란트 1차 시술을 받았었다. 그리고 오늘 2차 시술을 받고 돌아와 숨을 돌리려는데 아내에게 전화가 걸려왔다. 전화를 끊으며 유진이가 학원 앞에서 돌팔매질하다가 남의 차에 흠집을 내서 차 주인에게서 걸려온 전화라고 했다. 피해 상황이 궁금해 허둥대며 도로 옷을 주워 입고 아내와 함께 문제의 현장으로 달려갔다. 집에서 불과 1~2분

걸리는 코앞의 상가이다. 그런데 병원에서 시술하면서 맞았던 마취 주사가 절반쯤 풀린 상태였다. 그래서 발음이 정확하지 않아 문제지만 한가하게 상황을 따질 계제가 아니었다. 짜증나는 치과 치료를 받는 날인데다가 유진이가 사고까지 저질렀으니 재수 옴 붙은 날이 틀림없었다. 순간적으로 수호전(水滸傳)에 나오는 복은 짝지어 오지 아니하고, 화는 홀로 다니지 아니한다는 뜻의 복무쌍지/화불단행(福無雙至 禍不單行)라는 말이 언뜻 떠올랐다.

상가 계단에 유진이가 웅크리고 앉아 고개를 잔뜩 숙이고 눈물을 찔끔거리고 있었다. 아이의 주위에는 차 주인인 중년 아주머니와 함께 돌 팔매질을 하고 놀던 제 친구 서넛이 빙 둘러 서 있었다. 먼저 유진이 할아버지임을 밝혔다. 그리고 아이를 잘못 교육시켜 죄송하다는 인사를 정중히 한 다음에 양해를 구했다. '아이를 심리적으로 안정시키기 위해 집으로 보내겠다.'고.

돌이 떨어진 승용차의 지붕을 살피면서 대충 눈대중으로 훑어보니 우리 차처럼 오래된 낡은 차로 여기저기 흠이 많았다. 그리고 공들여 닦아내면 말끔하게 지워질 것으로 여겨지는 약간 긁힌 흠이 한 군데 나 있었다. 그러나 피해자는 내심으로 몹시 언짢았으리라. 불난 집에 부채질하는 어리석음을 피하고 싶었다. 절대로 불리한 '을(乙)'의 처지로 몰린 상황에서 구태여 중언부언 변명하거나 어설프게 핑계를 둘러대 '갑(甲)'인 차 주인의 화를 돋울 필요가 없었다. 아이의 사려 깊지 못한 행동에 대해 사죄하면서 어떤 경우이든 수리비를 즉시 현금으로 지급하겠다고 약속했다. 하지만 그 자리에서 정비공장으로 가자는 얘기는 하지 않았다. 차

주인이 신뢰하는 정비공장을 택하여 편한 마음으로 수리하도록 하는 게 도리 같았기 때문이다. 그렇게 후속적인 해결 방법이 원만하게 결정된 뒤에 명함을 건네고 헤어졌다[32).].

여느 때처럼 유진이가 학원에서 돌아온 저녁 시간에 대화를 나누다가 인지한 사실이다. 비록 사고를 쳤을지라도 그 후속 조치는 어른들도 본받아야 할 행동으로 신통방통했다. 누구를 막론하고 사고를 내고 나서 주위에 아무도 없다면 그 자리에서 피하고 싶은 충동을 받게 마련일 게다. 그런데 뜻하지 않은 사고로 정신이 없었을 터임에도 친구들과 상의한 결과 차 주인에게 연락하기로 결정했더란다. 그래서 친구를 시켜 운전석 창 쪽에 적혀있는 전화번호로 자진 신고했더란다.

저간의 사달이 발생한 경위와 정직하게 대응하는 과정에 대한 설명을 들으며 이런 얘기를 들려줬다. 어떤 이유든 사고는 잘못한 일로서 깊이 반성이 따라야 한다. 하지만 사고에 대처했던 올곧은 태도는 상을 받고 칭찬을 들어도 모자람이 없다고 이른 뒤에 격려해 주었다. 그렇다. 분명히 오늘 사고를 통해 아이가 보여주는 행동을 통해 크게 한 수 배웠다. 그 마음 씀씀이가 가상할 뿐 아니라 자랑스럽고 당당해 좋았다.

---

32) 사달이 나고 한 이레가 되는 오늘(3월 19일) 오전까지 감감 무소식이라서 궁금해 전화를 했다. 당장 정비소에 가서 수리를 맡기라고 하더니 정오쯤 회답 전화가 왔다. 수리 비용이 20만 원이라고. 즉각 약속한 뒤에 수리 비용과 유진이에 대한 책『초딩 손주와 우당탕탕』한 권에 서명해 건네며 다시 한 번 정중하게 사과하는 것으로 끝갈망*을 했다. 무거운 짐을 벗어 놓은 것처럼 가볍고 후련했다.

아이들의 갸륵한 심성이 통했을까? 전화를 받고 곧바로 달려온 차 주인은 꽃등[33]부터 치도곤을 하거나 혼을 내는 대신에 차분히 사고 경위를 묻더란다. 그런 뒤에 쩔쩔매며 훌쩍이고 있는 유진에게 어른들의 전화번호를 물어 알려 드렸다는 얘기였다. 그런 경로를 거쳐서 할머니에게 전화 연락이 닿았던 모양이다. 연락을 받고 단숨에 달려갔다. 그런데 하필이면 치과에서 맞았던 마취 주사가 풀리지 않아 어벙한 발음으로 중얼거렸을 백두옹의 내 꼴이 얼마나 얼간이 같고 추레하게 투영되었을까.

저녁 식사 뒤에 겨우 낮에 발생한 불의의 사고를 복기하듯 자세히 들었다. 불손한 의도로 초래된 것이 분명 아니었다. 그래서 혼을 내거나 야단을 치는 대신에 조곤조곤 얘기를 이끌며 스스로 반성을 통해 깨우치도록 유도했다.

"유진아!"
"오늘 사고는 실수였니? 아니면 고의였니?"
"할아버지! 무슨 소리야! 완전한 실수였어!"
"나도 그렇게 믿는단다."
"그런데 말이야, 어찌 되었든 그 실수를 책임져야 해."
"따라서 그 차의 험 집을 수리해 주어야 한단다."
"할아버지! 수리 비용이 많이 들 터인데, 어떻게 해."
"응! 그 문제는 할아버지가 해결할 터이니 너는 걱정하지 않아도 돼."

---

33) 꽃등 : 맨 처음을 의미한다.

"그 대신 유진이는 할아버지와 하나 약속해 주면 좋겠다."
"뭔데?"
"앞으로는 모든 일에 조심하는 사람이 되었으면 좋겠어!"
"알았어! 할아버지! 정말로 고마워!"

궁금했던 내용까지 차근차근 캐묻다 보니 숙제를 해야 할 시간이 되어 서둘러 대화를 마무리했다. 실수로 인한 사고일지라도 잘못에 대해 책임을 지는 것은 당연하고 면죄부는 어불성설이다. 하지만 동자승처럼 밝고 맑으며 곧고 순수한 마음으로 대처했던 기특하기 그지없던 행동은 칭찬받아 마땅했다. 두려움에 떠는 와중에서도 침착하게 사리를 따져 차 주인에게 연락하여 자진 신고하는 마음이 얼마나 기특하고 아름다운가! 이는 시궁창에서 반짝반짝 빛나는 귀한 보석을 건져낸 것과 다름없으리라. 그런데 이 대응 과정에서 천려일실의 아쉬움이 남았다. 기왕이면 집에도 연락했더라면 금상첨화였을 터인데 몹시 아쉬웠다. 그 점에 대해 슬쩍 변죽을 울리며 에둘러 본심을 떠봤다. 딴에는 호되게 야단을 맞을 것이라는 걱정이 앞서 엄두가 나지 않아 전화를 못 하고 끙끙댔다는 고백이었다. 그래도 고맙고 듬직하다. 앞으로 어떤 일을 겪을지라도 비겁하게 숨기거나 도피하지 않고 바르게 대처하는 올곧은 사람으로 청청하게 자라려무나.

한맥문학동인사화집, 제19집, 2019년 3월 7일
(2018년 3월 13일 화요일)

저도와 유진이

유진이와 콰이강의 다리를 구경하며 노량으로[34] 저도(猪島)의 해안데크로드(deck road)를 걸었다. 마산합포구 구산면 구복리와 맞은편의 저도를 잇는 빨간 색깔의 연륙교가 콰이강의 다리이다. 또한 이 섬의 해안을 끼고 도는 둘레길이 비치로드(beach road)로써, 그 일부 구간(0.95km)에 가파른 해안절벽을 따라 개설한 해안데크로드의 빼어난 경관을 보여주고 싶었다. 그렇다고 그 두 곳만 달랑 뚝 떼어 낼 수 없는 노릇이었다. 콰이강의 다리를 시작으로 저도비치로드를 일주하는 데 얼추 4시간이 걸렸고 거리로는 7km 남짓했다.

저도 관문으로 가설된 구닥다리에 가까운 철골조의 연륙교인 콰이강의 다리가 있다. 이는 1987년에 미국의 데이비드 린(David Lean)이 제작한 영화 콰이강의 다리에 나오는 교량을 빼닮았다

34) 노량으로 : 어정어정 놀면서 느릿느릿한 상태를 뜻한다.

해서 붙여진 애칭이다. 그런데 이 연륙교가 지난 2001년 노효정이 감독한 영화 인디언 썸머의 촬영지가 되면서 명소로 거듭 태어났다. 이 연륙교는 통과 높이가 낮고 폭이 협소하여 대형 차량의 통행이 불가능했다. 이런 연유로 2004년 말에 최신식의 연륙교가 개통되었다. 그래서 옛 콰이강의 다리는 관광자원으로 용도가 변경되었다.

꼭두새벽에 진동한동 서둘러 길을 재촉한 게 화근이며 패착이었을까? 아침 9시에 도착해 콰이강의 다리를 건너려고 했다. 그런데 어린이 머리통만 한 자물쇠가 잠겨있었다. 안내판을 들여다보니 겨울철에는 오전 10시부터 오후 9시까지 개방한다고 게시되어 있었다. 심란해진 마음에 주위를 둘러보니 엽서를 써서 우체통에 넣으면 1년 뒤에 도착한다는 느린 우체통을 비롯해 자물쇠 조형물 따위가 설치되어 경관이 몰라볼 만큼 달라졌다. 진득하게 기다릴 여유가 없어 새로 만든 연륙교를 도보로 건너 비치로드를 찾아갔다.

관광안내에 따르면 비치로드길 걷는 데는 3가지 코스를 추천하고 있다. 하지만 들머리에서 이들 코스와 다른 방법으로 도전하기로 정하고 밑그림을 그렸다. 왜냐하면 열두 살배기 유진이가 지치거나 싫증내기 전에 곧바로 섬에서 가장 높은 용두산의 정상(202.7m)[35]에 올라 사방을 조감하는 게 효과적이기 때문이었다.

---

35) 용두산 정상 : 이곳의 국가지점번호(國家地點番號)는 "라라 9593 7489"이다. 그런데 국가지점번호는 도로명 주소가 부여되지 않은 비거주 지역 또는 위치 파악이 어려운 지역의 위치표시 체계를 보완하기 위해서 전국을 10m × 10m 격자형(grid)으로 나누고, 각 격자마다 좌표를 부여한 위치표시 체계이다. 2013년부터 전국 어디서나 모든 기관이 "한글 두 글자 + 8자리 숫자"의 통일된 체계를 사용해 나타내고 있다.

그런 뒤에 섬을 껴안듯이 해안을 따라 조성된 비치로드로 내려가 왼쪽엔 산비탈, 오른쪽엔 바다를 휘감아 도는 노정을 택하기로 했다. 연륙교를 건너 300m쯤 가다가 오른편의 산언덕 쪽에 작은 등산로 데크(trail deck)가 나타난다. 이 지점이 오늘 걷기의 시발점이다. 이 데크계단으로 올라 완만한 숲길 조금 걷다가 갈림길, 큰개길, 정상(용두산)에 등정, 제3바다구경길, 제2바다구경길, 해안데크로드, 제2전망대, 제1전망대, 해변길, 주차장(하포리), 연륙교 순으로 걸을 계획을 했다.

비치로드 중에 발군으로 압권이며 백미인 절경의 아름다움에 대한 느낌은 유진이도 예외가 아니었다. 수직 절벽을 휘감아 도는 데크로드의 빼어난 풍광에 얼이 나간 것처럼 연신 경탄의 외마디 소리를 쏟아냈다. 조금 걷다가는 난간을 부여잡고 바위너설과 바다가 어우러져 빚어낸 비경을 담으려는지 열심히 촬영했다. 그런가 하면 가파른 산비탈에 우람하게 자란 나무가 비바람에 쓰러져 덮치지 않을까라는 오지랖 넓은 걱정을 쏟아내기도 했다. 아슬아슬한 느낌의 스릴을 만끽하면서도 잔잔한 바다 위에 떠 있는 양식장의 새하얀 스티로폼이 바둑판 같이 늘어선 모습이 이채롭고 신기했던가. 양식장에 대해 이것저것 꼬치꼬치 물어 얼렁뚱땅 넘기기도 쉽지 않아 쩔쩔매기도 했다.

아침에 콰이강의 다리를 걸어서 건너려던 꿈은 보기 좋게 깨졌다. 홀대에도 재도전하겠다는 마음을 매정하게 막을 수 없었다. 그래서 둘레길 종착지에 도착한 뒤에도 한참을 더 걸어 연륙교로 돌아왔다. 겉으로 드러난 콰이강의 다리는 예나 지금이나 별반 차이가 없었다. 그 옛날엔 언제든지 사람이나 소형 차량이 건넜다. 그런데 지금은 양쪽 입구에 커다란 자물쇠가 굳게 잠겨 있다가 정해진 시간이 되면 개방해 오직 탐방객만 오가도록 철저하게 통제했다.

콰이강의 다리 입구로 다가갔다. 다리의 양쪽 입구엔 각각 관리인이 배치되어 있었다. 그들은 누구나 신발 위에 덧버선을 착용해야 걷도록 허락했다. 특히 하이힐을 신은 여성들은 반드시 신발을 벗어들고 관리소에서 제공하는 슬리퍼로 갈아 신고 덧버선을 덧씌워 신어야 건널 수 있었다. 그 이유는 바닥재로 깐 특수 강화유리를 보호하려는 불가피한 조치라고 했다. 원래 이 다리 길이는 170m이고 너비는 3m이다. 그런데 관광자원으로 용도가 바뀌면서 길이 170m 중에서 양쪽 입구에서 10여 미터(m)를 제외한 150m 정도의 다리 바닥의 너비 3m 중에 양쪽은 1m 정도로 데크, 가운데는 폭이 1m 정도 되는 강화유리를 깔았다. 따라서 다리 위에 들어서면 가운데 부분에 투명한 강화유리가 깔려 있다. 그런 때문에 투명한 유리판 밑으로 짙푸른 바닷물이 출렁거려 간이 콩알 만하게 오그라들 정도로 두렵고 오금이 저려 발길을 뗄 수 없었다.

야간에는 이 유리에 멋거리진[36] 은하수 조명이 연출되어 또 다른 매력을 자랑한단다. 처음 이 유리 위를 건너려고 할 때 유진이는 잔뜩 긴장해 나를 앞세우고 내 손을 꼭 움켜쥔 채 엉금엉금 따라오며 무섭다고 앙탈하면서 고개를 절레절레 저어댔다. 그런

36) 멋거리지다 : 멋이 깊숙이 들어 있다.

데 한 번 걷고 난 뒤에는 재미있다며 다섯 번을 반복해서 오가며 천야만야한 다리 밑의 모습을 카메라에 담았다. 당국의 리플릿(leaflet)에 의하면 이 유리 위를 걷는 것을 스카이 워크(sky walk)라고 명명하고 있었다.

얼추 오후 3시쯤 집에 돌아와서 샤워를 하고 피로해 잠시 눈을 붙였던 유진이가 슬며시 다가와 말을 섞어왔다.

"할아버지! 오늘 무척 재미있었다."
"그래!"
"다음에 또 가자!"
"…(속으로 '글쎄!'라고 되뇌며 우물쭈물)"

결코 낯낼[37] 일이 아니었다. 하지만 이쯤 되면 오늘은 손익계산에서 밑지지 않았지 싶다. 3월의 네 번째 토요일 날씨도 어제에 비해 한층 더 화창했고 함께 나들이했던 유진이 기분도 상한가를 쳤다. 어린 왕자님이 나의 선택에 흡족했다는 방증이다. 이런 맥락에서 태평가를 부르며 덩실덩실 춤을 추기에 모자람이 없고 오그랑장사를 면한 청청한 하루가 아닐까.

"세월, 시간을 먹다", 한강, (사)한국수필가연대,
100인대표수필선, 2018 제23집
(2018년 3월 24일 토요일)

---

37) 낯내다 : 생색내다.

이소를 위한 날갯짓

이소(離巢)는 새의 새끼가 자라 둥지에서 떠나는 일을 이른다. 유진이가 5학년이 되어 사춘기 기미가 나타나면서 버겁게 느껴질 나를 은근슬쩍 밀어내려는 낌새가 도처에서 감지된다. 여태까지 하나에서 열까지 내게 의지하며 파고들던 파랑새를 기꺼이 그느르러[38] 왔다. 그런데 어느 사이 돋아난 설익은 날갯죽지를 파닥거리며 홀로서기를 위한 엉성한 날갯짓이다. 한편으로는 신기하기도 하고 또 한편으로는 살짝 서운해서 착잡하고 온탕과 냉탕을 오가는 묘한 느낌이다. 무슨 일이든 할머니에게 일방적 통고를 하고 내겐 귀띔도 않으려 든다. 그 이유를 구태여 둘러댈 생각도 않는 꿍꿍이속을 헤아려 볼 재간이 없다. 그래도 할아버지가 꼭 해결해야 할 문제는 온몸을 던져 매달린다. 이런 싹싹한 꼴을 보면 맥도 모르고 침통을 흔드는 식의 불한당 같은 천둥벌거숭이는 결코 아니다.

---

38) 그느르다 : 돌보며 보살펴 주다. 흠이나 잘못을 덮어 주다.

3학년까지는 일상생활이나 학교의 준비물, 교과목의 예습과 복습이나 숙제 따위를 전적으로 내가 돌봐주었다. 그러다가 지난해부터 할머니가 옆에서 돕기로 하고 내가 한 발짝 비켜서기 시작한 뒤부터 시나브로 틈새가 벌어지는 느낌이었다. 그렇게 구렁이 담 넘어가는 식으로 멀어지기 시작하더니 이제는 특별한 경우가 아니면 은근슬쩍 피하며 말을 섞으려 들지 않는다. 그러다가 수학이나 과학의 원리 문제 따위에 대해 막혀 도움이 절실할 때 은근슬쩍 꼬리를 살랑살랑 흔들며 파고든다. 이런 경우 사소한 문제가 발생하기 마련이다. 유진이가 배우는 교과서를 한 번도 들여다본 적이 없기 때문에 어느 정도 수준으로 배우는지 전혀 알 수 없다. 따라서 갑자기 특정한 문제를 코 앞에 들이대면 어디까지 설명해야 모범 답이 되는지 헷갈려서 머뭇거리기도 한다. 이런 경우 교수가 이런 문제를 푸는데 생각을 해야 하느냐는 날 선 비수가 날아든다. 참으로 모를 일이다. 그렇게 매몰찬 직격탄을 날리다가도 제 맘에 흡족한 설명이다 싶으면 '역시 할아버지 최고야!'라고 치켜세우는 덕담을 하기도 한다. 그럴 땐 어깨가 으쓱해지는 내가 과연 정상일까.

잠자리에서도 이전과 다른 모습을 보인다. 나이가 들면서 허리(脊椎) 문제로 침대를 들어내고 방바닥에서 생활해온 지 몇 해째이다. 유진이도 우리 내외와 같은 방에서 잠을 자기 때문에 예외가 아니다. 잠자리에서 큰 요를 두 개 붙여 깔고 왼쪽이 할머니, 가운데가 유진이, 오른쪽이 내 자리이다. 그런데 얼마 전까지 함께 잠자리에 들면 늘 내 이불로 파고들며 시시콜콜한 얘기를 나누다가 꿈나라의 무지개다리를 건너는 게 다반사였다. 그러던 녀석이 언제부터인가 나를 온새미로 무시한 채 할머니 쪽으로 바짝 다가가서 귓속말을 소곤대는 변절자가 되어 이죽거려 휘영휘영한[39] 마음이 들기도 한다.

제 친구나 학교생활에 관해 관심을 보이면 기껏해야 '예'나 '아니오' 같은 짧은 답이 고작이라서 성에 차지 않는다. 새 학년이 되어 새로운 친구나 짝지에 대해 물어도 시큰둥한 채 몽니 부리듯 말을 아끼려 들기 일쑤이다. 그래서 호기심에 꼬치꼬치 더 캐 물으면 건성건성 성의 없는 대답을 해대서 살짝 설면설면[40]해지려 한다. 게다가 별것도 아닌데 사삿일(privacy)에 대해서는 함부로 넘보지 말라며 빗장을 단단히 걸어 놓으려 든다. 그런 까닭에 뜨악한 사이로 틈새가 벌어지지 않을까 신경에 쓰이기도 한다. 내 어린 시절과 견줄 때 간극이 너무 깊고 넓어 그를 메꾸기 녹록치 않아 보인다. 그동안 아이들의 사춘기가 빨라진 때문일까.

내 어렸던 시절과 견줌은 무의미한 비교로 감정의 낭비이지 싶다. 아날로그 시대의 가치관에서 볼 때 디지털 시대의 원주민인 요즘 아이들 놀이가 못마땅해 탐탁하지 않다. 눈만 뜨면 휴대폰이나 컴퓨터 같은 전자기기에 흠뻑 빠져 과도하게 몰입해 걱정이다. 그래서 슬쩍 끼어들어 간섭을 할라치면 쇠귀에 경 읽기이다. 전자기기에 지나친 집착을 막아볼 요량으로 슬며시 등산이나 운동 쪽으로 유도한다. 하지만 고학년으로 올라갈수록 그런 기회

39) 휘영하다 : 마음이 텅 비어 허전하다.
40) 설면설면하다 : 사이가 정답지 아니하고 어색하다.

포착이 어려워진다. 그 같은 이유로 부족한 운동을 벌충해 볼 요량에서 일요일이면 가능한 한 할머니를 따라 수영장에 가도록 등을 떠밀어 내쫓는다. 하기야 그 옛날 어린이들은 열악한 문화적 환경 때문에 자연과 어울리는 놀이가 대종을 이룰 수밖에 없었다. 이에 비해 요즘 아이들의 놀이는 건물 안에서 전자기기를 바탕으로 하기 때문에 어쩌면 자연스러운 변화 현상이리라.

유진이가 다양한 부문에서 내 영역을 벗어나고파 안달을 해도 단 한 가지 측면에서는 오히려 내게 의지하려 든다. 무엇을 구입하거나 학교나 외부행사에 참여하는데 허락을 받아야 할 문제에 맞닥뜨리는 경우이다. 이럴 때면 찰거머리처럼 찰싹 달라붙어 꼼짝없이 나를 함락시키는 묘한 재주가 있다. 그 단적인 예이다. 오늘 아침 식사 자리였다. 무심코 할머니에게 모레(금요일) 친구 생일이라고 했다. 그 친구에게 선물할 책을 사다 달라고 했다. 할머니가 네 돈을 내놓으면 사다 주겠다면서 언짢은 심사를 거칠게 드러내며 되받았다. 녀석은 사전 예고 없이 다짜고짜 할머니에게 책을 사다 달라는 얘기가 잘 못 되었음을 직감하며 감히 볼찬소리[41]를 내뱉을 계제가 아니라고 판단했던 모양이다. 끽소리도 못한 채 시침을 뚝 떼고 다소곳이 밥을 몇 술 뜨는척했다. 그렇게 나름대로 구겨진 체면과 감정을 추스르는 듯했다. 그러더니 애먼 내게 대고 뜬금없이 한마디 날렸다.

"할아버지!"

---

41) 볼찬소리 : 성이 나서 볼이 부어 내는 소리. 원래는 '볼멘소리'의 북한말이다.

"왜?"

"나 좀 뵈어요!"

라고 말하면서 존망지추(存亡之秋)가 아님에도 불구하고 밥을 먹다말고 휘적휘적 문간방으로 향했다. 어처구니가 없어도 태연스럽게 따라 들어갔다. 문을 닫으며 손짓으로 조용히 하라는 신호를 보냈다. 그리고 고개를 까딱하며 예를 표하더니 자기가 하고픈 얘기의 요점을 주저하지 않고 정확히 읊어댔다.

"할아버지! 금요일 내 친구 민준이 생일이래!"

"그런데!"

"그 때문에 스페셜 솔져(special soldier)라는 만화책 두 권을 사야 하거든."

"왜? 뚱딴지같이 두 권을!"

"하나는 내가 가지고, 또 다른 한 권은 생일 선물로 주려고!"

"그래서, 2만 원만 꼭, 주~세~용~~"(평소 잘 쓰지 않던 존댓말에 허짧은 코맹맹이 소리까지 동원하며 애걸복걸 매달렸다.)

밀당을 해봤자 완전히 패배하는 게임이 분명했다. 그래서 배춧잎 두 장을 자진해서 건네주었다(당당히 제 할머니 앞에 다가가는 꼴이 가관이었다).

"할머니 여기 책값~~"(아무 일도 없었다는 듯이 도도했다. 마치 제 돈을 꺼내다가 버젓이 내미는 것처럼)

나름대로 사춘기의 초입 길목에 들어선 게 분명하다. 그래서 조금은 도도해지고 싶고 자기만의 세상을 꿈꾸려고 감정의 갈무리를 위해 안간힘을 쓰고 있다. 이렇게 애쓰는 모습이 마냥 귀엽고 한편으로는 안쓰럽다. 또한 일상의 숱한 대화에 말추렴[42]을 하려고 기를 쓰기도 한다. 그렇지만 마구잡이로 공연한 트집을 부리거나 터무니없는 생떼를 쓰는 것은 아니다. 이런 변화의 모습을 볼 때 딴에는 자기가 많이 성장했다고 생각하는 모양이다. 하지만 곳곳에 구멍이 숭숭 뚫려 어수룩한 구석이 숱해 알뜰한 보살핌과 채워줌이 더더욱 필요다. 그게 되레 매력인 녀석이 고삐 풀린 망아지처럼 날뛸지라도 아직은 내 손바닥을 벗어나지 못하는 천방지축으로 순진무구한 악동의 파닥거리는 서툰 날갯짓에 지나지 않을 따름이다.

문예감성, 제18집(2018년 가을호), 2018년 12월 15일
(2018년 4월 11일 수요일)

42) 말추렴 : 다른 사람이 말하는 데 한몫 끼어들어 말을 거드는 일을 말한다.

생일에 친구들 초대

모레(4월 23일) 월요일은 유진이 열두 번째 생일이다. 입때까지는 가족끼리 조촐하게 축하했었다. 하지만 올해는 본인의 간곡한 청에 따라 친구 몇을 초대하는 쪽으로 의견을 모았더니 장대는[43] 눈치이다. 그런데 생일인 월요일은 친구들 일정이 서로 달라 한자리에 모임이 언감생심이었다. 그래서 최대공약수를 찾아 토요일인 오늘 점심시간에 집으로 초대했다.

하늘의 축복이었을까? 갑자기 돌변한 기온은 몇 십 년 만에 4월에 맞는 초여름 날씨란다. 초대를 받은 여섯 도령들 차림이 반팔 웃옷이거나 가벼운 차림이었다. 어떤 기준으로 친구들을 선정하여 초대했는지 모른다. 그렇지만 하나하나와 선문답처럼 짧은 대화로 알 수 있었던 것은 다른 반 아이들이 더 많다는 사실이었다. 이는 사귐의 범위가 넓고 활동적이라는 사실을 말해주는 게 아닐

---

43) 장대다 : 마음속으로 기대하며 잔뜩 벼르다.

까. 게다가 그중에 한 아이는 약간의 장애를 가지고 있었다. 그런 친구를 기꺼이 초대했음은 유진이의 심성을 미루어 짐작할 단초가 될 법하다. 이런 유진이 마음을 생각하다가 내 어린 시절을 돌아봤다. 그때 주위의 친구들을 차별하지 않고 있는 그대로 받아들이며 바르게 행동했었는지를 곱씹어 봐도 당최 자신이 없었다.

골치 아픈 숙제를 풀기 위해 낑낑대는 어린이들처럼 아내와 얼굴을 맞대고 궁리한 게 며칠인지 모른다. 기왕에 집으로 초대하기로 했기에 아이들 취향과 입맛에 어떻게 맞출 것인가에 대해 고민을 거듭했다. 인터넷도 뒤져보고 유진이가 초대받았던 경험 얘기를 물어보는 염탐까지 하며 귀동냥해도 뜬구름 잡기였다. 우리 내외에게 가장 익숙하고 편안 차림이라면 갈비, 불고기, 잡채 따위를 중심으로 하는 한식을 푸짐하게 차려 융숭한 대접을 하는 게 가장 손쉬운 선택이다. 하지만 요즘 아이들에겐 천부당만부당할 것 같아 그런 생각은 일찌감치 지워버렸다. 온갖 궁리를 하며 고심하다가 유진이가 친구 집에서 겪었던 경험의 조각들을 참고해서 해법을 찾기로 작정했다.

아이들을 호텔이나 고급 레스토랑으로 초대하고픈 생각은 애초부터 없었다. 그런 방법을 배제하고 아이들의 입맛을 고려하여 몇 가지를 주문해서 상을 차리기로 가닥이 잡혔다. 어렵사리 큰 틀에 대한 총론은 정했는데, 각론을 확정하는 데 고심했다. 도토리 키 재기 식의 궁리를 거듭하다가 결국은 평소 아이들이 즐기는 것을 중심으로 메뉴를 고르기로 했다. 아울러 음식의 가짓수를 줄이는 쪽으로 가닥을 잡았다. 이런 맥락에서 피자 두 판, 치킨

두 마리. 김밥 열 줄, 떡볶이 2인분, 과일, 음료수를 준비했다. 거기다가 지난밤에 제 아비와 유진이가 슈퍼에 가서 아이스크림 종류와 밀크쉐이크인 설레임 따위를 잔뜩 사다가 냉장고에 갈무리해 두었다.

일곱의 사내아이들로 거실이 그들먹했다. 우리 내외에게 설렁설렁 인사를 한 아이들은 하나같이 휴대전화에 빠져 몰입하며 '꺅~꺅~' 괴성을 내지르는 꼴이 무척 낯설었다. 하지만 어쩌랴. 요즘 문화의 트렌드(trend)를 무시한 채 촌스럽게 참견할 계제도 아니었다. 빤히 보이는 식탁 위에 차려진 이런저런 음식에 눈길이 가고 냄새나 전해지기 때문에 도리깨침[44]이 절로 넘어가련만 무심하게도 휴대전화의 포로가 된 모양새였다. 내 어린 시절에 대해 뭇생각[45]이 밀려와 기억을 더듬어 봤다. 어쩌다 남의 집을 방문하려면 그 댁 어른들의 말씀을 귀담아듣거나 행동거지에 조심하라고 이르며 다짐하던 문화가 이제는 화석으로 변한 걸까.

음식이 탐탁하지 않은 때문이었을까 아니면 입이 짧기 때문일까. 달게 많이 먹어주었으면 좋았으련만! 그런 기대는 터무니없이 야무진 꿈이었나. 초다짐[46]도 없었다. 피자 한 판이 통째로 남았고, 김밥 역시 엇비슷한 모양새였다. 또한 치킨과 떡볶이 또한 그랬다. 게다가 아이스크림 따위는 거들떠보지도 않아 살짝 서운

44) 도리깨침 : 도리깨가 꼬부라져서 넘어가는 모양으로 침이 삼켜진다는 뜻. 너무 먹고 싶거나 탐이 나서 절로 삼켜지는 침을 이르는 말이다.

45) 뭇생각 : 잡다하게 많은 생각을 말한다.

46) 초다짐 : 정식으로 식사를 하기 전에 요기나 입가심으로 음식을 조금 먹음, 또는 그 음식. 초벌로 미리 하는 다짐을 뜻한다.

하기도 했다. 결국은 아이들이 하나같이 각자의 아람치에 해당하는 양도 먹지 않은 셈이었다. 그런데 무엇이 그리 바쁠까? 얼렁뚱땅 먹는가 싶더니 식탁에서 물러났다. 우르르 거실로 몰려가서 또다시 휴대전화로 게임을 하며 마구 내뱉는 괴성이나 조잘대는 소리에 귀를 막고 싶을 지경이었다. 그렇게 한동안 자유 시간을 즐기는 꼴을 엿보며 디지털 원주민(digital native)들의 생소한 문화를 실감나게 지켜봤다. 아무리 생각해도 아날로그 문화로 뼛속까지 채워진 디지털 이주민(digital immigrant)과 어린 세대들 사이의 문화적 간극이 넓고 깊어 아득해 보였다.

집안이 답답할 것 같아 아이들을 오락과 운동을 하는 키즈 카페(kids cafe)로 데리고 가기로 약속을 했었다. 그래서 아내의 차와 택시에 아이들을 나눠 태우고 집에서 한 마장쯤 떨어진 키즈 카페를 찾아갔다. 가는 날이 장날이었다. 하필이면 쉬는 날로 문이 굳게 닫혔다. 성격은 조금 다르지만 아파트 언저리 상가에 자리한 어린이 놀이방(실내 운동시설)을 찾아갔다. 2시간 노는데 입장료가 1인당 7천 원이었다. 7명인 까닭에 4만 9천 원을 지불했다. 한편, 노는 사이에 목이 마를 터이기에 음료수를 사서 나눠 마시라고 이르면서 3만 원을 유진이 주머니에 슬그머니 찔러 넣어 주고 집으로 돌아왔다.

유진이가 실컷 놀다가 오후 여섯 시를 훌쩍 넘긴 시간에 어깻바람[47]에 콧노래를 흥얼거리며 어슬렁어슬렁 돌아왔다. 오늘 매우

---

47) 어깻바람 : 신이 나서 어깨를 으쓱거리며 활발히 움직이는 기운을 의미한다.

즐겁고 최고였다며 에둘러 고마움을 전했다. 하지만 우리 가족은 낮에 아이들이 남긴 피자, 치킨, 김밥, 떡볶이 나부랭이를 먹어치워야 했다. 나는 원래 패스트푸드를 탐탁하게 여기지 않는다. 하지만 오늘 저녁엔 끽소리도 못하고 남은 음식들을 꾸역꾸역 먹을 밖에 도리가 없었다. 그로 인해서 결국은 소화제를 챙겨 먹어야 했다. 흔히들 원님 덕분에 나팔을 분다는 얘기를 한다. 하지만 오늘은 되레 원님인 유진이 덕분에 단단히 곤혹을 치른 셈이다. 그래도 여태까지 한 번도 해본 적이 없는 무거운 숙제를 후련하고 깔끔하게 해치운 홀가분한 마음에 마냥 뿌듯하다.

2018년 4월 21일 토요일

태권도 시범단

작년에 이어 올해에도 어린이날에 유진이 비위 맞출 일이 없어진 때문인지 생뚱맞게도 되레 허전했다. 이른 아침부터 서둘러 채비를 갖춰 어린이날 행사장에 보내는 것으로 만사형통이었다. 그 자리에서 태권도 시범을 보이는 시범단 일원으로 참여한다. 하지만 시범을 보이는 자리에 얼씬도 말라는 신신당부를 했다. 별일도 아닌데 동네방네 소문내거나 야단법석은 단호하게 사양한단다. 나름대로 타당한 주문을 곧이곧대로 받들어 그쪽으로 고개를 돌리거나 눈길도 보내지 않고 있다.

올해 제96회를 맞는 어린이날이란다. 이날 큰 잔치가 돝섬 일원에서 KFME(창원시소상공인연합회)에서 주관하고, 지역 내의 다양한 기업을 비롯해 공공기관의 협찬과 후원을 받아 펼친다는 얘기이다. 기본적으로 민·관·군이 참여하는 어린이대축제인가 보다. 그래서 마산소방서와 육군 39사단을 위시해서 한국해양구

조협회가 참여해 119대원의 응급처치와 소화기 사용 체험, 요트와 래프팅, 군악대 공연과 특공무술시범, 헌병 모터사이클 포토존(photo zone) 따위가 펼쳐진다는 대대적인 광고이다. 아울러 돝섬 잔디광장에서는 난타 공연과 마술쇼, 비눗방울 체험 따위의 행사가 곁들어진다는 전언이다.

행사가 열리는 돝섬은 다양한 휴식공간이 마련된 유원지이다. 마산 제2부두에서 배를 타면 10분 만에 가뿐하게 다다를 수 있는 내만의 안쪽에 자리한 앙증맞은 미니 섬이다. 예로부터 돝은[48] 돼지(猪)를 이르는 말이다. 이 섬에 황금 돼지의 전설이 전해진다는 견지에서 돝섬이라는 명칭이 붙여졌다. 그동안 우여곡절을 겪다가 해상유원지로 발돋움한 힐링 공간이다.

유진이가 태권도와 연이 닿았던 시기가 유치원이었다. 그러므로 올해로 6년째 수련 중이며 국기원 공인2품(No-21669706)을 취득(2016년)한 지 세 해째에 이르고 있다. 앞으로 운농을 전공시킬 생각이 아니기 때문에 처음부터 입때까지 일주일에 사흘(월·수·금) 도장에 나가 수련하는 것으로 만족하고 있다. 태권도에 대한 나의 식견은 맹추에 가깝다. 따라서 유진이의 수련수준이 어느 경지에 이르렀는지 가늠해 볼 재간이 없다. 그런 까닭에 유진이가 하는 얘기를 들으며 칠흑 같은 오밤중 어둠 속에서 길을 찾듯이 대충 어림짐작할 뿐이다. 오늘 어린이날 행사에는 마산의

48) 돝 : 돼지의 방언(함경남도). 돼지의 옛말. 돼지를 이르는 말이다.

수많은 태권도장 중에서 기껏해야 서너 군데에서 열 명씩 대표로 참가한다는 설명이다. 유진이가 적을 둔 도장 수련생이 백 명을 훌쩍 넘을 터인데 그중에 열 명 내에 뽑혔다는 사실을 긍정적으로 평가해도 되는 걸까? 녀석의 믿을 수 없는 말 풍년이다. 자기 도장에서 탑 5(top five) 안에 든다고. 이는 평소 대인관계에 너울가지[49]가 있고, 매사에 걸싸다[50]는 것을 나타내는 단면이 될 법도 하다. 또한 매달 수련비를 꼬박꼬박 입금시켜주는 고마움에 대한 립 서비스(lip service)라고 치부하고 웃어넘겼다.

가랑비에 옷 젖는다고 했던가! 지난 세월 도장을 드나들며 주워들었던 풍월과 어설프기 짝이 없던 설익은 경험들이 시나브로 쌓여 지식이 되었지 싶은 편린들이 대화 중에 언뜻언뜻 비춰졌었다. 우연히 격파에 대해 얘기를 나눌 때였다. 녀석의 얘기는 틀림없는 진리로 논리 정연했다. 어린이들이 격파 시범에서 실패를 많이 하는 이유를 이렇게 예리한 지적을 했다. 첫째로 정확도가 떨어지면 격파력이 강해도 실패하며, 둘째로 격파력이 강해도 정확도가 떨어지면 실패한다. 그러므로 격파에 성공하려면 정확도와 격파력을 고루 지녀야 한다는 주장이었다. 그러면서 자기는 둘 다 갖춰서 실패하지 않는다고 했다. 의문의 여지가 없고 나볏함[51]이 보일 뿐 아니라 그동안 쓰렁쓰렁[52] 시늉만 내며 허송세월했던 게 아니라는 생각에서 입을 다물고 말았다.

---

49) 너울가지 : 남과 잘 사귀는 솜씨. 붙임성이나 포용성 따위를 이른다.
50) 걸싸다 : 일이나 동작 따위가 매우 날쌔다. 성미 따위가 몹시 괄괄하고 세차다.
51) 나볏하다 : 몸가짐이나 행동이 반듯하고 의젓하다.
52) 쓰렁쓰렁 : 남이 모르게 비밀리 행동하는 모양. 일을 건성으로 하는 모양을 의미한다.

열두 살이기에 만지면 아리아리할 정도로 연약할 것이라고 예단할 개연성이 높다. 하지만 매일 아침 늦잠에 빠지기 일쑤인 녀석을 깨우기 위해 서툰 마사지를 하려면 뼈대가 빳빳하고 여간 억센 게 아니다. 아마도 태권도 수련을 통해 시나브로 단련된 다부진 모습으로 변한 방증이 아니고 무엇이랴! 어제 학교에서 실시했던 간이 건강 검진결과가 집으로 전달되었다. 키가 145.3cm, 몸무게는 32.1kg, 시력은 좌측 0.7, 우측이 1.0, 나머지는 정상이었다. 체중 부족이나 좌측 시력의 문제는 배냇불행[53]에 대한 애난[54] 경고가 아니기 때문에 운동을 시킴과 함께 정밀검진 결과에 따라 합당한 후속 조치가 따른다면 너끈하게 극복 가능하리라.

일반적으로 태권도복은 흰색이 기본이다. 그에 비해 시범단원에게 입히는 도복의 바탕 색깔은 진한 군청색으로써 시각적인 효과를 극대화시키려는 의도가 담겨 있지 싶었다. 오늘 아침 챙겨입고 나설 때 얼핏 살핀 시범단 도복의 특징은 대충 요약하면 이렇다. 도복의 원단이 군청색이고 거기에다 균형과 미적 감각을 살리기 위해 흰색과 빨간색의 줄이나 무늬를 비롯해 문자를 배치했다. 그런 때문에 다양한 무리의 군중 속에 마구 뒤섞여도 단박에 가려낼 수 있다는 견지에서 겨냥했던 목표를 충분히 달성한 게 아닐까?

오늘 어린이날 행사에 태권도 시범단에 참여하지 않았다면 하

53) 배냇불행 : 타고난 불행을 이른다.
54) 애나다 : 안타깝고 속이 상하다

루 종일 뒷바라지를 하는 아랫것 노릇에서 헤어나지 못했으리라. 신의 축복일까? 이른 아침부터 밭에서 무 뽑듯이 집에서 쑥 뽑아내 흥겨운 어린이날 행사장으로 옮겨 놓다니. 그것도 내키지 않는 것을 억지로 내몬 것이 아니라 한껏 기분이 고조되어 "룰루~랄라~" 흥얼대며 총총히 집을 나섰기에 고맙기 그지없다. 몇 가지 주전부리와 생수를 챙긴 가방을 건네는 할머니 옆에서 물끄러미 건네다 봤다. 그러다가 행사가 끝나고 무언가를 사 먹고 싶을 때 쓰라며 율곡 이이의 존영이 모셔진 지폐 한 장과 퇴계 이황으로 회자되는 지폐 다섯 장 등 모두 만원을 가방 주머니에 슬며시 찔러 넣어주었다. 그랬더니 입이 귀에 걸려 다물지 못한 채 신이 나서 현관문을 나섰다.

"유진아! 풋풋하고 싱그러운 오월이구나."

"끝없이 높고 청청한 하늘 높이 훨훨 날며, 어른들의 잔소리나 편견이 없는 무지갯빛 꿈나라에서 맘껏 즐거움을 누리려무나!"

"사랑한다!"

"얼마나 사랑하느냐고?"

"하늘만큼 땅만큼, 아주 많이!"

2018년 5월 5일 토요일(어린이날)

거짓말과 검약정신

평소 동자승처럼 밝고 영혼이 해맑으며 싹싹한 유진이를 많이 혼냈다. 여태까지 이렇게 지청구를 하며 얼이 빠질 정도로 야멸치게 윽박지르며 몰아세웠던 적이 없다. 그 연유는 다음 두 가지이었다. 먼저 눈에는 뻔히 보이는 데 거짓말을 하며 위기를 모면하려는 잘못을 깊이 반성시키기 위함이었다. 다른 하나는 물건을 아끼거나 소중히 여길 줄 모르는 검약 정신의 부족함을 일깨우려는 질책이었다. 오늘 오후였다. 유진이 책가방에서 꺼낸 실내화 한 짝이 예리한 면도칼로 그은 듯 찢어져 신을 수 없었다. 무언가 크게 잘못된 것 같아 자초지종을 짚어봐야겠다고 다짐했다. 원인이 무엇이든 가장 다급한 문제는 당장 내일부터 신어야 할 새 실내화 문제였다. 진동한동 사이즈를 확인하니 230mm이었다. 망설임 없이 곧바로 문방구로 달려가 한 켤레를 구입했다.

대략적인 사정을 파악할 생각에서 학원에 갔다가 또 다른 학원의 준비물을 챙기려 집에 돌아온 순간에 슬쩍 변죽을 울려봤다.

어찌 된 상황인지 첫 마디가 새빨간 거짓말이었다. 학교에서 실내화를 신으려는데 쭉 찢어졌다는 얼토당토않게 허튼소리를 쏟아내며 위기를 모면하려 들었다. 짧은 자투리 시간이라서 시비곡직을 따질 겨를이 없어 일단 학원에 다녀온 뒤로 미뤘다. 그렇게 다시 학원에 다녀온 뒤에 태권도장에 가야 할 무렵에 다시 간을 봐도 여전한 대답이었다. 어물쩍 넘길 예삿일이 아니라는 판단에서 또 다시 저녁에 조목조목 짚어보기로 미뤘다.

태권도장을 다녀와 샤워를 시킨 다음에 저녁 식사를 하고 나서 휴식을 취하고 아홉 시 무렵이었다. 합성수지를 재료로 만든 문제의 실내화를 신문지 위에 가지런히 놓고 유진이를 그 앞에 앉혔다. 그리고 멀쩡한 쪽을 손에 쥐고 잡아당겨 찢어보라고 했다. 아무리 용을 쓰고 잡아당겨도 찢어지기는커녕 멀쩡했다. 잠자코 지켜보다가 내가 온 힘을 다해 잡아당겼더니 나름대로 결을 따라 찢어졌다. 하지만 유진이가 학교에서 찢은 방향으로는 있는 힘을 다해 잡아당겼지만 어림도 없었다. 이래도 신을 신는데 쭉 찢어졌다고 얘기하겠느냐고 다그쳤다. 더 이상 섣불리 거짓으로 둘러댈 수 없는 상황인 벼랑 끝으로 몰렸다고 느꼈는지 곧이곧대로 실토했다.

오늘(5월 28일) 오전 학교에서 그랬다는 고백이었다. 쉬는 시간에 심심해서 철사로 된 커다란 링을 실내화에 나 있는 작은 구멍에 걸고 힘껏 당겼더니 거짓말처럼 순식간에 쭉 찢어져 어이가 없더란다. 그렇게 신을 수 없게 된 것을 버릴 수도 없어 가지고 온 모양이었다. 그 상황에서 어떻게 치도곤을 면할 것인가에 대해 고민을 하며 나름대로 분주하게 셈을 되풀이했을 게다. 하지만 똑 부러지는 묘책에 떠오르지 않은 상태에서 나에게 선제공격을 당해 무대책인 상태에서 허를 찔렸으리라. 그 원인이 어디에 있던 잘못에 대한 질책을 면할 길 없다는 사실을 주지시키면서 호되게 나무라고 꾸짖었다.

먼저 누구나 실수를 하거나 잘못을 범할 수 있다. 그럴 경우 무엇보다 먼저 구차하고 비겁하게 숨기려 들거나 핑계를 내세워 거짓말로 둘러대지 않고 곧고 바르게 대처해야 한다. 그럼에도 위기를 벗어날 요량으로 정도를 벗어난 행동을 했던 때문에 질책과 혼찌검을 피할 수 없었다. 이를 통하여 잘못을 저지른 뒤에 어떻게 대처를 하느냐에 따라 법적인 단죄나 도덕적 치죄(治罪)에 엄청난 차이가 있다는 사실을 제대로 깨우쳤으면 좋겠다.

다음으로 범한 잘못이다. 풍요로운 세월의 영향 때문인지 검약정신이 많이 부족하다. 그런 단면이리라. 실내화 구멍에 커다란 칠사 링을 끼운 채 힘껏 잡아당겨 찢는 어리석음을 저질렀다. 그러고도 아깝다는 생각을 못 하는 부족함을 조곤조곤 따지며 반성토록 일깨웠다. 여기에 더하여 어떤 경우에도 거짓말하지 않아야 하고, 모든 물건을 소중하게 다루는 한편 검약이 필요함을 누누이 강조했다.

오늘 사건의 경위는 이렇다. 매주 금요일엔 학교에서 신었던 실내화를 가지고 와서 깨끗하게 세척을 한다. 그랬다가 다음 월요일에 학교에 다시 가지고 가는 게 여태까지 해왔던 불문율이다.

그런데 지난주 금요일(5월 25일)엔 깜빡 잊고 가지고 오지 않았었다. 그래서 오늘 월요일 등굣길에 일렀다. 하교 때 실내화를 가지고 오면 세척해서 내일 등교할 때 들려 보낼 것이라고. 그렇게 가방에 넣어온 실내화를 꺼내다가 무참하게 찢겨진 사실을 발견하면서 사달이 발생했다. 전화위복의 계기였다고 긍정적으로 자위하고 싶다. 이를 통해 앞으로 다가올지도 모르는 더 큰 실수나 잘못에 대한 백신(vaccine)을 맞았다는 생각에서 말이다.

거짓말을 하고 검약 정신이 부족한 사실을 타이르며 야단을 쳤던 나의 어린 시절은 과연 허물이 없고 똑 부러지도록 야무졌을까? 곧고 바르며 반듯한 면보다는 어른들을 속이고 편리한 대로 거짓말을 거리낌 없이 둘러대면서 자만하던 어리석음이 어디 한 둘이었으랴. 생각이 이런 쪽으로 기울어지면서 자기의 결점은 생각하지 않고 남의 잘못을 비난하는 것을 뜻하는 이단공단(以短攻短)이라는 채근담(菜根譚) 속의 사자성어가 떠올라 뜨끔해 움찔했다. 유진이가 내 어린 시절의 숨겨진 민낯을 낱낱이 들여다본다면 나를 어떻게 여길 것인가. 생각만 해도 낯이 뜨거워지고 할 말이 없다. 그런 난처한 상황을 피하려고 슬며시 꽁무니를 빼며 비실비실 뒷걸음질 치는 내 모습이 우스꽝스럽게 어른거려 슬며시 눈을 감았다.

2018년 5월 28일 월요일

V. 오르고 또 오르다가

태권도 공인3품 심사신청

유진이가 태권도장에 공인 3품(品)의 승품단심사 서류를 제출했다. 신청에 필요한 사항은 신청자 성명, 주민등록번호, 사진, 주소, 심사비 따위이다. 이를 갖춰서 어제(5월 28일) 접수했다. 유치원 시절 첫발을 내디뎠기에 올해로 여섯 해째 매주 사흘(월·수·금)씩 수련을 해오고 있다. 그동안 국기원의 심사를 거쳐 공인 2품 자격을 획득했다[55]. 이번의 공인3품 심사는 오는 6월 말 무렵에 실시되는 제240회 승품·단심사 자리에서 진행된다고 한다.

태권도에 홀딱 반해 진한 사랑땜을 하다가 시들하고 뜨악해지던 권태기였을까. 아니면 자유분방한 영혼이 권위적인 억압과 명령에 정나미가 떨어졌던 때문이었을까? 입문하고 두세 해 지나면서 태권도를 끊었으면 좋겠다는 말을 입에 달고 살았다. 그런 낌새를 보일 때마다 견뎌 이겨내라며 은근히 만류했다. 왜냐하

---

55) 국기원의 공인1품은 2015년 5월 30일, 공인2품은 2016년 5월 22일에 획득했다. 그런데 발급받은 1품과 2품의 카드 번호는 No-21669706이다.

면 무슨 일이든 힘이 들거나 어려움이 따를 때마다 손을 털고 돌아선다면 아무것도 이룰 수 없다. 따라서 예측하지 못했던 시련이나 힘든 상황과 부딪혔을 때 슬기롭게 견뎌내는 끈기와 지혜가 필요하다는 생각에서 에둘러 만류했다. 그 당시 갈피를 잡지 못하고 갈팡질팡했던 주된 요인은 버티기 힘든 체력적인 한계를 느꼈거나 강압적인 훈련 따위였으리라. 이따금 꺼내 보이던 속내의 편린들이 그를 반증했다. 그런 위기 상황도 세월 따라 시나브로 극복했던가! 새삼스레 의욕이 솟구치는지 이제는 초등학교는 물론이고 중학교에 진학해서도 했으면 좋겠다는 의중을 언뜻 피력하기도 한다.

여섯 해 동안 같은 도장에서 꾸준히 수련을 쌓고 있다. 그렇다고 운동선수로 키우고 싶은 마음은 없다. 한결같은 수련과 연마를 통해 건강한 체력과 정신을 지닌 청소년으로 성장하여 위급한 상황에 처할 경우 자신을 지킬 수 있었으면 하는 바람에서 계속 응원하고 있다. 나의 지난날을 돌이켜 볼 때 험한 세상을 헤쳐나가다 보면 자신의 의지나 뜻에 무관하게 돌발 상황에 맞닥뜨리는 경우가 드물지 않다. 그럴 때 자신을 지킬 능력을 갖추는 것은 필요충족선결조건이다. 이를 위한 기본적 소양의 축적은 평소에 끊임없이 갈고 닦아야 한다는 견지에서 태권도에 입문시켰다.

좀 더 많은 시간을 투자할 수 있다면 금상첨화이련만. 여유가 없어 극히 제한된 범위 내에서 계속하고 있다. 그것마저도 5학년에 진급한 뒤로는 낮에 시간이 마땅치 않아 저녁 6시 30분에서 7시 30분까지 수련한다. 낮에는 다른 학원을 전전하다가 늦은 시간에 도장에 가면서도 피곤하다고 짜증내지 않고 신통방통하게 적응해 나가는 모습이 무척 대견하다.

어린 시절의 회상이다. 나는 투미한 눈썰미와 심약한 나약성으로 매사에 둔했다. 그뿐 아니라 예체능 분야에서는 언제나 남을 빛내주기 위한 충수꾼 역할이 고작이었다. 그런 까닭에 이들 분야에 대해 심한 열등감을 안고 살았다. 만약 학교 교육에서 그들 교과목이 주류였다면 일찌감치 중도에 포기했을 게다. 아마도 늘 쉬는 숨마저도 운동이라는 이름을 붙인다면 곤두박질하여 꼴찌를 맴돌며 헉헉댔으리라. 이런 수준 이하의 처지가 싫어서 유진이는 예체능 분야에서 나를 닮지 않기를 빌었다. 그런데 천우신조인지 나와는 전혀 딴판으로 다양한 측면에서 운동 감각을 드러내 고마울 따름이다.

태권도에 대해서 맹추이다. 그래서 전문가에게 조언을 청했더니 품새에는 태극(1장~8장까지), 고려, 금강, 태백, 평원, 십진, 지태, 천권, 한수, 일여 등의 10가지 종류가 있다고 했다. 한편, 2품(단)을 취득 후 2년이 지나면 3품(단)에 응시 가능한데, 3품(단) 심사에서는 태극1장에서 8장, 고려, 금강 따위의 품새를 비롯하여 겨루기, 격파 등이 포함되는 모양이다.

품과 단의 차이는 무엇일까. 국기원 규정상 만 15세 미만의 어린이는 품을, 만 15세 이상은 단을 취득하도록 규정되어있다. 그런데 어린 시절 3품까지 취득하고 수련을 중단했다면 품단전환(品段轉換)이 가능하단다. 따라서 이 경우 15세 이상이 되어 품단전환을 신청하면 3품에서 3단으로 전환된 단증을 교부 받는단다.

요즈음 수련을 받고 오는 날이면 거실에서 무슨 품새인지 진지하게 연습을 한다. 그러면서 옆에서 지켜보는 내게도 따라 하라는 경우가 숱해졌다. 마음으로는 솔깃하지만 멋쩍어 마지못해 엉거주춤한 채 흉내를 내보려고 나서면 매구같이 잘못을 짚어내서 바로잡아 준다. 잘은 몰라도 이번 공인3품 심사에 시연해야 할 과제 중의 일부가 아닐까? 뚱딴지같이 때아닌 태권도에 잔뜩 주눅이 들어 쩔쩔매는 내 모습은 어떤 꼴일까. 아마도 영락없이 달밤에 체조하는 모양새로 웃음거리가 되고도 남으리라.

"꿈 ★은 이루어진다!" 이제 3주쯤 지나면 유진이가 또 하나의 꿈을 향해 도전한다. 새로운 지평을 열기 위한 진솔한 도전은 아름답고 숭고하다. 나름대로 공인2품을 취득하고 햇수로 세 해째이다. 작은 물방울도 모이면 바위에 구멍을 뚫을 수 있다는 수적천석(水滴穿石)의 자세로 겸허히 수련해왔기에 거뜬히 경연하고 훈장처럼 빛나는 공인3품을 품에 안을 것으로 기대한다[56]. 간절한 바람과 달리 아무것도 해줄 수 없는 처지에서 진정 도울 길은 무엇일까! 생각을 거듭해도 떠오르는 게 없어 진솔한 마음만을 보태기로 했다.

2018년 5월 29일 화요일

---

56) 공인3품(No-21669706) 증서가 2018년 6월 24일 대한태권도협회장과 국기원장 공동명의로 발급되었다. 그리고 국기원 홈페이지에 접속하여 유품단조회를 클릭하여 유진이 이름과 주민등록번호를 입력하면 3품에 합격한 날짜가 2018년 6월 24일로 나타난다. 한편, 7월 27일 태권도장에서 도복에 매는 띠를 블랙 벨트(black belt)로 바꿔 주었다.

짜장면 예찬

어린이들에게 짜장면은 해피바이러스 같은 음식일까. 현충일 점심에 가족이 함께 마산역 앞에 자리한 중국집 홍원에서 짜장면을 먹었다. 홍원은 수타면(手打麵)으로 여러 방송과 신문에 소개된 바 있다. 짜장면은 세대나 사회적 계층을 뛰어넘어 누구나 으뜸으로 꼽는 외식 먹거리이다. 그런데 한동안 짜장면을 대할 기회가 뜸했었다. 그 때문이었을까? 어제 잠자리에 들어 도란도란 얘기를 주고받던 중이었다. 유진이가 뜬금없이 내일 꼭 짜장면을 먹자고 애걸복걸했다. 기왕이면 집으로 배달하는 쪽보다는 가까운 맛집을 찾아가는 게 좋을성싶었다. 그러다가 얼결에 수타면 전문점이 떠올라 다짐을 했던 약속을 이행한 꼴이다.

중국집 4대 메뉴는 짜장면, 짬뽕, 탕수육, 볶음밥이라는 얘기이다. 이 중에 짜장면은 서민들이 입학이나 졸업 또는 생일을 축하거나 이사 가는 날 즐겨 먹었었다. 따라서 고급 메뉴인 청요리보다 널리 사랑을 받는 동시에 우리의 입맛을 사로잡으며 친숙해졌다. 짜장면은 중국의 자장면(炸醬麵)과는 궤를 달리하는 음식으로 한국 태생의 중화요리라는 견해가 아귀가 맞아떨어지지 싶다.

기억을 더듬어 봐도 어렴풋할 뿐이다. 속단하기 어렵지만 중학교 입학하던 날 아버지께서 처음으로 짜장면을 사주셨던 것으로 회억된다. 굵은 면발에 춘장(본래의 명칭은 첨면장(甛麵醬))을 고기와 야채를 섞어 시커멓게 볶은 것을 비벼서 먹으며 느꼈던 오묘한 맛은 아직까지 생생하다. 그 후 학업 때문에 객지를 전전하면서 동가식서가숙하던 시절 가장 값싸고 배부르며 맛이 있었던 짜장면의 오묘한 마력에 이끌려 짝사랑에 빠진 채 오늘날까지 헤어나지 못하고 있다.

북한의 김신조 일당이 침투(1968년 1월 20일)하여 청와대를 폭하려던 기도가 미수에 그쳤던 무렵 나는 바깥나들이 길에 자유중국의 타이베이(taipei)에 머물고 있었다. 그때 현지 음식점에서 짜장면을 찾을 수 없었다. 그래서 메뉴판에서 국수 면(麵) 자가 들어 있는 음식을 시켰다. 그런데 국수와 채소를 넣고 볶은 요리와 맥주가 나와 몹시 황당했다. 몇 차례 식당을 바꿨어도 짜장면을 찾을 수 없어 저절로 고개가 갸웃해졌다.

후배 J 박사의 아들에 얽힌 일화이다. 수원에 자리한 K 대학 교수로 재직하다가 지천명의 중반에 유명을 달리한 그는 참으로 유복하고 넉넉한 명문가의 맏아들이었다. 내 대학 재학 시절 총장님의 맏아들로 장인 역시 장관까지 역임했었다. 따라서 친가나 처가 어느 쪽도 궁색함과는 거리가 먼 풍족한 환경이었다. 그런 J

박사가 언젠가 사석에서 쏟아낸 푸념이다.

당시 예닐곱 살에 이른 어린 아들이 있었는데 창피해서 외식을 함께 나가지 못하겠다고 했다. 지인들과 함께 외식을 하는 자리에서 하늘이 무너져도 중국집을 고집하며 주문하는 음식도 애오라지 짜장면이라고 했다. 게다가 더욱 난처한 것은 음식을 먹고 나서 단무지가 단 한 조각이라도 남는 경우라고 했다. 그렇게 남은 단무지는 이유 여하를 막론하고 꼭 싸가지고 집에 가서 먹어야 한다고 떼를 쓰는 황소고집을 꺾을 수 없다는 하소연을 했다. 그 꼴을 지켜보는 주위 사람들에게 창피하다는 것이다. 묘한 집착에서 벗어나게 할 요량으로 탕수육이나 다른 청요리를 시켜놔도 거들떠보지도 않아 두 손 두 발 다 들 수밖에 없다고 했다.

지난 80년대 중반 무렵 몇몇 부부가 어울려 보름 남짓 동남아 나들이 때였다. 더위에 시달리며 강행군을 했던 때문이었을 게다. 몇몇은 입맛을 잃고 기력이 떨어져 기진맥진해서 헉헉댔다. 그러던 중에 아마도 태국의 방콕이었지 싶다. 마침 교민이 운영하는 식당에 찾았을 때 모두가 한식을 들며 생기를 되찾는 듯했다. 그런데 P 박사는 유독 두세 끼를 연거푸 짜장면만을 주문하는 모습을 보고 지독한 애호가(mania)라는 인정을 하면서도 고개가 갸웃해졌다.

지난밤 잠자리에서 일이었다. 여느 때와 달리 유진이가 식탐을 드러냈다. 내일 곱빼기를 먹겠다고. 그 얘기가 떠올라서 홍원에 들어서며 카운터에서 보통 짜장면 두 그릇과 곱빼기 한 그릇을 주문했다. 유진이에게 곱빼기를 줄 요량으로. 그런데 의외로 내게 양보했다. 유진이 그릇에 크게 한 젓가락 덜어서 올려놓고 나머지는 내가 먹었다. 배달된 것과 즉석에서 만든 짜장면의 맛이 천양지차라는 당연한 사실을 깨우쳤었나 보다. 면이 탱글탱글하고 맛이 깔끔하고 음식이 살아있다면서 게 눈 감추듯 먹어 치웠다.

내남을 가리지 않고 모두를 애호가로 꽁꽁 묶어두는 짜장면의 괴력은 어디에서 연유하는 걸까? 아무리 곱씹어 봐도 실마리를 찾기는커녕 그 실체를 밝혀낼 재간이 도통 없다. 풀리지 않는 자문(自問)이 혼란스러웠다. 그럼에도 유진이에게 무언가 들려줬으면 하는 욕심에서 수타면과 기계로 뽑는 면의 차이를 장황하게 설명했다. 몇 십 년 전쯤에 중국집 허드렛일을 하는 신출내기 종업원이 아니라면 누구라도 수타면을 능수능란하게 뽑았다. 그런 것이 뭐 그리 대수라고 열을 내 설명했을까? 칠칠치 못하게 내 얘기만 주저리주저리 늘어놓았다. 그러다가 다음에 또다시 홍원에 오자는 곡진한 청을 귓등으로 흘린 게 겸연쩍어 얼버무리려고 유진이 손을 꼭 쥐었다.

2018년 6월 6일 수요일(현충일)

식습관과 편식

유진이는 편식 성향이 있다. 하지만 총체적인 맥락에서 또래의 아이들에 비해 비교적 원만한 편이다. 거의 모든 동서양 음식을 내치지 않는 편이다. 그런데 음식의 재료를 채소와 육류로 나눠어 생각할 때 다소 비뚤어진 습관이 있다. 큰 틀에서 생선이나 육류는 때와 장소를 불문하고 즐긴다. 그에 비하여 채소는 편식의 경향을 띤다. 이는 적당한 잔소리나 시시콜콜 간섭을 통해 쉽사리 해결의 실마리를 찾기 어려운 문제라서 걱정이다.

유진이 등하교 길에는 그 흔한 상가나 문방구가 전혀 없다. 아파트 단지 내의 한쪽 구석에 자리하여 학교에 이르는 완만한 오르막길에는 민가나 상가가 전혀 없다. 따라서 패스트푸드나 인스턴트 식품을 일컫는 정크 푸드(junk food)에 노출될 위험이 적다. 하지만 방과 후나 휴일에 친구들과 어울려 쏘다니며 불량식품을 접하면서 친숙해진 지 오래로 여겨진다. 이런 영향을 받았는지 아니면 천성 때문인지 알 길 없다. 가랑비에 옷 젖는지 모르듯이 시나브로 편식 습관이 생긴 것은 아닐까?

사람은 천성이나 관습의 영향으로 먹거리에 대한 궁합이나 기호가 다르다. 이 같은 호불호에 따라 당기는 것과 그렇지 않은 것이 뚜렷하게 마련이다. 그 정도가 지나쳐 병적이거나 비정상인 경우는 문제가 된다. 그런데 요즘 아이들은 모두가 금지옥엽으로 받들어 키우는 현실이다. 이에 따라 지나치게 아이들의 뜻을 존중하는 경우가 숱하다. 음식의 경우도 아이들이 싫어하면 뒷전으로 밀려 식탁에서 서서히 퇴출되면서 편식에 이르기도 한다.

태어난 직후부터 조부모인 우리 부부가 길렀던 때문일 게다. 다른 아이들과 달리 어른들이 즐겨 먹는 김치찌개나 된장찌개, 마늘장아찌와 오묘한 냄새가 일품인 청국장, 미려(美麗)한 모양새와 거리가 먼 족발, 곰국 등을 가리지 않는다. 물론 또래들처럼 햄버거, 라면, 치킨, 피자 따위의 패스트푸드나 파스타, 김밥, 떡볶이, 어묵 따위도 엄청 즐긴다. 게다가 짜장면이라면 자다가도 벌떡 일어나는 애호가이다. 다양한 식성을 바탕으로 생각할 때 총론에서 보면 요즘 아이들답지 않게 여러 음식을 고루 잘 먹는 축이다. 하지만 각론의 맥락에서 조목조목 따지며 미시적으로 시시콜콜 따져보면 편식의 기미가 다분하다.

툭하면 계란부침(fried egg)을 내치려 하고, 캔에 들어있는 참치는 무척 좋아하면서도 멸치 반찬은 거들떠보지 않으려 든다. 한편, 마늘은 거부감을 보이지 않는데 비하여, 파와 양파 앞에서는 도리질한다. 그런가 하면 김치는 꽤 즐기며 과일이라면 종류를 따지지 않고 무척 즐긴다. 한데, 채소를 재료로 만드는 반찬은 손사래를 치면서 내치려 기를 쓰다가 할머니와 실랑이를 벌인다. 그렇다고 채소와 무조건 담을 쌓으려는 눈치는 보이지 않아 천만다행이다. 삼겹살을 먹을 때 상추가 있으면 어른을 뺨칠 만큼 상추쌈을 즐긴다. 또한 자기가 선호하는 산나물에는 애착을 보인다는 맥락에서 종잡을 수 없다. 이런 관점에서 성장하면서 고쳐질 가능성이 엿보이기도 한다. 하지만 생선이나 육류는 장소를 가리지 않고 즐기듯 모든 채소 또한 마찬가지였으면 오죽이나 좋을까.

내 어린 시절의 회상이다. 6·25 전쟁 때문에 피란이 불가피 했던가하면 집까지 소실된 폐허 위에서 생존을 위해 몸부림치던 시절이었다. 잠자리가 불편했고, 식량과 반찬거리가 태부족이라서 어려웠다. 이런 때문에 먹거리의 질이나 기호를 따지며 배부른 투정을 할 처지가 아니었다. 어떤 먹거리든 손에 닿으면 주린 배를 채우려 안간힘을 썼다는 표현이 합당하리라. 그런 세월에도 내 입에 맞지 않아 곤혹스러웠던 음식이 국수였다.

지금은 어떤 경우에도 국수를 내치지 않는다. 그런데 초등학교 3, 4학년까지는 국수를 먹으면 배가 아프고 설사를 했다. 그래서 국수를 먹는 날엔 오만상 찌푸리고 억지로 넘기고 나면 여지없이 탈이 났었다. 도저히 견뎌낼 재간이 없어 어머니께 넌지시 말씀드렸다. 그 이후 국수를 끼니로 때울 경우는 찬밥을 챙겨 두었다가 주시곤 했다. 초등학교를 졸업하고 학업 때문에 타향을 떠돌며 동가식서가숙하기 시작하여 입때까지 타향살이 연속이다. 그런데 부모님 곁을 떠난 뒤에는 국수를 몇 끼 연이어 먹어도 배탈이 나던 증상이 말끔하게 사라져 신통방통했다.

큰 틀에서 생각할 때 유진이 건강은 양호해 크게 흠잡을 구석이 별로 없다. 하지만 유독 체중이 평균치 미만을 맴돌고 있다. 평소 점심과 저녁은 너무 빨리 먹어 체할까 봐 속도 조절을 위해 잔소리를 한다. 그런데 올해 초까지는 아침 식사 모양은 점심이나 저녁과 전혀 다른 모습을 보여 왔다. 왠지 알 수 없지만 아침 식사는 시작은 있어도 끝이 없어 마치 태업을 하는 모양새로 끌탕을 치며 애간장을 태워야 했다. 하지만 지금은 그 악습이 많이 바로 잡힌 상태로서 순식간에 먹어치워 등교 준비가 느긋하고 여유가 생겨 아침 분위기가 한결 밝아졌다. 게다가 크려고 그러는지 매일 밤참을 꼭꼭 챙겨 먹으려고 설쳐대 되레 간섭을 해야 한다. 그럼에도 체중 미달이라니 불가사의하다. 혹여 채소를 비롯한 편식 경향을 보이는 음식이나 반찬에서 얻어야 할 영양소의 불균형 때문에 나타나는 기현상이 아닐까? 은근히 신경이 쓰여도 쉬 바로 잡히지 않을 식습관과 편식의 문제라서 묘책을 찾기 어렵다.

2018년 6월 15일 금요일

초등의 여선생님

케케묵고 낡은 왜곡된 가치관의 꿈틀거림일까! 요즘 초등학교 선생님들의 성비(性比)는 여성이 절대적 우위이다. 심지어 남선생님이 하나도 없는 학교가 꽤 될 뿐 아니라 고작 한둘인 학교가 드물지 않다는 전언이 호사가들의 부풀려진 입방아가 아니다. 이런 현실에서 상당한 학교에서 교장이나 교감을 비롯해서 부장급의 간부가 모두 여선생님이라는 사실은 놀랄 일이나 사회의 이목을 집중시킬 뉴스거리가 아니다. 이에 대해 삐딱한 마음에서 시비를 입찰하거나 생트집 잡듯이 까발리며 시시콜콜 따지려는 음험한 흉계가 아니다. 이러한 현상에 생각이 미치면서 불과 예순 해전쯤부터 경험했던 기억이 문득 떠오르면서 만감이 교차했다. 초등학교부터 대학에 이르기까지(1951년~1968년) 여선생님이나 교수에게 배웠던 적은 중학교 시절뿐이었다. 그런 지난날에 비하면 상전벽해의 변화다.

손주의 학교 사정은 어떨까? 대략 40명 남짓한 선생님이 재직하시는데 서넛을 제외하고 교장 선생님부터 여선생님이다. 이런 현실을 감안할 때 남선생님이 담임을 맡을 확률은 로또복권에 당첨될 확률보다 낮지 않을까? 그런데 신기하게도 올해 담임이 남선생님이다. 초등학교에 입학하고 다섯 해 만에 처음이다. 학년 초에는 남자담임이라서 신기하고 재미있다고 하더니 시간이 지나면서 그 신선했던 충격이 연기처럼 사라졌나 보다. 한 학기가 지나가는 이즈음엔 지난해까지와 뚜렷이 대비되는 특이사항을 도통 찾을 길 없다.

다른 분야에 비해 교육공무원 쪽에 유별나게 여성의 비율이 높음은 왜일까? 정도의 차이가 있을지라도 초등과 중등을 막론하고 여교사의 비율이 우뚝하다. 비교적 조직의 영향을 덜 받고 독립적인 지위를 유지할 수 있는 교육에서 상대적으로 만족도가 높고 보람이 크다는 게 이유일지 모르겠다. 전문가들에 따르면 우리 교단에서 여성의 점유율 급속한 증가는 선진국의 추이와 견줄 때 크게 다를 바 없으며 자연스러운 변화란다.

전체적으로 초등이나 중등교육을 막론하고 여성 비율의 신장세는 괄목할 만하다. 그중에서도 초등교육에서 여성의 성비 증가는 경이롭다는 생각이 든다. 이런 현실에서 초등학교의 교사를 양성하는 교육대학의 신입생 모집 규정 중의 하나를 유심히 눈여겨볼 필요가 있지 싶다. '어느 한 성(性)이 모집정원의 70%를 넘을 수 없다'는 규정이 그것이다. 왜 이같이 전근대적인 독소 조항이 시퍼렇게 살아서 기세등등할까? 소문에 따르면 재학생 성비가 그보다 더욱 심하게 편중될 개연성을 미연에 방지하려는 고육지

책이라는 귀띔이었다.

손주 유진이가 어느 정도 야성적이고 사내다운 면모의 다부진 아이로 자라길 바란다. 왜냐하면 손주의 심성이 부드럽고 내성적이다. 이를 과감하게 벗어나 도전적인 기상을 지니기를 원하는 곡진한 바람 때문이다. 그래서 운동이나 수련을 통해 강인해져서 견뎌내기 힘듦이 닥쳐도 거뜬하게 헤쳐나가는 의연한 기개를 길렀으면 좋겠다. 이런 이유 때문에 학교에서 접하는 운동도 사내아이에 걸맞은 종목을 많이 했으면 싶다. 또한 학교의 봄가을 행사인 우정등산(友情登山)도 비단길 같은 포장도로 조금 걸으며 시늉만 내는 게 아니라 깔딱 고개가 여럿인 험준한 등산로를 등정했으면 좋겠다. 이를 위해 가능하다면 담임선생님 역시 한 해 걸러 남녀 선생님이 번갈아 맡았으면 하는 헛된 욕심을 내보기도 한다. 현실을 무시한 터무니없는 욕심일지라도 그런 생각이 들곤 한다. 그렇다고 여선생님을 싫어하거나 배척하며 폄하하려는 의도를 에둘러 나타내는 고약한 심보 때문은 아니다.

직업군에서 어느 한 성으로 지나치게 치우치는 편중 현상은 문제가 없을까? 대부분의 경우 바람직한 현상은 아니다. 왜냐하면 나름대로 양성이 적정하게 균형을 유지할 때 능력의 제고는 물론이고 시너지효과를 나타내고 상호 보완 작용으로 좋은 결실을 거두리라는 견지에서 하는 얘기이다. 이런 견해를 바탕으로 할 때 우리의 초등이나 중등교육 현장에서 날로 심화되어가는 여초현상(女超現狀)은 답을 얻기 어려운 화두가 아닐까? 따라서 앞으로 어떻게 슬기롭게 해결해 균형을 맞춰나갈지 그 해법의 만듦은 중차대한 과제가 분명해 보인다.

내 이야기이다. 중학교에 입학하면서 영어 담당이면서 담임이었던 여선생님을 처음 만났다. 짧은 인연 때문이었을까. 한 학기 마치고 다른 학교로 전근을 가셨다. 후임으로 영어를 전공하고 갓 대학을 졸업한 풋내기 여선생님이 부임해서 일 년 정도 담임을 맡았다. 그 당시 여선생님이 몹시도 신기하고 선녀처럼 멋있어 보였다. 이는 미적 관점인 팔등신 미인에게서 받는 느낌과 무관한 얘기이다. 복이 없었던 때문일까. 초등학교와 고등학교를 비롯해서 대학 시절엔 여선생님이나 교수에게 배웠던 적이 전혀 없다. 그 당시 사범학교(현 교육대학교)나 사범대학을 졸업했던 여성들이 적었던 때문으로 오늘에 견주면 고리타분한 사상이 지배했던 시절이었다.

우리 교육 현장을 돌아본 소회이다. 반백 년 남짓한 세월 사이에 극과 극을 숨 가쁘게 질주하고 있다. 과거에는 해방과 6·25 전쟁 따위와 사회적 인습이나 가치관 때문이었는지 교육계가 거의 남성 전유물이 되어 상당한 무리가 따랐다. 그런데 요즈음은 무섭게 증가하는 여초문제로 균형을 우려해야 할 지경에 이르렀다. 그럼에도 솔로몬의 지혜를 찾기 위해 다양한 궁리를 하며 머리를 쥐어짜 봐도 간단치 않은 난제 중의 난제가 아닐까?

흔히들 과하면 모자람만 못하다고 하여 과유불급(過猶不及)이라고 이른다. 아무리 너그럽게 넘기려 해도 특별한 이유 없이 특정 학교에 모두가 남성 혹은 여성 선생님으로 충원은 바람직한 현상이 아닐법하다. 하지만 무능한데다가 안일함에 빠져 허우적이는 지배 세력, 노블레스 오블리주(noblesse obilige)는 외면하면서 착복에는 능구렁인 지도층, 끝 모를 국민의 분열이 만연한 현실에서 그 누가 껄끄럽고 민감한 짐을 지려 자청할까. 게다가 여선생님들이 훨씬 많아도 교육계는 거침없이 질주하는 현실이다. 이런 상황에서 성비 균형 운운하는 것은 쓰잘머리 없는 남성우월주의 틀에 갇혀 공연히 생트집을 부리는 몽니로 오해받을 소지가 다분하지 않을까.

2018년 6월 29일 금요일

행동반경의 팽창

유진이가 활동 영역을 하루가 다르게 넓혀가고 있다. 처음엔 기껏해야 가까운 친구와 어울려 영화를 보거나 외식을 하면서 자투리 시간을 이용하여 주변의 교외 나들이가 고작이었다. 하지만 세월이 지나면서 학교나 태권도장에서 펼치는 각종 수련회나 현장학습을 통해 행동 궤적을 꾸준히 넓혀왔다. 이 단계까지는 집으로 회귀하려는 구심력이 월등히 강했다. 그러나 롤러스케이트나 자전거 따위를 타면서 쌓은 알량한 경험과 고학년이 되면서 시나브로 터득하고 깨우친 지식을 토대로 행동의 범위가 확장되면서 밖으로 뛰쳐나가려는 원심력이 월등하게 커지고 있다.

정신적 성장에 비례하여 행동반경의 물리적 거리가 확장되게 마련이다. 유치원이나 초등학교 저학년 시절에는 다람쥐 쳇바퀴 돌듯 둥지 주위를 맴돌며 정해진 생활방식이나 길을 따라 반복적으로 오갈 뿐이었다. 시계추처럼 일정한 범위를 맴돌다가 세월 따라 자연스럽게 사고의 깊이와 폭이 깊고 넓어지면서 육체적인 활동 범위가 확장되는 게 전형적인 변모의 형태이다.

유진이의 활동 범위가 변화는 민낯이다. 그 시발은 유아원부터 유치원까지 동문수학한 친구이며 지근의 아파트에 사는 친구와 어울려 가까운 수영장에 어울려 다니기였다. 그 무렵을 전후하여 같은 아파트에 사는 친구들과 자전거나 인라인스케이트를 타고 이웃 아파트 단지나 단독주택 지역을 넘나들며 낄낄대는 눈치가 역력했다. 아마도 활동 반경을 야금야금 확장해나가면서 조금씩 간을 봤을 게다. 그렇게 낯선 지역으로 촉수를 뻗치다가 어느 고비를 넘어서며 갑자기 봇물 터지듯이 발길 내키는 대로 쏘다녔으리라.

깜짝 놀랄 일이다. 그동안 꽤 많이 궤도를 이탈했었다는 고백이다. 친구들과 어울려 시내버스를 타고 외곽의 신개발지에도 몇 번 놀러 갔었단다. 나도 버스 노선이나 요금이 얼마인지 모른다. 그런데 감히 그런 행동을 했다는 사실이 믿기지 않았다. 그리고 친구들과 어울려 동네 주위에 있는 키즈 카페(kids cafe)를 위시하여 실내 롤러스케이트장에도 드나든 전과가 있다는 얘기였다. 또한 친구와 함께 공중목욕탕에 가서 목욕도 했단다. 어려서부터 목욕탕에 데리고 갔던 적이 없고 늘 집에서 씻겼는데.

친구 따라 강남 간다고 했던가? 언젠가는 가톨릭 신자인 친구를 따라 성당에 가서 국수도 얻어먹었다고. 그곳은 자기가 유아 세례를 받으면서 미카엘이라는 세례명을 내려주었는데 말이다. 이 같은 맥락에서 제집인 셈인데도 불구하고 정처 없는 떠돌이가 도둑고양이처럼 숨어들어 국수를 얻어먹은 격이 아니었을까. 그러면서도 자기가 신자라는 사연을 미주알고주알 읊어대지 않았단다. 그런데 이를 어쩌랴. 어제(2018년 7월 1일)는 개신교 신자인 친구와 약속을 했기 때문에 교회에 가서 뷔페식 점심을 얻어먹고 왔다. 그를 허락하는 데는 약간의 고민이 필요했다.

유진이는 엄연히 특정 종교의 신자이다. 그래서 약속 장소로 떠나기 전에 몇 가지 일렀다. 친구와 약속을 지키기 위해 교회에 가야 한다. 하지만 그곳에서 예비신자 취급을 하면 적당한 시점에서 거리를 두어야 한다고 일렀다. 왜냐하면 가톨릭 신자이기 때문이었다. 집에 돌아와 할머니에게 날린 촌철살인의 한마디이다. 교회에서 휴대전화 번호를 물어 없다고 얼버무렸노라고. 그러면서 오늘 선의의 거짓말을 했다는 얘기였다. 이유가 어디에 있을지라도 성당과 교회에서 무전취식을 했으니 이제는 노인이나 노숙자를 위한 무료급식소를 순례할 차례인가!

수련하는 태권도장에서 매년 두세 차례 야외나들이나 체험학습을 떠난다. 그때마다 수련생은 물론이고 형제나 이웃 친구와 동행을 권유한다. 하지만 그동안 제 친구들에게 참여를 권유했던 적이 전혀 없다. 그런데 이번 여름에는 양산 통도환타지아로 떠날 계획이다(7월 14일). 이 체험학습을 학교에서 홍보하여 친구 하나가 동행하기로 했다. 또한 같은 태권도장에서 토요일(7월 7일)에 피구대회를 마치고 펼치는 파티(피자와 아이스크림)에 친구 여럿이 참여하도록 설득하는 적극적인 모습도 보였다. 결과적으로 무엇인가를 주위에 알리고 동참을 유도하는 것은 정신적으로 활동 영역이 그만큼 크고 넓어진다는 방증이리라.

올 들어 훌쩍 자라 할머니 키와 엇비슷해졌다. 미구에 내가 올려다 봐야할지 모른다. 더 크기 전에 원하는 것을 가능한 많이 들어주고 싶다. 가끔 할아버지와 할머니를 위시해서 자신과 함께 외국여행 한 번 했으면 좋겠다는 간절한 얘기를 되풀이한다. 단순한 호기심 표출이 아니라 진솔한 바람이리라. 바지랑대처럼 훌쩍 자라 떠꺼머리총각의 징그러운 모습이 아닌 귀엽고 풋풋함이 흘러넘치는 유진이와 떠나는 여행의 꿈을 이모저모 따지며 만지작거리고 있다.

2018년 7월 2일 월요일

손주의 파마머리

사내 녀석인 유진이가 지난 토요일(6월 30일) 또 파마를 했다. 자신의 눈높이에서는 흡족할지 모르지만 영 탐탁하지 않다. 몇 년 전의 일이다. 단짝 친구의 파마한 모습을 몹시 부러워했다. 그 영향으로 지난 2, 3학년 때 일 년 남짓 잇달아 파마를 했던 적이 있다. 그것으로 바람이 지나간 것으로 여겼는데 웬일로 또다시 되살아난 걸까? 월요일 학교에 등교했을 때 친구들이 꽤나 놀랐던가 보다. 하나 같이 별짓을 다 했다며 혀를 끌끌 차면서 '가지가지 하네'라고 말하더란다. 그럼에도 포기하거나 당장 풀고 싶은 마음은 도통 없어 보인다. 그동안 수시로 바뀌는 머리 모양을 강 건너 불구경하듯 건네다 보면서 지난 세월 온통 까까머리만 득실대던 시절이 문득 떠오르기도 했다.

우리 세대의 어린 시절은 6·25 전쟁으로 흉측하게 일그러진 잔인한 세월로 깊고 어두운 전쟁 상흔 때문에 춥고 배고픔으로 가득했다. 그 시절 허름하고 불결한 이발소에서 양손으로 작동하는 구형 이발기나 한 손으로 작동하는 신형 바리깡(bariquant)으로 박박 밀었다. 그래서 애들 머리는 내남없이 까까머리였다. 게다가 당시 고등학교까지 까까머리를 하도록 규정되어 대학에 입학한 뒤에 겨우 두발에 대한 자유가 주어졌다. 모든 게 부족하고 외국에 의존하던 때문일 게다. 이발기나 바리깡도 오래되어 고물을 방불케 하는 경우가 많아 머리를 깎을 때 머리칼을 쥐어뜯기기 일쑤였다. 그럴 경우 어린이들은 눈물을 찔끔대기도 했다. 하기야 그 시절에도 여유가 있는 집의 어린아이들은 상고머리로 깎아 멋을 부렸다. 이는 앞머리만 약간 길게 놓아두고 옆머리와 뒷머리를 짧게 쳐올려 깎고 정수리 부분은 평평하게 다듬는 머리 모양이다.

그 시절 제대로 씻거나 관리를 못 한 열악한 환경과 불결한 위생관리에 연유한 현상으로 여겨진다. 어린여자 아이들의 긴 머릿속에는 머릿니가 득실거리고 서캐가 머리에 하얗게 붙어있는 경우가 숱했다. 한편, 남자 어린이들은 제대로 씻지 않아 머리에 때가 덕지덕지 눌어붙은 쇠딱지가 흔했는가 하면 비위생적으로 이발기를 관리하는 경우가 많았다. 그렇게 불결한 환경을 선호하는 곰팡이 균인 기계충(두부 백선)에 감염되어 머리 중간 중간에 둥근 모양으로 탈모가 되고 빨개져 고생을 하는 경우도 드물지 않았다.

예로부터 또 하나의 독특한 두발 관리 형태가 있다. 머리를 면도하듯이 빡빡 밀어 깎는 배코이다. 배코라면 흔히들 스님들의 전유물처럼 여길 모른다. 하지만 그 옛날 민초들도 관리하기 편하고 시원하다는 맥락에서 배코를 치는 경우가 흔했다. 그런데 오늘날은 어쭙잖은 정치인들을 비롯해 다양한 분야에서 위기가 닥치거나 결기를 다지려는 자리에서 삭발을 남발하여 되레 그 진정성이 의심스러운 경우가 많아 씁쓸하기도 하다.

삭발의 참뜻을 알고 싶어 연이 닿았던 스님께 들었던 얘기를 대강 정리하면 얼추 이렇다. 불가에서 머리카락은 번뇌의 상징으로 여긴다는 얘기이다. 그런 연유에서 출가 후에도 계속 머리를 기르면 속세의 번뇌가 이어진다고 생각하는 듯했다. 그렇다면 삭발은 어떤 의미를 부여할 수 있을까? 삭발은 속세의 인연이나 관습으로부터 단절을 통해 새롭게 태어나 소유욕에서 자유로워지려는 의도가 담겨있지 싶었다. 결국 불가에서 삭발은 출가를 의미하고, 다른 말로는 스님이 된다는 뜻이 아니었을까. 한편, 절에서는 한 달에 두 번 음력 보름과 그믐 전날 삭발을 하는 게 법도처럼 굳어진 모양이다.

세월 따라 진리나 인습도 변한다. 얼마 전까지도 남자는 이발소, 여자는 미용실이라는 등식은 불변의 관습처럼 여겼다. 남성의 여성화 경향일까? 요즈음 남자들의 미용실 이용이 보편화되었다. 그래도 나는 입때까지 여자들 틈새에 끼어 앉을 용기가 없어 미용실을 외면해 온 꽉 막힌 맹꽁이다. 한편, 손주인 유진이는 명색이 남인데 아예 이발소를 모른다. 대신 할머니를 따라 미용실은 뻔질나게 드나들고 있다. 30년쯤 단골인 이발소의 이발 요금은 기껏 세종대왕이 지키는 배춧잎 한 장이다. 그런데 어린 유진이의 단골 미용실에서 머리를 깎는데 최소한 3만 원 안팎이기에 경제적으로도 손해인데 말이다. 게다가 이번처럼 파마를 하면 요금은 훨씬 더 비쌀 터이다.

고슴도치도 제 새끼는 함함하다고 한다. 하물며 사람의 경우는 말해 무엇하리오. 어느 모로 봐도 동자승처럼 해맑고 밝으며 심성이 곧고 반듯한 초립동 같은 옥골선풍 자태의 귀공자가 유진이다. 예쁘게 생긴데다가 신장 140cm, 몸무게 40kg 안팎의 가녀린 체격이라서 파마를 한 생글생글 웃는 모습이 잘 어울린다. 그뿐 아니라 쾌활하고 시원시원해 무척 귀엽다. 그래도 나는 사내 녀석의 파마는 가당치 않다고 말 폭탄을 퍼붓고 있다. 그럼에도 흔들리거나 마음 아파하지 않는다. 그렇게 파마를 하도록 방관했거나 은근히 부추겼던 할머니의 든든한 뒷배를 철석같이 믿기 때문이리라. 하기야 아이들이 성장하면서 자유롭게 머리에 울긋불긋 물을 들이거나, 길게 기르거나, 파마를 하며, 이상한 스타일의 옷을 입어보고 싶은 욕망들을 가당치 않다고 나무라거나 온새미로 억누를 수 없는 노릇이다. 지나치게 부푼 풍선은 저당히 바람을 빼야 터지지 않는 법이다. 그런 차원에서 유진이의 파마를 헙헙하게 받아들여야 덜떨어진 좁쌀영감 소리를 면할 모양이다.

마산문학, 42집, 마산문인협회, 2018년 12월 8일
(2018년 7월 3일 화요일)

허둥댄 2박 3일

손주와 단둘이 지낸 2박3일이 낯설고 귀가 어긋나 덜컹거리며 가슴 졸였다. 아내의 초단기 일본 나고야(なごや) 나들이가 원흉이었다. 그 때문에 아내의 역할과 빈자리를 온새미로 떠안았다. 이전의 경험을 통해 쌓았던 설익고 알량한 지식으로 너끈하게 넘길 것으로 여겨 느긋했었다. 단순히 밥을 지으며 설거지하고 소소한 청소 나부랭이는 낯설 턱이 없었다. 그렇지만 잠자리를 빠짐없이 챙기고, 잠자리에서 깨워 아침을 먹이고, 가방을 챙기고, 외출복을 골라 입혀 등교시키는 일이 손에 익지 않아 꽤나 허둥댔다. 게다가 하교 후에 자질구레한 준비물을 챙겨서 시간에 맞춰 학원이나 태권도장에 보내고, 밤엔 이런저런 숙제 검사 따위가 바빠 신경을 곤두세우는 긴장의 연속이었다.

짧은 소꿉장난의 원인 간추림이다. 달포 전 예약한 아내의 바깥나들이 날에 마가 끼려 했다. 김해공항에서 여객기가 출발 예정 무렵 부산 쪽에 태풍 쁘라삐룬(prapiroon)이 상륙하리라는 일

기예보에 잔뜩 긴장했었다. 하지만 천우신조였을까! 태풍의 북상 속도가 예상보다 굼떠 여명이 밝아오기 전인 첫 새벽 인시(寅時) 무렵에 집을 나서 예약된 비행기로 출발했다.

손주는 망설임 없이 불만을 곧이곧대로 쏟아내며 불뚝댔다. 지난해 홋카이도를 다녀온 나를 비롯해 이번에 길을 나서는 할머니가 자기만 빼놓고 여행을 떠난다면서 볼멘소리를 내뱉으며 곧이곧대로 불편한 심기를 직설적으로 토로했다. 그 점에 대해서는 분명히 어른들의 반성이 따라야 하지 싶었다. 약점을 손에 쥔 강자의 오만일까? 여행길에 오르기 전날 밤 할머니에게 선물을 사 오라며 이렇게 주워섬겼다. 먼저 자기가 무척 좋아하는 곤약젤리 10봉지와 그다음으로 운동모자를 주문했다. 곤약젤리는 수량이 많아도 기껏해야 우리 돈으로 몇만 원이면 족하고, 운동모자 역시 중저가 모델이라서 부담이 없어 보였다. 다그치던 손주의 주문이 얼마나 신경 씌었으면 여행을 떠난 첫날 밤에 '곤약젤리 10봉지 샀음'이라는 내용을 카톡으로 보내왔을까?

요즘 손주가 옷차림새에 무척 신경을 쓰는 눈치이다. 자칭 사춘기라지 않던가? 그래서 아내가 집을 비운 사흘 내내 등교할 때 입히는 복장에 특별히 신경을 썼다. 바지의 길이와 재질과 색상, 위에 입는 티셔츠의 색깔과 무늬, 상하의 조화를 고려해야 했다. 하기야 미적 감각이 형편없어 내 능력만으로는 역부족이기 때문에 손주의 견해와 눈치를 봐가며 결정했다. 그러므로 추레한 차림새는 면했으리라. 어제 아침에 티셔츠를 입히려다 보니 그저께 입었던 것과 색깔과 모양은 판이하게 달랐다. 하지만 줄무늬가 비슷해 자칫하면 똑같은 것을 이틀간 거듭 입는다고 흉잡힐까 봐 분위기와 색깔이 완전히 다른 것으로 바꿔 입히기도 했다. 먹고 입고 자는 따위에 대해 시시콜콜 신경을 쓰다 보니 마치 손주의 몸종으로 전락한 것 같아 기분이 묘했다.

손주의 식성이 쪼끔 까탈스럽다. 익숙하지 않거나 내키지 않은 음식이나 반찬을 대하면 데면데면 하는 버릇이 있다. 게다가 같은 반찬을 연이어 먹으려 들지 않는 괴팍성도 뺄 수 없는 흠이다. 그런 때문에 섣불리 반찬을 만들어 대령했다가는 거들떠보지 않는다. 지피지기면 백전백승이라 했던가! 반찬은 한 가지로 승부를 걸기로 작정했다. 손주가 가장 좋아하는 김치찌개이다. 그래서 그저께 저녁 돼지고기를 듬성듬성 크게 썰어 넣고 한 냄비 끓였다. 대성공이었다. 찌개 하나로 만사형통이었다. 어제 아침과 저녁까지도 위력을 발휘해 마음이 한결 가벼웠다.

할머니의 빈자리가 무척 허전했던 모양이다. 첫날인 그저께 잠자리에서 얘기이다. 휑뎅그렁하게 썰렁한 방에 손주와 둘이 누워 도란도란 얘기를 나눌 때였다. 어떤 답을 할까 궁금해하면서 슬쩍 변죽을 울리며 마음을 떠볼 요량으로 운을 떼어봤다.

“오늘 할머니 잔소리가 없어 좋지?”
“아니!”
“왜?”
“할머니가 없어 허전하고 잠자리 균형이 맞지 않잖아!”
“그런데, 할아버지는 뭐가 좋다는 얘기야!”

자칫하다가 어린 손주한테 어떤 날벼락을 맞을지 몰라 은근슬쩍 얘기의 주제를 바꾸며 흠칫했다. 어리다고 허튼소리를 했다가 체면치레도 하지 못하겠다는 생각에 쓴웃음이 절로 났다.

누가 어른이고 누가 어린이일까? 손주와 둘이 보낸 둘째 날 태풍이 지나간 뒷날로 하루 종일 무척 맑고 한여름 더위를 방불케 했다. 이른 저녁때의 일이다. 그저께 태풍으로 젖은 옷가지를 비롯해 자질구레한 빨랫감과 수시로 샤워하며 사용했던 수건 따위가 그들먹한 빨래 바구니에 눈길이 닿았던 모양이다. 내게 다가와서 은근한 어조로 의사를 타진했다.

"할아버지, 냄새나기 전에 세탁해야겠어!"
"그렇지!"
"하지만, 내가 세탁기 작동법을 모르는데 어쩌지?"
"에이, 할아버지! 그런 정도는 배워둬야지! 바보처럼!"

또다시 묵직한 녹아웃(knockout) 펀치를 맞았나. 겨우 열두 살인 손주 앞에서 일흔넷의 할아버지는 유구무언으로 꿀 먹은 벙어리가 되어 눈만 끔뻑이며 응대할 말이 궁색해 쩔쩔맸다. 하지만 속으로는 칠칠치 못해 미안하다고 사과했다. 비록 밀고 당기며 마음을 졸였을지라도 2박 3일이라는 짧은 시간에 깜냥대로 동그랗고 반듯한 추억을 서로의 가슴에 새기며 여툰 게 아닐까!

문학공간, 2019년 2월호, 통권 351호, 2019년 2월 1일
(2018년 7월 5일 목요일)

오르고 또 오르다가

방학이 시작된 직후인 팔월 초하루 손주 유진이가 청량산 정상에 100번째 등정했다. 초등학교 5학년으로써 4년 남짓한 세월에 쌓은 실적치고는 경이롭고 기념비적이다. 둥지인 아파트 뒤에 자리한 야트막한 산의 정상(323m)일지라도 서너 군데의 크고 작은 깔딱 고개를 비롯해 오가는데 얼추 세 시간이 소요되는 10km 남짓한 노정이기 때문에 어린이들에게 호락호락하지 않다. 한편, 유진이는 태어난 지 39일째부터 제 부모와 떨어져 조부모인 우리 내외와 여태까지 함께 살고 있는 특별한 도련님이다.

초등학교에 입학한 뒤에 우연히 첫발을 내디딘 등산이다. 등산에 나서는 시간은 대중이 없다. 때로는 깜깜한 첫새벽에 손전등이나 헤드랜턴을 가지고 나서기도 하고, 어떤 때는 해 질 무렵에 나서는 등 들쭉날쭉했다. 그럼에도 산행을 약속하면 언제 어느 때를 막론하고 한마디 불평 없이 기꺼이 따라나섰다. 그런데 100번째 정상에 오르는 날엔 정상에서 동녘에 솟아오르는 장엄한 해를 맞이하는 감동적인 순간을 만들어 주고 싶었다. 그래서 새벽에 일찍 일어날 요량으로 어제 서둘러 잠자리에 들었다. 오호통재라! 생애 가장 뜨거운 여름의 삐딱한 선물인 열대야의 야료(惹鬧)에 정신없이 허우적대다가 새벽녘에 깜빡 잠이 들어 늦게 일어나 등산길 초입에서 동녘에 떠오르는 해를 맞고 말았다. 그렇게 계획이 다소 빗나가 무척 아쉬웠다.

등교나 출근처럼 강제 혹은 의무적인 성격과 사뭇 다르다. 끊임없는 등산은 누가 어르거나 강압으로 가능한 일이 아니다. 자발적인 마음이 전제되지 않으면 언감생심이다. 정말 신통방통했다. 처음 몇 차례는 권유하며 이끌었다. 하지만 그 이후엔 등산의 애호가로 변해 먼저 등산 채비를 갖추고 앞장섰다. 그런데 등산에 일정한 규칙이나 원칙은 아예 없었다. 그리고 깜깜한 첫새벽에 멧돼지가 자주 출몰하는 지역을 지날 때는 무서워해서 신문지를 둘둘 말아 불을 붙여 횃불처럼 들고 걷는 우스운 경험도 이따금 했다. 또한 계절적으로는 사시사철 가리지 않아 불볕더위가 기승을 부리거나 안개가 자욱한 여름, 살을 에는 지독한 추위와 동장군이 기승을 부리던 엄동설한도 아랑곳하지 않았었다.

처음 몇 차례는 다리가 아프고 힘들다고 엄살을 부려 업고 걸었던가 하면 걷는 시간보다 쉬는 시간이 더 많아 무려 다섯 시간 정도나 걸렸다. 그도 잠시였다. 스스로 앞장서 등산에 나서면서 산길에서 만나는 나무나 꽃, 새와 곤충 따위에 정을 붙였다. 그러면서 이것저것 생각나는 대로 묻고 배우며 익히는 자연학습의 노정으로 둔갑해 마냥 흥미로워했다. 또한 약동과 소생의 봄, 여름의 녹음과 나른함, 가을의 화사한 단풍과 낙엽 그리고 결실, 삭막한 겨울의 설한풍 등을 온몸으로 맞으며 자연의 이치를 터득하고 깨우치지 않았을까.

어린이에게 100번이란 어떤 의미일까. 흥겨운 놀이나 즐기는 먹거리가 아님에도 불구하고 같은 산에 오르고 또 오르던 거듭된 등산이었다. 이를 통해 당찬 도전정신과 인내 같은 덕목을 터득했지 싶다. 본인에게 직접 이르지 않았지만 한번 시작한 일은 특별한 변고가 없는 한 중단하지 않도록 이끌고 있다. 예를 들면 유치원 때부터 시작한 태권도(현재 국기원 공인3품)와 한자(漢字) 쓰고 읽기, 초등학교 입학 무렵부터 다니는 학원과 등산 따위를 변함없이 지속하는 게 그 증좌이다. 이들은 다소의 문제나 어려움이 따를 때마다 포기하거나 쉬운 길만 찾으려는 소극적인 태도를 극복하는 밑바탕이 될 수 있지 않을까.

전통적으로 100이라는 수에 어떤 의미를 부여해 왔을까. 어쩌면 선조들의 정서나 혼과 얼에 새겨진 그 개념은 온새미로 유진의 등산 횟수(回數)와 맥을 같이 할지도 모른다. 고어(古語)에서 100을 '온'이라고 하며 '전부' 혹은 '모두'를 뜻한다. 그 예로써 온 종일, 온 나라, 온 백성, 백발백중, 백수백복(百壽百福), 백전백승, 백약이 무효 등이 있다. 또한 백(百)은 완성과 전체, 진실과 가득함을 상징하는 숫자라고 여겼던 흔적을 단군설화의 곰 얘기에서 엿볼 수 있다. 한편, 백(百)은 생사과정에서 날짜와 짝지어 중요한 상징수(象徵數)로 우리의 인습과 정서에 뿌리내렸다. 백일기도, 백일치성, 백일공덕, 백일잔치, 백일 떡을 백(百) 집과 나누어

먹고, 백(百) 집에서 얻어온 백(百) 조각 헝겊을 이어서 옷을 지어 입히면 아이가 무탈하게 백수(百壽)를 누린다는 믿음 따위가 그 예이다. 아울러 불공(佛供)인 백일재(百日齋)가 있다. 그리고 예부터 전해지는 백년 묵은 이무기의 승천, 백년 묵은 여우의 변신술 따위는 백(百)이 지니는 완성이나 안전성을 뜻하지 싶다.

꾸준히 등산을 했어도 전문 등산인의 길을 겨냥함이 아니었다. 그런 까닭에 기껏해야 삶터에 인접한 산의 품을 파고 또 파고들었을 뿐이다. 그 외에 마산 시가지를 병풍처럼 감싸고 있는 무학산(761.4m)과 마산 합포구 구산면 바닷가 자리한 저도(猪島)의 용두산(202.7m)에 등정했던 경험이 있을 뿐이다. 그래도 어린이가 험하고 힘든 청량산을 몇 년 동안 변함없이 지속적으로 등정했다는 사실은 힘들거나 어려움을 견뎌내며 끊임없이 도전해 왔다는 반증이리라. 이 점을 높이 사 응원해 주고 싶다. 이런 알토란 같은 경험이 앞으로 맞닥뜨릴지도 모르는 위험이나 절체절명의 위기를 극복해 나가는데 비춰볼 거울이나 길을 깨우친 나침반 역할을 한다면 오죽이나 좋을까. 등산 뒤에 혼곤히 몰려오는 나른한 낮잠의 유혹을 매정하게 뿌리치지 못하고 무지개다리 건너 보랏빛 꿈나라를 여행하는 유진이의 평화로운 모습이 오늘따라 더 행복하고 귀엽게 다가왔다.

사학연금, 2018년 10월호, Vol.383, 2018년 10월 1일
(2018년 8월 1일 수요일)

친구 찾아 장유에

유진이가 친구 송혜를 만나러 장유에 갔다. 오늘 만나는 친구는 두 해 동안 유치원을 같이 다닌 사이이다. 게다가 현재 사는 아파트로 이사를 와서 같은 동(棟)의 같은 출입구를 사용하는 이웃으로 초등학교 3학년까지 같은 학교에 재학했었다. 그러다가 장유 신도시로 이사를 갔다. 이웃으로 살 때 허물없이 왕래했었다. 하지만 이사를 간 뒤에 찾아가는 초행길이다. 한편, 장유는 김해시와 경계가 맞닿은 신도시로 마산에서 승용차로 얼추 40분쯤 소요된다.

송혜가 이사를 간 뒤에 간간이 찾아올 때 잠간씩 만나거나 전화 연락을 했지 싶다. 그래도 거리가 만만치 않고 자유롭게 오갈 호락호락한 거리가 아니라서 저희들끼리 따로 왕래는 없었다. 그런데 우리 집 아래층인 1층에 같은 유치원을 거쳐 같은 학교에 재학하며 현재 클래스메이트(class mate)인 효주가 살고 있다. 그 효주와 송혜는 매우 친할 뿐 아니라 양쪽 어머니들도 각별한 관계로 지속적인 교류가 있었던 모양이다.

어제(8월 10일) 저녁 무렵에 태권도를 다녀오다가 효주를 만났다고 했다. 그런데 내일 자기 어머니와 장유의 송혜 집에 놀러 가는데 함께 가겠느냐며 의향을 묻더란다. 그 제안을 받고 내심 몹시 기쁘지 않았을까? 헐레벌떡 현관문을 들어서며 다짜고짜 묻는 꼴이 예사롭지 않았다.

"내일 장유의 송혜 집에 놀러 가도 돼요?"

뜬금없는 물음에 갈피를 잡을 수 없어 차근차근 얘기를 들어봤다. 그랬더니 효주네 가족이 송혜 집을 방문하는 길에 동행하자는 제안을 받았다고 했다. 어쩌면 남의 집 나들이 길에 달갑지 않은 혹을 하나 붙여 딸려 보내는 것 같아 주저주저 망설이게 했다. 하지만 기왕에 차리는 밥상에 숟가락 하나 더 얹는 격이기에 복잡하게 생각하지 않고 허락했다. 그랬더니 신이 나서 득달같이 문자 메시지를 보내는 눈치였다. 그리고 얼마 뒤에 효주로부터 내일 낮 12시경에 자기 어머니 차로 갈 예정이라는 메시지가 도착했다는 얘기였다.

오늘 오전 11시쯤이었다. 할 일 없어 마냥 노닥거리던 유진이에게 할머니가 말했다. 사실은 반응을 떠볼 요량에서 슬쩍 한마디 던진 미끼였다.

"유진아! 밤잠을 자면서 땀이 났기 때문에 네 머리에서 냄새가 많이 난다며 감아야 하지 않겠느냐"고.

다른 날 같으면 휴일이기 때문에 조금 있다가 또는 내일 감겠다며 주저리주저리 핑계를 주워섬겼으리라. 그런데 신통하게도 단 한마디의 군소리 없이 곧바로 샤워를 하고 나왔다. 약속 시간이 얼마 남지 않아 서둘러 드라이어로 머리를 말려주며 생각했다. 여자 친구를 만나러 가는데 머리에서 고약한 냄새가 나면 안 된다고 생각했음일까? 하는 짓이 무척 귀엽고 한편으로는 어이가 없어 할머니와 터져 나오는 웃음을 참느라고 혼났다.

오늘 만나는 양쪽 집 똑같이 한두 돌 지난 사내아이가 있을 뿐이다. 그 외에 효주와 두 여동생, 송혜와 송혜 언니 모두 여자아이들이다. 따라서 온통 여자아이들 속에 청일점(靑一點)이 되어 숨을 제대로 쉬고 말을 평소처럼 의젓하게 할지 은근히 걱정이 앞섰다. 또한 평소에 자주 대하지 않아 서먹서먹할 송혜 부모님께 제대로 인사나 드리고 예의를 갖춘 행동을 하는지 모르겠다. 당최 마음이 놓이지 않는지 할머니가 떠나기 전에 어른들에게 정중히 말씀드리라고 일렀다. 아울러 남의 집에서 함부로 나대거나 큰 소리를 내지 말라고 일러 보냈지만, 결과가 어떨지 모르겠다.

아직은 어리기 때문에 망설이지 않고 여자 친구 집에 놀러 가겠다고 나서지만 앞으로는 쉽지 않으리라. 이런 흔치 않은 기회를 통해 말이나 행동거지를 어떻게 해야 하는지 터득하고 깨우쳤으면 좋으련만. 과연 어떻게 대처해 나갈지 무척 궁금했다. 하기야 유진이보다 송혜가 훨씬 활달할 뿐 아니라 의젓하기 때문에 잘 이끌리라. 어찌 되었든 오늘 송혜 집 방문을 기대 반 호기심 반의 심정에서 많은 관심이 집중되었다.

조금 전 저녁 7시 가까이 유진이가 돌아왔다. 사내 녀석의 무뚝뚝함 때문일까? 이것저것 물어도 시큰둥한 채 삐딱한 짧은 대답뿐이었다. 퍼즐 조각 같은 대화 내용을 꿰맞춰 볼 때 대충 이렇게 했던 것 같다. 장유에 도착해 송혜 어머니가 대접하는 돈가스로 점심을 먹었다는 얘기였다. 그 뒤에 키즈 카페(kids cafe)에서 놀다가 송혜 집을 방문하고 돌아온 것 같다. 어울린 친구들이 모두 여자인 때문에 백미 속에 뒤섞인 누런 뉘 꼴이 되어 겉돌았을 것이기 때문에 별로였지 싶다.

아무래도 또래의 사내아이들이 떼로 무리 지어 다니는 즐거움에 비하면 성에 차지 않았을 게다. 게다가 친구라도 알게 모르게 살며시 사춘기로 접어드는 이성 사이에 조금은 어색하거나 이질감을 느끼지 않았을까. 그래도 어린 시절을 함께하며 소중한 추억을 여투던 사이이기에 온전한 우정이 먼 훗날까지 곱고 아름답게 이어졌으면 좋겠다. 내 경우 아무리 기억의 곳간을 더듬으며 훑어봐도 그런 친구가 하나도 없어 삭막하고 무척 아쉬워서 이르는 얘기이다.

2018년 8월 11일 토요일

온열병

예로부터 넘치면 모자람만 못하다는 뜻으로 과유불급(過猶不及)이라고 일렀다. 하지만 내게는 그런 슬기로움을 헤아릴 힘이 턱없이 부족했나 보다. 그 단적인 예이다. 생애에서 가장 뜨겁다는 올여름에 접어들어 더위를 피할 요량으로 새벽 4시에 집을 나섰다가 7시 무렵에 귀가하는 등산을 매일 되풀이했다. 힘듦으로 인해서 피로감이 누적되어 견디기 어려워도 사려 깊게 살피지 않고 막무가내로 밀어붙였다. 이런 무모한 행동이 힘에 겨웠던 함량 미달인 육체의 항명이었을까. 드디어 어제 아침 몸이 반기를 들고 강력한 시위를 하며 어지럼증을 동반한 상태에서 끝없이 토하게 했다. 결국 초주검 상태로 몰고 가는 온열병이 발발해 만만찮은 대가를 톡톡히 치렀다. 게다가 일요일이라서 병원 치료를 받지 못하고 방구석을 벌벌 기어 다니며 끙끙 앓는 곤혹을 치렀다.

어제는 글 밭을 함께 일궈나가는 동도들의 배움 교실에 나가 수필창작에 대해 울력을 보태며 글공부하는 날이었다. 그래서 일찍 일어나 면도와 샤워를 한 뒤에 낮에 학습할 줄거리를 살펴보는 중이었다. 그때 갑자기 재채기가 끝없이 계속되며 주체할 수 없을 정도로 콧물이 줄줄 흘러내렸다. 당황하여 이리저리 대응하며 진정시킬 요량으로 잠시 누웠다가 깜빡 잠이 들었다. 깜짝 놀라 일어난 시각이 대략 8시경이었다. 그 순간 갑자기 구토 증상이 나타면서 위액이 목구멍으로 역류하여 버텨낼 재간이 없었다. 간신히 화장실에 다가가서 겁이 날 정도로 콸콸 토했다. 이를 어찌해야 할까! 입안은 온통 소태나 금계랍(金鷄蠟 : 키니네(quinine))을 씹은 것처럼 쓰고 냄새가 고약해 혼났다. 그렇게 토한 위액이 샛노란 은행잎보다도 몇 배나 진했다.

어제저녁에 먹은 음식이 되게 체했는가 싶어 소화제를 두 알 먹고도 미심쩍어 손주가 급히 사 온 활명수 한 병까지 마셨다. 이제는 속이 편해지려니 생각하고 느긋하게 누워 있었다. 하지만 웬걸! 가당찮은 욕심이었던가. 그렇게 몇 분 지나지 않았는데 또다시 심한 구토가 시작되어 거의 오후 1시 무렵까지 수없이 되풀이해 토했다. 기진맥진해 손가락 하나 까딱할 힘도 남아있지 않아 옴짝달싹할 수 없었다.

아내가 인터넷을 뒤져보고 온열병이라며 증상을 줄줄이 꿰었다. 그때는 정신이 혼미해서 귓등으로 흘렸다. 그런데 오늘 직접 인터넷을 찾았더니 온열병을 대충 이렇게 설명하고 있다. 더운 날씨로 체온이 상승하면서 발생하는 이상증세를 온열병이라고 했다. 결국 고체온증 때문에 발생하는 열경련, 열탈진, 열사병 따위의 세 가지 질병으로 나뉘었다. 이는 두통, 어지러움, 근육 경련, 피로감, 의식 저하 등의 증상 유발된다고 했다. 자칫하면 생명이 위태롭기 때문에 소아와 노인의 경우는 특히 주의하라는 경고였다.

온열병 예방법이다. 더위가 심한 대낮에 야외활동을 자제하고, 피치 못해 야외활동을 하는 경우에는 시원한 장소에서 자주 휴식을 취해 적정한 체온을 유지해야 한다. 또한 갈증을 느끼지 않도록 물, 스포츠 이온음료 등을 자주 마시라고 조언하고 있다. 바깥으로 외출할 때는 모자, 양산, 마실 물 따위를 준비하는 게 좋다는 얘기다. 한편, 온열병 대처법이다. 온열병 증상의 환자가 발생하면 우선 시원한 장소로 옮기고 수분과 염분을 섭취하도록 도와주고, 의식이 없을 경우 즉각 119로 구조요청 하라는 안내이다.

대략 오후 2시 무렵이 되면서 혼미할 정도로 되풀이 해 토하던 증상이 멎는 기미가 보였다. 조금 정신이 들면서 먼저 글동무들에게 무엇보다 송구했다. 격주로 열리는 배움교실에서 내가 빠지면 시 낭송 수업만 열리기 때문이다. 주관하는 글벗에게 전화로 알렸다. 그리고 한참 동안을 누워 쉬다가 아내가 쑤어 놓은 죽을 몇 숟갈 떴다. 가장이 난리법석을 떨었던 때문에 아내와 손주까지도 덩달아 경황없이 허둥대다가 아침을 거르고 점심 가까워 겨우 요기를 했던가 보다. 가족에게 폐를 끼쳐 어이없고 미안했다.

호되게 경을 친 뒤 저녁 식사 무렵에 아내가 얘기했다. 아침에 손주에게 3천 원을 주며 편의점에 가서 활명수 몇 병 사 오라는 심부름을 시켰단다. 그런데 심부름을 다녀와서 뚱딴지같이 할머니에게 2천 원을 돌려주더란다. 할아버지가 아픈데 자기 돈으로 약을 샀으면 좋겠는데, 지금 2천 원밖에 없다면서 말이다. 하도 기특해서 괜찮다고 사양해도 막무가내로 쥐어 주어 받았다가 손주 책상 위에 놓아두었다고 했다. 그 말을 듣는 순간 가슴이 뭉클했다. 인사불성이 되어 끙끙 앓는 할아버지를 위해 무언가 할 일을 생각한 갸륵한 마음 말이다. 어린아이가 순간적으로 어떻게 그런 기특한 생각을 할 수 있었을까! 감격스러워 저녁 식사를 마칠 무렵에 무척 고맙다는 인사와 함께 보상이라며 세종대왕의 존영이 그려진 배춧잎 한 장을 쥐어주었다. 그랬더니 한사코 내쳤다. 하지만 고마움의 표시라며 받아두라고 손주 앞으로 밀었다.

고질병이련가. 그렇게 혹독한 끌탕을 치르고도 오늘 새벽에도 정확하게 3시 40분에 저절로 눈이 떠졌다. 일어나 등산 채비를 하기에 맞춤한 시간이었다. 하지만 "아참! 내가 온열병에 걸렸으니 며칠 동안은 등산을 삼가 해야지!" 라고 중얼거리다가 억지로 다시 잠을 청했다. 아직까지 위태위태한 상태로 살얼음판 위를 걷고 있다. 그래서 어제 점심부터 먹던 죽을 오늘 아침에도 먹었다. 그렇게 탈진된 심신을 추스르면서 추이를 시켜보고 있다. 젊은 군인들의 천리행군이나 유격훈련처럼 과도한 체력 소모가 아니다. 그럼에도 그까짓 새벽 등산도 견뎌내지 못해 한 박자 쉬어 가라고 제동이 걸리는 게 몹시 께름칙하다. 휘청거리는 원인이 진정 나이 듦 때문일까 아니면 정신적 해이를 닮은 참극일까? 이래도 저래도 켕기면서 떨떠름하고 무거웠다. 그래도 할아버지가 탈이 났을 때 끔찍이도 생각해 주는 사랑스런 손주 유진이가 있어 무척 든든하고 행복했다.

2018년 8월 20일 월요일

여름방학의 끝머리에서

이틀 뒤엔 유진이의 개학이다. 백여 년 만에 가장 무더웠다고 하는 여름 때문에 5학년 여름방학은 가마솥더위와 지겨운 밀고 당기기 연속이었다. 툭하면 밤낮으로 수은주가 30℃를 웃돌아 에어컨만으로는 모자라 선풍기까지 틀어 놓고도 시시때때로 샤워를 해댔던 지독한 더위는 끔찍했다. 그럼에도 칠칠치 못한 내 주변머리 때문에 피서 한 번 떠나지 못하고 온 여름을 집안에서 종종댔다. 그러기에 짜증이 절로 나고 진저리 날 정도로 지겨웠을 게다.

유진이의 올 여름방학은 32일(7월 27일~8월 27일)이었다. 무더운 여름을 감안한 때문인지 방학 숙제는 가벼우면서도 비교적 선택의 여지를 크게 두고 부과하고 있었다. 먼저 공통과제로 '교육방송 시청하기'와 '독서록 5편 이상 작성하기' 등의 2가지였다. 다음으로 선택과제는 학습활동과제, 취미생활과제, 탐구활동과제 따위의 3가지 영역으로 나뉘어 모두 20개 수행과제를 카페테리아(cafeteria)식으로 제시하고 그중에서 2개를 고르도록 하고 있었다. 이렇게 부담 없고 간단한 내용 중심이었다. 그런데도 더욱 편하고 쉬운 과제를 택해 얼렁뚱땅 정리해 놓았다. 그리고 방학 내내 동화 개미와 베짱이에서 베짱이를 빼닮은 나날의 연속이다. 그런 까닭에 신선놀음에 도낏자루 썩는지 모르는 격으로 허송세월을 하고 있다.

방학과제 수행내용이다. 공통과제 중의 하나인 '교육방송 듣기'는 보고서를 제출하지 않는단다. 그런 때문인지 슬쩍 옆으로 미뤄놓은 채로 어영부영 시간만 보내다가 개학을 맞는 꼴이다. 또 하나의 공통과제인 '독서록 5권 이상 작성하기' 과제는 나름대로 열성을 다해 정리했다. 한편, 선택과제 2개는 먼저 첫 번째는 학습활동과제의 과학영역에서 '화산에 대하여 알아보기'를 선택했다. 그리고 두 번째는 탐구활동과제 중에서 '독도 알아보고 독도 지킴이 보고서 쓰기' 등을 선택해서 정리하는 것으로 마무리했다. 아마도 내게 이 선택과제가 주어졌다면 '수학익힘책 다시 풀이보기'나 '인터넷이나 신문에 나오는 기사 읽고 느낌 쓰기' 등을 택했을 터이다. 요즘 아이들의 생각이나 가치관을 고루한 옛 잣대로 재거나 평가할 수 없는 현실에서 한발 비켜서서 묵묵히 지켜보는 소회의 단면이다.

비록 피서의 꿈은 접었을지라도 나름대로 방학에 의미를 부여해 맞춤하게 도와주고 싶었다. 그래서 방학이 시작되고 며칠 지나면서 새벽 4시경에 일어나 어둠을 뚫고 깜깜한 시간에 등산을 두 번이나 했다. 무더운 날씨에 대응하기 위해 새벽에 나섰던 것으로 손전등을 밝히고 정상까지 올라가야 하는 걸음이었다. 물론 집 뒤에 자리한 나지막한 산의 정상(323m)이라도 중간에 깔딱 고개가 두세 개 있고 왕복 10km를 훨씬 넘어 손주와 함께하면 3시간 안팎 소요된다. 그런데 초등학교 입학 무렵부터 이번까지 정확하게 100번 정상을 다녀왔다. 아무리 동네 뒷산이라도 4년 남짓한 세월에 이제 겨우 열두 살 어린이가 100번을 등정했다는 것은 경이로운 금자탑이다.

영화는 방학의 초입에 제 친구들과 '주라기 공원', 며칠 전 할머니와 '신과 함께2'를 감상했다. 아울러 할머니와 수영장에 몇 차례 다녔던 게 문화적 체험이라는 관점에서 체면치레를 했다. 아울러 더운 여름에 입맛을 잃으면 건강을 해치기 쉽다는 생각에서 유진이가 좋아하는 갈비 집을 세 번인가 찾았었고 선호하는 중국집을 수시로 찾음으로써 미각을 잃지 않도록 배려했었다.

새삼스럽게 방학의 의미를 되새겨본다. 학기 중에 시달리며 쇠잔해진 심신을 힐링(healing)하는 한편 부족한 부분을 채우고 더하면서 내일을 준비하는 의미가 담겨 있으리라. 이런 맥락이라면 지난날을 되짚어보면서 내일을 위한 기초를 다지며 힘을 여투는 시기라고 봐도 무리가 없다. 그렇다면 이번 방학은 얼마나 유익했을까? 우선 지난 학기를 꼼꼼하게 돌아보고 부족하거나 더 해야 할 부분에 대한 성찰과 대응이 부족했다. 다음으로 다가오는 새 학기에 대한 대비 역시 성겼던 까닭에 엉성하게 흉내 낸 격이다. 하지만 체력이나 정신력의 부족으로 활동의 맥이 끊기거나 도전의 결기를 잃는 나약함을 보이지 않도록 꾸준히 운동을 했다는 관점이라면 어느 정도 자부해도 좋을 것 같다.

올 여름방학에 제대로 대처하도록 이끌지 못한 아쉬운 부분이다. 그동안 여러 차례 일깨워 주려 했으나 차일피일 미루다가 거꾸로 역습을 당한 것과 흡사한 결례의 고백이다. 방학을 맞으면서부터 담임선생님께 안부 전화를 드리는 게 예의라고 되풀이해서 일렀다. 그때마다 선생님이 이번 방학에 무슨 운동 책임을 맡아 바쁘기 때문에 전화를 받을 수 없다는 얘기를 되풀이했다. 그런데 그저께 아침 일찍 되레 담임선생님으로부터 걸려온 전화를 쩔쩔매며 소리를 잔뜩 낮춰 받는 유진이 표정이 약간 일그러졌다. 전화를 받고 나서 오금을 박으려고 한마디 했다. '봐라, 네가 먼저 전화 드리라고 하지 않더냐! 개학해서 선생님 얼굴 어떻게 뵐 참이니?'라고 물었더니 저도 어이가 없는지 싱긋이 쓴웃음을 지었다.

아직은 덥다 해도 태풍 솔릭(soulik)으로 위세가 한풀 꺾인 모습이 완연하다. 게다가 처서와 백중을 지났으니 한낮엔 노염[57]이 허세를 부려도 조석으로 서늘한 기운이 점점 힘을 얻을 계절이다. 따라서 다음 화요일(28일)에 개학해도 별다른 무리가 없을 것 같다. 그런 맥락에서 다가올 가을과 학교생활을 맘껏 누리면

---

57) 노염(老炎) : 가을에 비정상적으로 더운 날씨가 계속되는 현상 다시 말하면 가을의 반짝 더위를 노염(老炎)이라고 한다. 이와 유사한 개념으로 미국에는 인디언 서머(indian summer)가 있다. 그리고 유럽에서는 노부인의 여름(old wives summer)이나 물총새의 날(halcyon's day)이라는 말을 사용하며, 영국에서는 성(聖) 마틴의 여름(St. Martin's summer) 혹은 성루크의 여름(St. Luke's summer)이라고 한다. 원래 인디언 서머는 북아메리카 대륙에서 발생하는 기상현상을 지칭하는 개념이다. 이는 늦가을에서 겨울로 넘어가기 직전 일주일 정도 따뜻한 날이 계속되는 상태를 뜻한다. 가끔은 서리가 내린 뒤에도 이런 현상이 나타난다고 한다. 한편, 이 말은 비유적으로 절망 가운데 뜻하지 않은 희망적인 상태를 표현하는 데 사용된다.

서 드높아질 청자 빛 가을 하늘을 훨훨 비상했으면 좋겠다. 그렇지만 방학 중에 하려고 별렀던 버킷리스트(bucket list)를 만들어 차근차근 점검해 보는 알찬 방학이라기 보다는 얼렁뚱땅 넘기며 시간만 야금야금 갉아먹은 것 같은 아쉬움이 남는 느슨한 방학이었지 싶다.

2018년 8월 26일 일요일

축구화 이야기

유진이가 제 아비를 구슬려 인터넷에서 축구화를 구입했다. 언제부터 축구에 관심을 가졌는지 모르겠다. 최근에 축구화를 읊어대면서 추석에 어른들이 주는 용돈을 모아 사겠다며 인터넷을 뒤적여 그러려니 했다. 하지만 급한 성격에 느긋하게 기다릴 수 없어 집요하게 제 아비를 물고 늘어졌던가 보다. 어제 학원에서 돌아오는 길에 경비실에서 택배로 배달된 축구화를 찾아들고 입이 귀에 걸린 채 콧노래를 부르며 들어섰다.

백여 년 만에 가장 무더웠다는 지난여름 야구에 푹 빠져 매일 학교 운동장에서 땡볕을 쏘여 검정콩처럼 새카만 몰골로 변해 흉하다고 놀려도 아랑곳하지 않던 아이다. 심지어 등교 때 가방에 야구 글러브를 넣고 다녔던가 하면 배트(bat)는 아예 학교 사물함에 보관해 오기도 했다. 게다가 주말인 토요일과 일요일도 친구들과 야구에 지나치게 매달리는 집착을 보여 더위에 병이 날까 걱정이 되어 중지시켰던 적이 숱했다. 그런 녀석이 어느 순간부터 야구 글러브와 배트를 헌신짝 버리듯 내치며 시큰둥하더니 매정하게 축구 쪽으로 돌아섰다.

성장을 지켜봐 온 바에 의하면 특정한 운동에 관심을 가졌다가 다른 운동으로 옮겨감은 물이 흐르듯 아주 자연스러웠다. 세발자전거에서 두발자전거를 거쳐 경주용 자전거로 이동이 그랬다. 훌라후프를 좋아하는 가 싶더니 줄넘기를 넘보다가 인라인스케이트를 즐기며 한동안 등산에 매달려 모두 걸기를 했다. 또한 씽씽카에 몰입하는가 싶더니 스케이트보드에 푹 빠져 날 새는 줄 모르기도 했다. 그런가 하면 태권도장에서 배우기 시작한 피구(dodge ball)에 한동안 눈을 팔다가 수영을 배우면서 그 매력에 푹 빠져 지속적인 관심을 보이고 있다. 따라서 운동은 성장하는 과정의 굽이굽이에서 경험하며 지나게 마련이 아닐까. 유진이가 태어나 성장하면서 접한 여러 가지 운동 중에 진득하게 관심을 보이며 계속하는 것은 태권도와 등산 그리고 수영 정도이다. 이 같은 지속(continuation)으로부터 얻는 숙성의 힘이 어떻게 나타날지 무척 궁금하다. 여타의 운동은 스치고 지나가는 바람과 흡사했다. 따라서 얄망궂은 성격 때문에 집착하는 운동이 수시로 달라지는 게 아니라 끝없이 샘솟는 호기심과 미지의 세계에 대한 욕구 충족을 겨냥한 수단이지 싶다.

유치원 시절 축구공을 가지고 이웃 중학교 운동장에서 꽤 많이 놀았었다. 하지만 어렸던 때문인지 그 이상의 관심을 보이지 않아 중간에 멀리하게 되면서 잊고 지냈다. 그래서 제 아비가 사주었던 축구공을 비롯해 누군가가 선물했던 축구공까지 두 개가 집에 굴러다니다가 세월이 지나면서 바람이 빠져 버렸었다. 그런데 지금에 이르러 축구화에 목을 매는 것을 보면 세상에 모든 게 시기와 때가 따로 있지 싶다.

구입한 축구화는 선수용이 아니다. 초보자인 어린이들이 신고 운동할 수 있는 아디다스 제품으로 인도네시아에서 생산된 것이다. 샛노란 색깔로 가볍고 단단하면서도 날렵해 발이 무척 편할 것 같았다. 문득 생각하니 참으로 좋은 세상이다. 어린아이들이 축구를 하는데 비록 전문가용은 아닐지라도 축구화를 신는다든가, 산을 오르내리는 동산화가 따로 있고, 해변이나 놀이동산 물놀이에 발을 보호하기 위해 아쿠아 슈즈(aqua shoes) 따위가 보편화된 현실을 두고 이르는 독백이다.

축구에 연상되어 떠오르는 추억이다. 내 어린 시절 6·25 전쟁의 휴전 무렵으로 내남없이 경제적으로 어려워 누구나 축구공을 구입한다는 것은 언감생심이었다. 하지만 궁핍한 현실을 훌쩍 뛰어넘는 탁월한 기지가 번뜩이는 적응도 있었다. 그 당시 시골 아이들은 정식 축구공 대신 볏짚과 새끼를 정성을 다해 꽁꽁 감아 둥근 공 모양으로 만들어 차고 놀기도 했다. 그런가 하면 돼지를 도살할 때 나오는 돼지 오줌보(방광)에 공기를 가득 넣어 부풀리면 고무풍선처럼 빵빵해진다. 이때 오줌보 끝을 실로 꽁꽁 묶어서 공 대신 차고 놀기도 했다. 그런 괴상한 공놀이를 하던 공터나 운동장 여기저기에 돌부리가 돌출되어 있어 위험천만한 상태였다. 그럼에도 불구하고 운동화는 고사하고 평소 신고 다니던 고무신이 닳을까 봐 벗어놓고 맨발로 공을 찼었는데도 마냥 행복해 하던 것으로 투영되었다.

성장하는 과정에서 필(feel)이 꽂힌 하나가 축구일 게다. 한동안 몸살을 앓으며 사랑땜을 하다가 스쳐 지나는 바람처럼 자연스레 추억의 한 귀퉁이에 오롯이 새겨지리라. 이 또한 미지의 경험을 통해서 묘미를 깨우쳐 주는 길동무 역할을 하지 싶어 어떻게 다가가며 친해지고 문리를 터득해 나가는지 옆에서 잠자코 지켜볼 요량이다.

2018년 9월 20일 목요일

Ⅵ. 초등의 마지막 방학

무시험 천국

손주 유진이가 제 세상을 만나 거칠게 없이 신나게 펑펑 놀고 있다. 지난해까지도 학교에서 매 학기마다 중간 및 기말 수시평가 2회를 비롯해 학업성취도 진단평가 따위가 간간히 실시되었다. 그런 때문에 아이들이 적당히 긴장하고 나름대로 대비하는 시늉이라도 했다. 하지만 올해부터는 수시평가는 완전히 폐지되고 진단평가만 겨우 명맥을 유지하는가 보다. 게다가 5학년으로 진급한 뒤에 학교에서 단 한 번도 숙제를 부과하지 않았다. 그래서인지 학교에서 배운 교과목의 예습이나 복습을 하거나 부족한 부분의 보충학습을 하는 꼴을 보지 못했다. 한편, 담임선생님은 어떤 교육철학을 바탕으로 교육에 임하는지 아이들에게 수업 시간에 학습내용을 모두 이해하란 단다. 그렇게 하면 집에서 구태여 예습과 복습 혹은 보충 공부를 할 필요가 없다는 신념이라는 얘기이다. 아이들은 그 얘기에서 아전인수 격으로 "공부를 할 필요가 없다"는 내용만 따로 떼어내서 철석같이 신봉하는 것 같다. 이런 영향일까! 요즈음엔 책상 앞에 30분을 앉아 있는 경우가 없다. 따라서 평일엔 하교와 동시에 한두 군데 학원을 다녀오면 휴대전화를 들여다보거나 컴퓨터에서 유튜브(youtube) 동영상이 놀이 친구이다. 한편, 주말 스케줄(schedule)에는 친구들과 야구나 축구 시합을 비롯해 놀이 계획이 촘촘하게 이어진다.

아이들 교육을 전적으로 학교에 위임한 채 뒷짐 지고 손을 놓으면 안 된다. 가정에서도 부모가 애정과 관심을 가지고 체계적인 교육이 이루어지도록 이끌고 보살펴야 한다. 하지만 대부분 부모들의 직업이나 처한 환경이 전문가들처럼 효과적으로 교육을 시킬 계제가 못된다. 결국 전문지식이 부족하다거나 환경이 허락하지 않기 때문에 학교 교육에 전적으로 의존할 수밖에 없다. 원론적인 입장에서 볼 때 하교 후 가정에서 아이들 스스로 학습할 수 있는 방안이나 환경을 조성해 줄 필요가 있다. 그렇지 못할 때 아이들은 가정에서 보내는 시간은 대책 없이 방치되는 꼴을 면키 어렵다. 가정환경이 어렵고 돌봐줄 사람이 없는 소외계층의 아이들은 더더욱 그렇다. 이 같은 교육격차(education divide)를 대책 없이 방치하면 사회계층의 고착화가 초래될 위험이 도사리고 있다.

학교 교육이 느슨해질수록 아이들은 사교육 시장으로 내몰려 학원은 상대적으로 호황을 누리게 마련이다. 이런 경우에도 소외계층 가정에서는 경제적 부담 때문에 아이들 학원에 보내는 게 거의 불가능하리라. 하지만 중산층 이상의 가정에서는 학교의 관리가 무르고 느슨할수록 아이들을 학원으로 내몰 수 밖에 도리가 없다. 부모가 아이의 학습을 직접 지도하거나 관리할 능력이 없거나 형편이 하락되지 않을 경우 어쩔 수 없는 현상일지 모른다.

아무런 대책 없이 방임했을 경우 초래될 위험에 과연 초연할 부모가 얼마나 될까? 부모들의 심리적 불안 증좌일까? 학원을 운영하는 가까운 지인의 얘기이다. 금년 들어 학원생 증가세가 뚜렷하다고 말이다.

시중에 초등학생들의 학습을 돕기 위해 월간으로 학습지를 발간하는 대표적인 출판사가 D 출판사와 C 교육이다. 그런데 올해 들어 모든 학교에서 수시평가가 폐지되며 학습지 판매가 격감하면서 D 출판사의 경우는 폐간했다는 얘기를 서점을 통해 들었다. 지금까지 손주에게 매달 D 출판사의 월간 학습지를 구입해 풀어보도록 했었다. 그런데 지난 10월부터 출간되지 않아 C 교육에서 발행한 책을 구해 주었다. 학교에서 수시평가가 폐지되었을 뿐 아니라 숙제까지 부과하지 않는 현실이다. 그런데다가 소리소문 없이 파고든 사춘기의 맹랑함 때문일까? 얼마 되지 않은 분량의 문제집도 제대로 풀지 않으려고 온갖 핑계를 끌어대는 경우가 숱하다. 그럴 때마다 할머니와 신경전을 벌이며 실랑이를 되풀이하는 꼴에 어처구니가 없어 실소를 금할 수 없다. 가끔은 둘 사이 시답잖은 신경전에 끼어들고 싶은 충동이 일기도 한다. 하지만 자칫하다가 덤터기를 뒤집어쓰기 십상이라는 생각에 꼬리를 내리고 외면한 채 애써 초연한 척하기도 한다.

책을 읽거나 문제집을 대하는 꼴이 처삼촌 벌초하듯 대충대충 얼렁뚱땅 넘기려 든다. 그 대신에 휴대폰이나 컴퓨터에 몰입하면 전쟁이 발발해도 모를 지경이어서 야속하다 못해 살짝 밉다. 그래도 어쩌겠는가? 참고 참다가 삐뚤어지지 않도록 이런저런 예를 들어가며 전자 기기의 폐해를 중언부언 강조한다. 그리고 짧은 시간이라도 책상 앞에 앉으면 집중할 수 있도록 조언을 해본다. 하지만 내 얘기를 귓등으로 흘려 쇠귀에 경 읽기 같다는 자괴감에 부글부글 끓어오르게 마련이다.

도대체 손주의 꿈이 무얼까? 아마도 매년 한두 번꼴로 장래 무엇이 되고픈지 물어본다. 길게는 한 해, 짧게는 반년 사이마다 대답이 달라져 종잡을 수 없을 뿐 아니라 신기하다. 그 옛날 아이들은 은연중에 암시하는 어른들 영향이었던지 대통령, 장관, 선생님, 장군, 판검사, 의사 따위를 주워섬기는 경우가 많았지 싶다. 이에 비해 손주의 경우는 재능은 물론 눈썰미조차도 없는 분야로 여겨지는 경찰관, 배우, 운동선수, 교수, 군인, 게임 개발자, 사업가 등을 들먹인다. 그렇게 오락가락해서 과연 진정한 장래의 꿈을 정해 놓고 나름대로 그 길을 가고 있는지 믿음이 가지 않고 헷갈린다. 어떤 꿈을 지향하든 진득하게 지향하는 바에 따라 최선을 다했으면 좋겠다.

올해 들어 지나치다 싶을 정도로 노는 쪽에 정신이 팔려 공부는 아예 뒷전이다. 이대로 가다가 중학생이 되었을 때 어떻게 적응할지 무척 불안하고 걱정이 된다. 지금 비록 공부에 열중하지 않더라도 학습 자세와 방법을 옳게 터득하고 깨우쳐야 하는 게 아닐까? 도낏자루 썩는지 모르고 이렇게 마냥 놀다가는 기초가 부실해져 문제아로 전락하지 않을까 하는 생각이 들기도 한다. 옛날 내 어린 시절에 비하면 가정 형편도 좋아졌고, 가정에서 학습을 돌봐줄 어른들도 충분하고, 공부방이 제대로 갖춰졌고, 필요한 책 따위도 원하는 대로 뒷받침된다. 그런데 왜 집중하지 못하고 잡기(雜技) 쪽에만 한사코 매달리려고 안달복달 기를 쓰는 걸까? 생각을 거듭해도 답을 찾기 어렵다.

세대 간 가치관의 격차를 바르게 꿰뚫지 못하는 불민한 때문인지 자라나는 어린아이들이 겪어야 할 치열한 경쟁의 개연성을 감안할 때 불안하다. 지금처럼 학교 교육이 느슨해지는 경우 그 대신 다른 측면에서 소질을 개발하고 재능을 갈고닦아 능력을 길러 다양한 진로가 열린다면 왈가왈부하며 시비를 입찰할 일이 못 된다. 그러나 현실은 그렇지 못하다. 유감스럽게도 상당한 아이들은 가정에서 체계적이고 합리적으로 재능이나 소질의 계발을 위한 지도나 교육 없이 수수방관 되는 현실을 어떻게 받아들여야 할까? 이런 맥락에서 무시험 천국에서 무진장한 자유를 만끽하는 요즘 아이들에게 무턱대고 박수를 치며 응원을 보내는 게 썩 내키지 않고 자꾸 망설여진다. 이처럼 심란한 내 맘은 아랑곳하지 않고 이번 주말에도 친구들과 축구 시합을 할 예정이란다. 그런 뒤에 초대를 받은 친구의 집에서 하룻밤을 함께 지내면서 신나게 놀 꿈에 부풀어 방방 뛰며 희희낙락대는 손주가 제 길을 바르게 가는 걸까?

2018년 11월 27일 화요일

또 다시 독감

손주 유진이가 또 독감(influenza A type) 판정을 받았다. 최근 자기 반 친구들 여러 명이 독감에 걸려 며칠씩 결석을 한다는 얘기를 자주 해도 남의 일이려니 생각하고 신경 쓰지 않았다. 왜냐하면 올해도 일찌감치 독감 백신을 접종시켰기 때문이다. 그런데 그저께(12월 21일) 학교에서 열이 심해져 보건실에서 체온을 잰 다음에 해열제를 복용했다고 했다. 덜컥 걱정이 되어 다시 체온을 체크했는데 약간의 미열이 있었어도 문제가 없어 보였다. 그런 상태에서 잠자리에 들었다가 토요일 첫새벽 열이 심해져 체크했더니 38℃ 가까웠다. 그래도 묘책이 없어 날이 밝기를 기다렸다가 동네 병원이 문을 여는 시간에 맞춰 찾아갔다. 병원에 도착하여 열을 체크했더니 미열뿐이라서 감기약을 처방받아 왔다. 복용을 해도 열이 38℃가 넘으면 토요일 오후이기 때문에 즉시 종합병원 응급실로 데리고 가서 독감 여부를 검사받고 그 결과에 따라 대처하라고 일러 주었다.

집에 돌아와 처방받아온 약을 복용시킨 시간이 오전 10시 무렵이었다. 그러고 나서 열이 정상에 가깝게 내려가서 안심했었다. 그런데 오후 2시를 지나면서 갑자기 열이 오르기 시작해 38℃를 훌쩍 넘겨 서둘러 해열제를 복용시켜 종합병원 응급실로 달려갔다. 도착 즉시 전후 사정을 설명하고 곧바로 검사에 들어갔다. 콧속의 점막에서 검사 시료를 채취한 뒤 대기실에서 기다리고 있었다. 일다경(一茶頃)쯤 지났을까? 검사 결과 독감으로 판정되었다며 치료제인 타미플루 캡슐(tamiflu capsule) 30㎎(한국슈로) 20캡슐(5일 복용량)을 처방해 주는 게 전부였다. 토요일 오후이기 때문에 응급실을 통해 독감 판정과 타미플루를 처방받는데 진료비가 73,400원이라는 사실이 마뜩치 않았다.

백신(vaccine)의 예방접종(vaccination)을 얼마나 신뢰할 수 있을까? 유진이가 여태까지 접종했던 백신 얘기이다. 다양한 백신을 접종할 때마다 병원에서 소아 건강수첩에 깨알같이 적어준 내용을 헤아려 보니 모두 42회였다. 그리고 독감 접종 기록을 자세히 살펴보니 태어난 해(2007) 2번을 비롯해 그다음 해부터 올해까지 매년 한 차례씩 접종했기 때문에 모두 13번이나 반복했었다. 같은 백신이라도 가끔은 사람에 따라서 항체가 생기지 않기도 하는가 보다. 거르지 않고 꼬박꼬박 백신을 접종했는데도 3학년이던 지난 2016년에 독감에 걸렸었다(influenza B type). 그리고 올해도 분명히 독감 백신(influenza A type)을 접종했다. 그런데 접종했던 백신과 똑같은 유형의 독감에 걸렸다는 판정을 받았다. 유진이에게서 이 같은 황당한 경험은 이외에 또 하나가 더 있다. 지난날 분명히 수두(chicken pox) 백신을 접종(2008년 5월

29일)을 했었다. 그럼에도 어처구니없게 다섯 해 뒤에 수두 확정 판정(2013년 11월 13일경)을 받고 일주일 정도 통원치료하며 유치원을 쉬게 했던 씁쓸한 경험도 있다.

집으로 돌아오는 차 안에서 할머니와 얘기를 했다. 독감은 완치 판정을 받을 때까지 격리치료를 해야 하는 법정 전염병이다. 그 때문에 앞으로 며칠간 결석이 불가피한 관계로 담임선생님께 전화로 말씀드려야겠다고 말이다. 뒷자리에서 잠자코 그 말을 듣고 있던 유진이가 잽싸게 휴대전화 문자 메시지로 담임선생님에게 전후 사정을 알렸던 모양이다. 아파트 입구에 도착했을 때 담임 선생님이 메시지를 보내셨다고 했다. 깜짝 놀라 자초지종을 들어 봤더니 유진이가 보낸 메시지에 즉시 응답 하셨던 것이다[58]. 그렇게 쉬었다가 등교하면 그다음 날(28일) 곧바로 겨울방학에 들어간다.

"내주 수요일(12월 26일)까지 집에서 쉬면서 치료하고, 병원에서 통원치료확인서(通院治療確認書) 한 통 발급받아 지참하고 목요일(27일)에 등교하라."

두 해 전(2016)인 3학년 때 독감에 걸렸을 적에 무척 고생을 많이 했다. 고열이 오랫동안 지속되어 밤잠을 설치기 일쑤였던 때문인지 기운을 잃어 링거를 두어 차례 맞혀야 했었다. 이번 독감도 크게 다르지 않으리라. 오늘(23일) 새벽 4시 무렵에도 열이 심

58) 5학년 2반의 선장인 담임선생님도 일요일(12월 23일)에 독감 판정을 받아 5일 동안 자가 격리치료를 하며 계속 결근하다가 그다음 주 금요일(28일)에 출근하셨다고 했다.

해 아내와 함께 옷을 벗기고 찬물 수건으로 찜질을 한 시간 가까이하면서 해열제를 복용시켜야 했다. 그렇게 잠을 설치며 아침을 맞았다. 그랬더니 지금 어리벙벙한 상태에서 헤어나지 못한 채 허둥대고 있다. 따지고 보면 별로 한 것도 없이 속을 태웠을 뿐인데 무척 피곤하다. 아무튼 유진이가 치열하게 드잡이 중인 독감과 얼마나 실랑이를 하면서 밀고 당겨야 이겨 낼 수 있을지 모르겠다.

세상에 완전 또는 완벽이란 게 존재할까? 하물며 개개인의 유전적 특성과 건강 상태가 천태만상인데 하나의 백신이 모든 이에게 완벽하게 작용하리라는 기대가 애당초 무리일지 모른다. 그래도 백신을 접종하면 해당 병으로부터 자유로울 것이라는 철석같은 믿음을 헌신짝 버리듯이 내팽개쳐진 듯한 묘한 허탈감을 떨쳐낼 수 없다. 돌이키기 어려울 정도로 삐딱하게 뒤틀어진 마음인데도 불구하고 내일(24일) 다시 병원을 찾아야 한다. 휴일이었기 때문에 손주의 학교에 제출할 통원치료확인서를 발급받지 못했다. 이 때문에 내일 또다시 병원을 찾아가야 한다. 피할 도리 없어 찾아갈 참이지만 썩 내키지 않고 심란함은 백신에 대한 믿음이 무너져 내리는 씁쓸함 때문이 아닐까.

2018년 12월 23일 일요일

열 번째 방학

유진이가 맞은 열 번째 방학이다. 남녘에 자리한 때문에 눈(雪)이 없어 겨울방학(2018. 12. 29~2019. 1. 28)이 을씨년스럽다. 무언가 색다른 경험을 쌓게 하고 생각을 키울 이벤트나 여행이 묘약이련만 현실은 둥지를 축으로 다람쥐 쳇바퀴 돌기를 되풀이할 뿐이다. 하기야 이번 5학년의 겨울방학뿐 만이 아니라 여태까지의 방학이 그 밥에 그 나물 격이었다. 이런 처지이기 때문에 학교의 정규수업이 없다는 사실 외에는 평소와 크게 다를 바 없는 일상의 되풀이다. 구태여 특이점을 찾는다면 이번 겨울방학엔 매주 토요일 전문 지도자가 이끄는 유료 수영강습을 수강하는 정도가 아닐까.

방학이 되면서 눈에 띄게 달라진 점은 잠자리에서 일어나는 시각이 늦어지며 실랑이가 반복된다는 사실이다. 그래서 늦어지는 아침 식사를 마치면 컴퓨터가 아니면 휴대전화 게임에 푹 빠지기 일쑤이다. 그런 아이에게 오전 시간에 방학과제나 학원 숙제를 하도록 유도하려면 간단치 않다. 이때 이런저런 립 서비스(lip service)를 낯 간지럽게 읊어대며 위태위태한 신경전을 벌이는 밀고 당김은 비껴갈 재간이 없는 외나무다리이다.

옛날과 달리 방학과제의 양이 적고 비교적 쉽다. 그럼에도 기를 쓰고 좀 더 쉽고 편한 과제를 택하려고 안달이다. 학교에서 제시한 방학과제는 크게 공통과제와 선택과제로 나뉘고 있다. 이 중에서 전자(前者)는 '교육방송 시청하기(EBS2)'와 '독서록 5편 이상 작성하기' 등 2가지이다. 그리고 후자(後者)는 학습과제, 생활·체험·건강과제, 조사·탐구과제 등 3가지 영역에 각각 18개 주제를 카페테리아(cafeteria)식으로 제시하고, 이들 3가지 영역에서 각각 1개의 주제를 선택하여 수행하도록 되어있다. 그래서 필수적인 공통과제를 비롯하여 선택과제로 고른 3개의 주제가 '한자쓰기(100자)', '줄넘기 매일 100개씩 하기', '우리나라 명절에 대한 조사'이다. 어저께 방학을 시작한 것 같은데 벌써 열흘 이상 흘렀다. 그동안 옆에서 잠자코 훔쳐봤더니 나머지 과제는 그래도 시늉이라도 내고 있었다. 그에 비해 '교육방송 시청하기'와 '줄넘기 매일 100개씩 하기'는 이런저런 핑계를 둘러대며 어물쩍 넘기면서 얼렁뚱땅 임기응변으로 때워나가고 있다.

일찍 잠자리에서 일어난다면 공식적인 계획 없이 온새미로 텅 비어있는 오전 시간은 옹골지게 사용할 개연성이 높다. 따라서 이를 효과적으로 활용해야 할 터인데 현실은 사뭇 달라 몹시 안타깝다. 주중(월요일부터 금요일)엔 오후 3시부터 6시까지는 학원에 가야 한다. 거기에 추가적으로 그중에 사흘(월·수·금) 동안은 오후 6시부터 7시 50분경까지 태권도 수련을 받아야 한다. 따라서 방학이라도 느슨한 시간이 무진장 주어지는 게 아니고 톱니바퀴가 빈틈없이 맞물려 돌아가는 모양새의 하루하루가 이어질 뿐이다.

방학이라도 느긋하게 즐길 틈새는 주말뿐이다. 그런데 조금이라도 편히 쉬라고 주말을 자유롭게 활용할 여지를 두었다. 그랬더니 시간 개념을 깡그리 잊은 채 친구들과 어울려 축구나 다른 운동에 흠뻑 빠져 헤어나지 못하는 폐단이 발생했다. 지나친 운동 열기를 적당히 식히면서 잠재우고 관심을 다른 분야로 돌려놓아야 할 변곡점에 육박했다고 판단되었다. 그래서 대안으로 육체적 피로를 덜고 정신적 안정을 겨냥해 선택한 게 토요일 오후에 2시간(2~4시) 동안 수영강습에 몰입하도록 유도하는 방안이었다. 이 프로그램은 앞으로도 계속 참여시킬 예정이기 때문에 자연스럽게 다른 운동을 접할 기회를 차단하는 일석이조의 효과가 기대된다. 결국, 매주 토요일마다 한낮의 가운데 시간을 할애하기 때문에 친구들과 어울릴 기회가 그만큼 줄어들 것임은 불을 보듯 뻔하다. 하기야 그 때마다 할머니가 유진이를 데리고 오가야 한다는 성가신 문제가 따른다. 하지만 이 문제는 토요일엔 할머니의 수영 시간을 그 시간대로 조정하면 만사형통이다.

이번 방학부터 시작한 주말 수영반은 시영(市營)인 88올림픽 수영장에서 아이들을 모집하여 유료로 개설했다. 정원 20명이지만 개인차를 고려하여 같은 반에서도 초급·중급·고급 등의 세 그룹으로 나눠 교육을 시킨다고 한다. 매번 2시간 중에 1시간은 관련된 운동, 나머지 1시간은 자유형과 배영을 익히고 있단다. 그런데 유진이는 이전에 다른 프로그램을 통해 기본 기술을 익혔다. 그뿐 아니라 할머니와 함께 틈틈이 수영을 했던 때문에 고급 그룹으로 뽑혔다는 자랑이다. 기왕에 시작한 강습이기에 일정한 수준에 다다를 때까지 계속시킬 생각이다. 따라서 방학 이후에도 여전히 참여하게 될 것이다.

강사가 무척 예쁜 여자 선생님인 모양이다. 그런데 쉴 틈을 주지 않고 힘겹게 뺑뺑이를 돌리는 게 여간 지독한 게 아니라고 투덜거리며 주절주절 험담을 해대기도 했다. 세상에 아무런 어려움이나 고난 없이 꽃길만 걸어서 얻어지는 게 있을까. 더 뜨겁게 달궈진 쇠가 모진 메질을 당하고 호된 담금질을 거쳐야 강한 강철로 거듭 태어난다. 마찬가지로 혹독한 훈련은 피할 수 없는 통과의례이기에 기꺼이 받아들여야 함을 차근차근 깨우쳐야 하지 않을까.

오늘도 배달된 짜장면으로 간단히 점심을 해결하고 할머니와 수영장으로 총총히 떠났다. 여섯 해째 지속하며 수련해 현재 국기원 공인3품인 태권도를 수련하던 단면의 회상이다. 어느 땐가 선택의 임계점에 다다랐을 무렵 중단했으면 하는 의사를 강력하게 피력했다. 그때마다 참고 견뎌 극복하도록 적극적으로 조언을 해 슬기롭게 위기를 벗어났다. 마찬가지로 수영에서도 일정한 수준에 이르기까지는 무리가 따르고 내키지 않아도 끈질긴 인내를 바탕으로 힘차게 밀고 나갔으면 좋겠다. 이런 맥락에서 오늘의 수영이 즐겁고 보람을 느꼈으면 하는 바람이다. 아울러 지금의 도전이 훗날 삶을 꾸리는 데 조금이라도 보탬이 될 수 있다면 금상첨화이련만. 글쎄, 과연 그리될 가치가 있는 걸까.

2019년 1월 12일 토요일

사춘기 초입 언저리 풍경

손주 유진이가 머리를 감고 드라이를 한 뒤에 수영장에 갔다. 이런 행동이 어쩌면 어처구니없는 일이 아닐까. 어떤 상태의 머리 모양이라도 수영을 한 뒤에 똑같을 터이기에 하는 말이다. 그 이면에는 누구나 겪었을 아리랑 고개인 사춘기가 숨겨져 있다. 알 듯 말 듯 아슴푸레 느끼기 시작한 이성에 대한 묘한 감정과 싱숭생숭해지면서 좌충우돌하는가 하면 뻗대거나 반항하고 앙앙대려 드는 변곡점에 들어섬이리라.

유진가 그저께(2월 15일) 5학년 종업식을 하고 봄방학을 맞아 쉬다가 춘삼월인 내달 초나흘 개학하면 6학년에 진급한다. 그런데 봄방학의 첫날인 어제는 마침 토요일마다 회원으로 참가하는 수영강습(오후 2~4시)이 예정되어 있었다. 수영장으로 출발해야 할 시간이 가까워져 준비를 시키려고 이르는 순간 머리를 감아야 한다고 박박 우겨대서 어이가 없어 한동안 우두커니 지켜봤다. 왜냐하면 원래의 머리 모양이 다를지라도 수영을 한 뒤 모습은 매한가지일 게 뻔하다. 그럼에도 구태여 출발 직전에 번거롭게 머리를 감아야겠다는 주장이 무척 해괴하고 가당찮았다. 멍한 상태로 잠자코 지켜보다가 쓸데없고 허튼짓이라며 한사코 말렸다.

주장이 먹혀들 여지가 없음을 직감했을까? 갑자기 내 팔을 잡고 문간방으로 이끌면서 한 손으로 방문부터 닫았다. 하는 짓이 괴이하고 엉뚱해서 멀뚱멀뚱 내려다봤다. 그때 바른 자세를 취하고 두 손을 모아 싹싹 빌면서 속삭였다.

"수영하는 친구 중에 좋아하는 여자아이가 있는데, 잘 보이려면 머리를 멋있게 해야 하기 때문이라"는 하소연이었다. 그 말에 지금도 너는 매우 멋이 있고 귀공자 같다면서 쓸데없는 짓이라고 되풀이해서 일렀다. 그래도 막무가내로 머리를 감겠다고 끈질기게 주장을 펼쳤다. 어처구니가 없었다. 하지만 그런 얘기를 곧이곧대로 털어놓는 심성이 한없이 풋풋하면서도 명경같이 투명하다고 여겨져 허락하는 뜻으로 고개를 끄덕였다. 그리고 곧바로 방문을 열고 거실로 나가 할머니에게 머리를 감게 허락했다고 이름으로써 불협화음이 발생할 소지를 없애는 정지 작업을 했다. 서둘러 머리를 감고 나서 드라이기로 젖은 머리를 말린 뒤에 수영장으로 떠났다. 이런 묘한 심리를 대변하는 시구(詩句)일까. 최근 유진이 메모장에 적혀있는 갈매기라는 시가 눈길을 끈다.

갈매기

갈매기야 갈매기야

넌 넓은 바다를 언제나 보고
그 무엇보다도 바다를 사랑하는 새

바다의 파도 소리를 언제나 듣는 갈매기
드넓은 바다로 멀리 날아가
파도의 여러 소리를 내게 전해다오

머리를 감는 동안 할머니에게 그런 행동을 하는 숨겨진 사연을 차근차근 설명해 줬다. 내 얘기를 듣고 나서 어이가 없는지 혀를 끌끌 찼다. 이제 서서히 사춘기가 진하게 다가오는 모양이라면서 기왕이면 곱고 아름답게 조용히 자분자분 지나갔으면 좋겠다는 바람을 피력했다. 그러면서 오늘 함께 수영하며 어떤 여자아이가 있는지 살짝 넘겨다봐야겠다며 은근한 관심을 살며시 드러냈다.

요즈음 학교를 등교하는데도 툭하면 이전과 다른 면모를 보인다. 전에는 그렇지 않았는데 아침에 일어나 시간에 쫓기면서도 머리 감기와 샤워를 매일 한다. 그런가 하면 평소나 주말을 막론하고 틈이 나면 축구공과 축구화를 가지고 다니면서 공을 차며 남자임을 드러내려고 한다. 아울러 이제까지 할머니가 챙겨주는 옷을 군소리 없이 입어왔다. 그런데 이즈음 제 주장을 강하게 하면서 반기를 들고 신경전을 벌이기도 한다. 또한 다채로운 얘기 조각을 퍼즐처럼 이리저리 꿰맞춰 볼 때 여자 친구에 대한 관심이 부쩍 커지고 있다. 누구나 성장의 길목에서 겪게 마련이다. 기왕 겪을 바엔 험준한 준령 같아 수월치 않을 사춘기를 슬기롭게 넘겼으면 좋으련만 과연 바람대로 될까.

또래들의 행태도 엇비슷하지 싶다. 정규수업을 마치고 하교하는 5, 6학년 여학생들 모습이 낯선 경우가 흔하다. 조숙해 사춘기가 일찍 찾아온 때문인지 얼굴에 화장을 했는가 하면 입술에 립스틱을 바르고 머리를 둘둘 말았다가 풀어헤친 흔적을 흔히 볼 수 있다. 그뿐 아니다. 떠꺼머리총각을 방불케 하는 사내아이들이 교문을 몰려나오며 서슴없이 내뱉는 말에서 사춘기 냄새가 풀풀 풍기기도 한다. 삶의 질이 몰라보게 향상되면서 먹거리가 좋아지고 다양해진 때문일까. 분명 요즘 아이들 사춘기는 그 옛날 우리 세대보다 무척 요란할 뿐 아니라 유난히 빨라졌다는 느낌이다.

할머니가 같은 수영장 한쪽 레인에서 유진이가 강습받던 무리에 섞여 있던 여자아이들을 건너다보려다 보려고 했으나 거리가 멀어 실패했단다. 수영을 하고 돌아와 편안한 휴식을 취하던 중간에 넌지시 의중을 떠봤다. 머리를 감고 가서 멋있는 모습으로 그 여자아이와 얘기를 나눠 봤느냐고. 입을 꼭 다물고 심드렁한 표정을 숨김없이 드러낸 채 딴전을 피웠다. 그러고 보니 무엄하게도 손주의 사삿일(privacy)을 엿보려는 음흉한 무례를 저질렀다. 얼른 말머리를 돌려 오늘 수영이 재미있었느냐고 어물쩍 묻는 시늉을 했다. 줏대는 물론이고 매가리까지 없는 말을 주워섬기면서 멋쩍은 분위기를 벗어나려 허둥댔던 한심한 내 꼴이 유진이 눈에 과연 올곧은 어른으로 투영되었을까.

한맥문학가협회사화집, 2019년, 제13집, 2019년 5월 30일
(2019년 2월 17일 일요일)

곧고 바르게 자랐으면

손주를 키운다는 게 한편으로는 힘들고 다른 한편으로는 마음이 무겁다. 제 부모 대신 키우며 나름대로 온갖 정성을 쏟아왔다. 때로는 크고 작은 사고가 불가피했던가 하면 사소한 병고에 시달리기도 하며 자질구레한 사달을 겪기도 했다. 하지만 큰 흐름의 틀에서 볼 때 탈 없이 곧고 바르게 성장해 줘서 무척 고맙고 뿌듯했다. 그러나 방심하지 말라는 묵시적인 경고일까. 그렇지 않으면 6학년으로 진급해 사춘기에 접어들며 나대다가 지나쳐 돌출된 불상사였을까.

매주 수요일은 학교에서 1시간 일찍 마치고 귀가하는 날이다. 그런 까닭에 어제(4월 3일)는 수요일이기 때문에 평소보다 빨리 귀가하여 수학학원(다빈치)에 가려면 여유가 있었다. 그런데 그 시간 동안 친구 K의 아파트에서 몇몇이 놀 것이라며 서둘러 나갔다. 그렇게 친구 K의 아파트 거실에서 3명이 어울려 대충 40분 정도 장난감과 휴대폰을 가지고 낄낄대며 놀았다는 얘기였다.

그 중의 한 명인 J 군은 수학학원을 함께 다닌 지 한 달째로 그다지 친한 사이는 아니었던 모양이다. 그래도 탈 없이 어우러져 노는 과정에서 유진이가 휴대전화 앱(app)을 사용해서 합성음으로 J 군을 놀리는 내용을 만든 뒤에 들려주는 짓궂은 장난을 했다는 것이다.

화불단행(禍不單行)으로 마(魔)가 끼었던가. 휴대폰이 심드렁해 장난감 놀이로 바꿨다고 했다. 그 장난감 놀이를 하다가 재미없어 시들하던 무렵에 J 군 옆에 장난감을 수납하는 플라스틱 바구니가 두 개 놓여 있는 게 눈에 띄더란다. 그래서 가지고 놀던 플라스틱 장난감 하나를 그 바구니에 넣을 요량에서 던졌던가 보다. 그런데 재수에 옴이 붙었던지 장난감이 빗나가 하필이면 J 군의 중요한 부위 쪽에 맞았다는 것이다. 그 순간 J 군이 "아야!"라고 소리를 질러 엄청 미안하고 당황해 꽤나 허둥대며 사과했던 모양이다. 하지만 다행히도 아파서 쩔쩔매거나 울음을 터뜨리는 상황 없이 조용하게 지나갔다고 했다. 그러고 나서 아무 일 없다는 듯이 수학학원에 함께 가서 공부를 하고 헤어졌다는 얘기였다.

J 군은 유진이와 같은 학교에 재학해도 6년 동안 같은 반을 했던 적이 없어 서로에게 친숙하지 않은 관계라고 했다. 그런데 어제 함께 자기 집 거실을 놀이 장소로 제공했던 K 군을 중심으로 유진이와 J 군이 함께 엮여 어울렸던가 보다. 뚜렷한 계기가 없이 수학학원을 오갈 때 스치고 지나며 알아가는 사이였던 것 같다. 친하지 않지만, 학원과 친구들을 매개로 조심스럽게 마음을 열어

가던 과정으로 추측된다. 띄엄띄엄 스치며 어울리는 과정에서 유진이의 언행이 J 군의 맘에 들지 않기도 했던가 보다.

우리 집에 유진이 친구들이 떼 지어 와서 놀다 가는 경우가 빈번하다. 그럴 때면 서로 붙들고 밀치는가 하면 툭툭 치거나 장난감을 예사로 던지면서 놀아 싸움으로 번지지 않을까 조바심하며 조심하라고 참견해도 쇠귀에 경 읽기였다. 그렇게 위태위태한 상태에 이르렀다가도 언제 그랬냐는 듯이 다시 어울리기를 반복했다. 그런데 유진이와 J 군은 서로를 이해하지 못하고 신뢰가 쌓이지 않은 때문이었을 게다. 어찌 되었든 둘 사이에는 슬기롭게 해결할 수 있는 아름다운 지혜와 신뢰할 믿음이 부족한 어정쩡한 인간관계에서 사달이 발생한 게 분명하다.

서로의 신뢰나 앎음이 얕고 좁은 때문일까. 낮에 친구 집에서 놀 때 자기를 놀리던 게 서운했었던가. 아니면 유진이가 수납 바구니에 넣기 위해 던졌던 장난감은 고의였을 뿐 아니라 매우 아팠고 억울하다고 느꼈던가? 저녁때 퇴근한 자기 부모님께 유진이에게 부당하게 시달렸다고 말씀드렸던 것 같다. 어느 부모가 그런 상황에서 화가 치밀지 않을까. 그 어머님이 수학학원에 전화로 유진이에 관해서 묻더란다. 그래서 수학학원 선생님이 놀라 아내에게 그 사실을 알려 주었다. 전화를 받은 아내와 나는 화들짝 놀라서 서둘러 유진이와 함께 J 군이 사는 아파트로 득달같이 달려가서 백배사죄하고 용서를 구했다. 그 시각이 대충 10시 무렵이었다. 다행히 좋은 분들이라서 너그럽게 이해해 주어 고맙기 이를 데 없었다.

문제를 감추거나 묻으려다 더 큰 화를 부를지 모른다는 생각에서 유진이 담임선생님께도 자진해서 알렸다. 유진이 아비를 통해 사건의 줄거리를 설명하는 연락을 드리도록 일렀다. 한편, 역시 유진이 아비가 직접 J 군의 어머님께도 용서의 글을 드리는 게 도리에 맞는다고 강력하게 일러 그리했다. 일련의 상황 전개로 볼 때 유진이의 행동이 부적절했다. 그렇지만 의견 대립으로 언쟁을 하며 다투거나 치고받으면서 싸움질을 했던 적이 전혀 없어 불행 중 다행으로 생각되어 한편으로 안도의 한숨을 내쉬고 있다. 한편, 오늘 오후 이 문제에 대해 담임선생님과 유진이 아비가 통화를 했단다. 피해자에 해당하는 J 군 부모님께 확인했는데 전혀 문제로 삼지 않더라는 것이다. 그런 맥락에서 놀이를 하다가 발생한 실수로 판단되는 경미한 사안이라서 담임선생님 면담과 지도를 받는 것으로 마무리 짓기로 방침을 정했다고 알려주더란다[59].

어제저녁부터 오늘 아침까지 유진이를 거세게 몰아치며 잘못을 반성케 하고 어떤 행동을 해야 하는지 조곤조곤 타이르고 또 타일렀다. 얼마나 정신없이 몰아쳤는지 어제 자정 무렵엔 숨을 쉬지 못한 채 정신을 잃으려고 버둥대서 큰일을 겪는 게 아닌가 하는 두려움에 간담이 서늘했다. 하지만 언행이 반듯하고 어진 품성은 어떤 혹독한 대가를 치르더라도 반드시 갖춰야 할 필요충족조건이지 않던가. 자랑할 바는 아닐지라도 이번의 경험이 앞으로 살아가는데 나침반이자 스스로를 비춰보는 거울이 되었으

59) 그 사건 이후 유진이와 J 군은 급속히 가까워져 죽이 맞아 어울려 다니는 가까운 친구로 발전했다. 한편 2019년 연말 무렵에 우리가 이사를 온 아파트 단지의 옆 동(棟)에 J 군이 이웃 친구로 살고 있다.

면 좋겠다. 아무도 긍정적인 약이 되리라고 단정하기 어려운 사달이기에 더더욱 절실한 마음이다.

2019년 4월 4일 목요일

초등학교 수학여행

6학년인 유진이가 오늘 2박 3일의 수학여행(修學旅行 : school trip)을 떠났다. 지방 도시에 소재한 때문인지 얄궂게도 여행지는 서울과 경기 일원이다. 첫날(4월 22일) 아침 7시를 조금 지난 이른 시각에 학교 출발해서 ⇨ 서울에 자리한 국립중앙박물관(중식) 관람하고 ⇨ 경복궁을 대충 둘러본 뒤에 ⇨ 지산포레스트리조트(이천시 마장면 소재)에 도착해 일박한다. 둘째 날(23일) 일정은 지산포레스트리조트(숙소)를 출발해 ⇨ 에버랜드(중식, 석식)를 구경하고 ⇨ 지산포레스트리조트(숙소)로 다시 돌아오는 것으로 하루 종일 에버랜드를 다람쥐 쳇바퀴 돌 듯이 뱅글뱅글 돌며 유람하다가 숙소로 돌아와 다시 일박한다. 셋째 날(24일)은 지산포레스트리조트(숙소)를 출발해 ⇨ 한국민속촌(중식)을 관람하고 ⇨ 집으로 돌아오는 계획으로 민속촌 구경하고 오후 6시경에 귀교하는 게 고작이다.

우리나라가 잘 사는 게 분명한가. 아니면 분에 넘치는 복지정책의 덕을 보는 걸까. 개인당 여행경비는 202,100원이란다[60]. 그런데 이 중에서 180,000원은 경상남도의회 "경상남도 학생현장체험학습 활동 지원에 관한 조례안"에 따라 지원되기 때문에 개개인의 실질적인 부담금은 22,100원에 지나지 않는다는 학교의 친절한 안내이다. 과연 세금으로 거둬들인 돈으로 수학여행 경비를 일괄적으로 지원하는 게 우리 수준에 맞는 정책인지 생각할수록 고개가 갸우뚱해진다.

수학여행을 어떻게 정의할까. 큰 틀에서 '학생이 실제 경험을 통하여 지식을 넓히도록 교사의 인솔하에 행하는 여행'으로 자리매김하고, 그 교육적 효과를 다음과 같이 가름하고 있다. 첫째로 국내의 문화·경제·산업·정치 등의 주요 현장을 직접 견학함으로써 교과 외의 분야에 대한 학습을 기대할 수 있고, 넓은 식견과 풍부한 정서를 함양시킨다. 둘째로 학교 밖에서 집단적 행동을 통해서 건강·안전·집단생활의 수칙이나 공중도덕 등에 대한 바람직한 체험을 한다. 셋째로 미지의 세계를 견문하며 스승과 제자, 친구들이 함께 생활함으로써 즐거운 체험을 하고, 학교생활 경험을 풍부하고 찰지 게 한다.

수학여행에 대한 경험치의 고백이다. 6·25 전쟁의 후유증을 심하게 앓던 시절이라서 초등학교에선 수학여행이 없었다. 중학교 때는 경부선 완행열차로 충북 이원을 출발해 ⇨ 경주를 거쳐서

60) 알림장에 따르면 1인당 202,100원의 구체적인 쓰임새는 다음과 같다. 버스임차료 80,700원, 숙박비 58,000원, 식사비 27,000원, 관람 및 체험비 35,000원, 여행자보험 1,400원 등으로 나누어져 있었다.

⇨ 부산을 둘러봤다. 한편, 고등학교 시절엔 청주를 출발해 ⇨ 목포항에 도착해 ⇨ 여객선을 타고 ⇨ 제주를 다녀왔다. 그리고 대학에서 수학여행은 불참했었다. 그 시절 운동장같이 휑뎅그렁한 방에서 2, 30명이 콩나물시루를 연상할 정도로 마구 뒤엉켜 선잠을 잤다. 그런데 이번에 손주는 방 하나에 기껏해야 6~7명이 숙박한다니 과연 격세지감이다.

일본의 경우 일찍이 초중등학교 수학여행을 가까운 한국이나 동남아 혹은 소련의 극동지방으로 가도록 권장해왔다. 1980년대 중반 무렵 모스크바를 여행하고 돌아오는 길에 동아시아지역인 하바로프스크(khabarovsk)에서 이틀 머문 적이 있다. 그곳 관광지와 호텔에서 일본의 초중등학교 수학여행단 여럿의 민낯을 스치고 지나치기를 되풀이했다. 그때 우리는 언제 저 수준에 다다를 수 있을까 하는 생각을 했었다. 소득 3만 불을 넘었다는 현실에서도 국내 여행에 머무는 어린이들의 수학여행이 왠지 성에 차지 않아 미진하고 아쉽다. 아직도 일본과 견주는 게 가당찮은 꿈으로 허황된 욕심일까.

맹추같이 오지랖이 넓어서 하는 쓸데없는 걱정이길 바란다. 수학여행 첫날 5시간 남짓 고속도로를 달려가서 광화문에 자리한 국립중앙박물관에서 유물을 휘휘 둘러보고 경복궁을 얼렁뚱땅 한 바퀴 돌고 나서 곧바로 숙소로 가는 게 전부이다. 다음날은 온종일 에버랜드라는 거대한 놀이동산에서 갇혀서 그 울타리 안을 맴돌 뿐이다. 물론 그 울타리 안에 호암미술관이 있다고 할지 모른다. 그렇다고 해도 그곳은 일정한 수준 이상의 견문을 갖춘 사람에게나 쓸모 있는 전시관이다.

그리고 마지막 날 역시 아이들에게는 고루하다고 느낄 민속촌 구경이 전부로 '가까이하기엔 먼 당신 같은 존재'가 아니길 빌고 또 빈다. 물론 교육 전문가들의 견해를 전제로 결정된 수학여행이다. 하지만 숲은 보지 못하고 나무만 눈에 가득한 내 생각엔 자꾸 이심(異心)이 어른거려 심란하다.

아이들 사이에 유행일까. 수학여행을 가는데 다국적 기업으로 운동복(training : 추리닝)과 스포츠화를 전문으로 생산해 판매하는 A사의 제품을 외쳐 대서 며칠 전에 할머니가 구해왔다. 까만 색상으로 양팔과 다리에 흰 줄이 3개씩 새겨진 전형적인 운동복이다. 그것을 입고 수학여행 길을 떠나기로 친구들과 입을 맞췄던가 보다. 아무리 생각해도 곧이곧대로 받아들이기 어려웠다. 수학여행에 운동복은 모양새가 아무래도 어울리지 않아 되레 이상하게 보일 성싶다. 그래서 가방에 넣고 가서 잠자리에서 입는 게 어떻겠느냐고 적극적으로 조언을 했다. 하지만 쇠귀에 경 읽기가 아닐지 모르겠다. 여기에도 조손(祖孫) 사이의 가치관에 메꾸기 어려운 간극이 엄연히 존재하다니 오월동주 같은 동행은 진정 어려운가 보다.

버스를 타고 오가거나 식사나 잠자리 따위에서 친구들과 어울리며 서로가 공존하고 상생하는 방법을 터득하고 질서를 지키는 의젓함에 다다랐으면 하는 바람이다. 아울러 조금은 느슨해진 상황에서도 지나치지 않고 절제하는 야무진 면을 보인다면 더더욱 믿음직하리라. 게다가 박물관, 경복궁, 에버랜드, 민속촌의 관람이나 만남을 통해 새로운 세상을 여는 단초나 지혜가 된다면 금상첨화의 축복된 여행일 터인데. 과연 유진이의 가슴과 머리엔 어떤 걸 담아 돌아올지 자못 궁금하다.

2019년 4월 22일 월요일

유진이의 현충일 나들이

오랜만에 유진이와 함께 나들이를 했다. 길을 나설 때의 주된 겨냥은 고성 연화산(蓮華山 : 524m)에 자리한 옥천사(玉泉寺 : 경남 고성군 개천면 연화산1로 471-9번지)였다. 저학년 때는 기회가 생겼다 하면 뻔질나게 나들이에 나섰다. 하지만 고학년이 된 이후엔 얽히고설킨 일상을 핑계로 발길을 끊었었다. 그런데 오래돼 위태위태하게 덜컹거리며 겨우 명맥을 이어가던 승용차를 폐차하고 새 차로 바꿨다. 그 이후부터는 틈만 나면 교외 드라이브나 하루 여정의 나들이를 강력히 주장하며 성가실 정도로 채근한다. 어젯밤의 일이었다. 자기 방문을 열어놓은 채 엉거주춤 쭈그리고 앉아 얼렁뚱땅 숙제를 하는 시늉을 내다가 거실로 뛰쳐나왔다. 그리곤 다짜고짜 내일 현충일로 휴일인데 밖에 나가 바람을 쐬고 돌아오자면서 집요하게 물고 늘어졌다. 솔깃할 뿐 아니라 타당하다고 여겨 변두리 교외라도 다녀오리라고 작정했다. 그래서 제안에 퇴짜를 놓지 않았다는 의미를 함축해서 내일 아침에 좀 더 생각해 보자는 표현으로 넌지시 긍정적인 메시지를 전했다. 오늘 휴일임에도 평소와 다름없는 시각에 아침 식사를 마쳤다. 잠시 쉬다가 10시 반 무렵 아내와 나 그리고 유진이가 집을 나서 휘휘 바람을 쐬고 가벼워진 마음으로 귀가했다.

모처럼 나선 나들이로 한껏 들떴기 때문일까. 유진이는 차창에 스쳐 지나는 푸른 녹음과 도롯가에 흐드러지게 피어난 노란 금계국(金鷄菊 : golden wave)이나 장미와 접시꽃에 취해 정신을 차리지 못했다. 게다가 들판에 이제 막 모내기를 끝낸 모습이 무척 경이롭게 투영되었던지 감탄사를 거듭 토해냈다. 그런가 하면 이제 막 흐드러지게 피어나 진동하는 밤꽃의 고약한 냄새가 역겨워 고개를 절레절레 흔들며 오만상을 찌푸리기도 했다. 그래도 싱그러운 풀 냄새와 폐부를 파고드는 청정한 공기에 반했던가. 에어컨을 가동시키는데도 불구하고 막무가내로 차창을 열어젖히고 킁킁거렸다. 그 때문에 아내와 밀고 당기며 신경전을 벌이기도 했다. 그러나 끝내 아내가 백기를 들었다. 그렇게 유진이는 오가는 내내 얼굴을 차창 밖으로 내놓은 채 희희낙락했다.

아파트를 나서 통영 쪽으로 향하다가 국도2호선(전라남도 신안군~부산광역시 중구)으로 진입하여 한동안 직진했다. 그러다 보니 진북에서 자연스럽게 국도14호선(경남 거제시 남부면~경북 포항시)으로 접어들었다. 그렇게 달리다가 '회화면 배둔리'의 끝자락에 이르러 이정표의 지시대로 오른편 마암면 쪽으로 개설된 1007번 지방도(경남 고성군 마암면~진주시 상봉동)로 우회전했다. 도로의 양옆에 띄엄띄엄 늘어선 농가와 푸르름이 가득한 들판 사이를 뚫고 지나 야트막한 고갯마루를 넘어서 조붓한 산골짝을 구불구불 빠져나가는 꼬부랑길이었다. 한적한 시골길의 정취에 취해 콧노래를 흥얼거리다가 개천초등학교에 다다르기 직전에 연화산도립공원 옥천사는 좌회전이라는 이정표가 나타났다. 쉬엄쉬엄 달렸는데 집에서 대략 50분쯤 소요되었다. 이 이정표의 안내에 따라 고샅길을 빼닮아 정감이 흘러넘치는 길을 몇 분 달리자 옥천사 입구에 이르렀다. 매표소에서 문화재구역 입장권(성인 1,300원)을 구입한 뒤에 주차장에 주차시키고 옥천사 경내까지는 걷기로 했다. 물론 차로 절 마당 앞까지 다가갈 수 있다. 하지만 우리는 청정한 숲길을 도란도란 얘기를 나누면서 자분자분 걷는 즐거움을 한껏 누리기로 했다.

입구 주차장에서 옥천사까지는 1.2km로 완만한 오르막길이다. 한낮 기온이 30℃ 안팎이라 해도 길의 좌우엔 백 년도 훨씬 넘은 아름드리나무가 빼곡하게 들어서 완전한 그늘을 만들어 걷기에 안성맞춤이었다. 하늘을 뒤덮은 괴물같이 거대한 고목에 압도되었는지 벌린 입을 다물지 못하고 사방을 두리번거리는 유진이의 놀란 모습이 무척 인상 깊게 비춰졌다. 매일 등산으로 다져진 나의 내공과 걷는 것을 질색으로 여기는 아내와는 좁힐 수 없는 간극이 생긴 것일까. 아내와 나는 2, 30m 정도의 거리를 두고 걷는 동행을 하고 있었다. 아마도 누군가 그 광경을 지켜봤다면 한바탕 싸웠던 부부쯤으로 여겼을 게다. 얼마나 어색하고 어울리지 않았으면 어린 유진이가 내게 쫓아와 할아버지는 등산 전문가이기 때문에 속도를 줄여 할머니와 보조를 맞추라고 이죽거리기까지 했을까.

절의 코앞에 다다랐을 때 천왕문(天王門)이 나타났다. 어디서 주워들었는지 사천왕에 대해 내게 맹꽁징꽁 설명하는 모습이 무척 대견했다. 천왕문을 지나 하마비(下馬碑)가 보여 이번에는 내가 그 의미를 알려줬다. 그리고 작은 다리를 건너 돌계단을 지나 절 마당에 이르렀다. 옥천사를 대표하는 누각인 자방루(滋芳樓), 대웅전, 대웅전 뒤편에 자리한 나한전, 산신각, 독성각, 조사전, 명부전을 들러봤다. 또한 옥천각(玉泉閣)에 들러 옥샘(玉泉)에서 솟아나는 맑은 물을 유진이와 한 바가지씩 마셨다. 절 내부를 대충 둘러보고 옆문으로 나서니 최근에 불사(佛事)를 한 새로운 박물관 등을 비롯하여 아직도 불사가 진행 중인 건물들이 눈에 띄었고 어수선했다.

옥천사는 현재 하동 쌍계사의 말사이다. 그런데 이 절은 창건 당시 화엄 10대 사찰 중의 하나였단다. 연꽃을 닮은 연화산에 터 잡은 호국 사찰로써 신라 문무왕 16년(676년)에 의상대사가 창건했다. 호국 사찰인 때문이었으리라. 정유재란(1597년) 때 소실된 이후 1657년 대웅전(경남유형문화재 132호)이 중건되었다는 전언이다. 한편 이 절엔 여러 가지 병에 효험이 있다는 옥샘, 자방루(경남유형문화재 53호), 청종 북(보물 495호), 지장보살도 및 시왕도(보물 1693호) 따위를 보유하고 있단다. 그리고 임진왜란 당시 승병(僧兵)의 훈련장, 일제강점기엔 독립운동의 산실 역할을 했던 것처럼 역사가 생생하게 살아 숨 쉬고 있었다. 아울러 광복 이후 불교 중흥과 교단 정화에 크게 공헌했던 청담스님이 승려 생활을 시작한 도량으로 세간의 주목을 받기도 했다.

절을 대충 둘러보고 주차장으로 내려와 매표소 아래쪽에 유일한 음식점에 점심을 주문했다. 대략 1시간 뒤에 가능하다는 주인의 얘기를 듣고 기다리기 위해서 유진이와 계곡의 개울가를 찾았다. 아내와 나는 돌계단에 걸터앉아 쉬고 유진이는 흐르는 개울물에서 도롱뇽 새끼나 다슬기를 잡는 재미에 푹 빠져 시간 가는 줄 몰랐다. 그렇게 대기하다가 점심으로 백숙을 먹고 곧바로 귀갓길에 들어섰다. 식당에서 조금 내려오는 도중의 동네 어귀에 푸짐하게 심겨진 접시꽃이 흐드러지게 피어 장관을 연출했다. 그 모양에 홀려 아내와 유진이가 하차하여 기념 촬영을 했다. 그리고 1007번 지방도를 따라 진주·문산을 향해 달리다가 문산 외곽에서 국도2호선으로 끼어들어 진성, 사봉, 경남수목원, 진북, 진동을 거쳐 저녁 새참 무렵에 보금자리로 돌아왔다.

집에 돌아와서 나와 아내가 유진이에게 덕담을 건넸다. 네가 활력소가 되어 이끌어 줘서 이 좋은 날 나들이하여 짙푸른 자연을 즐기며 청정한 공기를 맘껏 마시는 행복을 누렸다고. 게다가 맛있는 음식을 즐길 기회는 물론이고 정신적인 스트레스를 말끔히 해소 시키는 힐링(healing)까지 덤으로 제공해 줘서 고맙다는 치사까지 보탰다. 그런 얘기를 들으며 과연 자기가 그런 특별한 존재였던가를 곰곰이 되새겨보는 기색이 뚜렷했다. 그렇지만 절대로 립 서비스(lip service)가 빈말이 아니었다. 유진이가 없었다면 우리 내외끼리는 언감생심이었으리라. 시작이 반이라고 하지 않던가. 앞으로 생기발랄한 유진이의 역동적인 에너지를 통해 다양한 경험을 즐기며 알토란같이 소중한 추억거리를 기억의 곳간에 차곡차곡 여퉈둘 참이다.

2019년 6월 6일 목요일

우물 안 개구리의 날갯짓

"제2019-58호, 상장, 남자 60m(1위), 제6학년 3반 한유진, 위 학생은 육상대회에서 위와 같은 성적을 거두었으므로 이 상장을 수여합니다, 2019년 6월 17일, 마산신월초등학교장 박순점"

위 내용은 유진이가 학교 육상대회에서 남자부 60m 달리기에서 1등을 하고 받아온 상장 내용 요지이다. 믿기지 않는 의외의 결과였다. 특별히 육상 연습을 했던 적이 전무한데 말이다. 이를 미루어 짐작할 때 학교에 육상부를 비롯해 어떤 운동부도 없지 싶다. 왜냐하면 프로를 빰 칠만큼 체계적으로 체력 단련을 받았던 친구들이 있다면 언감생심으로 유진이가 그 자리에 설 여지가 전혀 없다. 그런데 한편으로 생각할 때 유진이가 그만큼 건강하다는 징표일터이니 크나큰 기쁨이다. 게다가 학내 육상대회에서 남자부의 최고라면 대략적으로 추산할 때 7백여 명의 전교생 중에서 으뜸이라는 믿을 수 없는 현실이다. 따라서 그 점도 특별한 의미를 부여할 수 있는 쏠쏠한 미쁨이다.

유진이가 전하는 얘기이다. 오늘 아침 조회시간에 방송실에서 교장 선생님이 상장을 수여했단다. 그런데 모든 교실에 그 과정을 여과 없이 화상으로 실시간 중계되어 전교생이 지켜봤다는 자랑이었다. 어쩌면 고만고만한 또래들끼리 도토리 키 재기식으로 겨룬 결과일 것이다. 그러므로 우물 안 개구리의 날갯짓 중에 찬란히 빛나는 왕좌를 꿰차는 행운을 거머쥔 게 아닐까. 그렇다고 하더라도 전교생이 부러워할 지존의 자리에 우뚝 선다는 것은 결코 우연히 이루어지지 않으리라. 그런 이유에서 크게 축하하고 함께 기뻐하며 격려해줘도 험이 되지 않으리라.

태어난 직후부터 줄곧 조부모인 우리 내외의 품에 둥지를 튼 아이다. 그동안 세발자전거에서 두발자전거를 거쳐 성인용 자전거, 씽씽카, 스케이트보드, 인라인스케이트, 훌라후프, 줄넘기, 배드민턴, 피구, 야구, 축구, 수영, 등산, 태권도 따위를 골고루 경험토록 이끌어 나름대로 운동 소질을 계발토록 힘을 보태왔다. 이들 중에 등산의 경우는 마산의 무학산(761.4m), 저도의 용두산(202.7m)의 등정을 위시해서 특히 동네 뒷산인 청량산(323m)은 초등학교 입학 이후 100번을 훌쩍 넘겨 오르내렸다. 한편, 수영은 그동안 장단기 강습에 참여했던 경험을 쌓도록 했다. 여기에 더해 지난해 겨울부터는 매주 토요일 전문 강사가 지도하는 반에 등록해 체계적인 훈련을 받도록 할머니가 승용차로 데리고 다닌다. 또한 유치원 시절부터 수련해온 태권도는 현재 공인 3품(No. 21669706)으로 4품을 취득할 때까지 계속 수련토록 이끌 참이다. 이 같은 일련의 수련에 따른 결과일까. 체육을 전공시킬 예정은 아닐지라도 다양한 유형의 운동에서 또래들과 견줄 때 크게 뒤지지 않아 다행이다.

요즘 유진이 체중은 38kg, 신장 150cm 안팎이다. 따라서 체중은 평균에서 조금 빠지는 편이고, 신장은 친구들과 겨우 어깨를 나란히 할 정도로써 가녀린 편이다. 그래도 활동량이 많은 등산, 태권도, 수영, 야구와 축구를 즐긴 때문인지 뼈대가 튼튼하고 행동이 날쌔서 그나마 위안이 된다. 평균을 밑도는 체중을 늘려보려고 안간힘을 쓰는데도 불구하고 편식하는 습성 때문인지 생각대로 되지 않아 걱정이다. 섭생(攝生)의 문제가 원인임에도 뜻대로 바로잡히지 않음은 대응하는 데 문제가 있는 걸까. 도통 그 까닭을 바르게 꿰뚫지 못하고 허둥대 답답할 따름이다.

학교를 마치고 학원을 거쳐 해거름 무렵에 터덜터덜 현관을 들어서는 유진이 발걸음이 힘겨워 보였다. 할머니와 함께 반기면서 오늘 상을 받을 때의 기분과 지금의 느낌을 물어봤다. 쑥스러움 때문이었을까. 한발 물러서며 "그저 그랬다."며 겸양을 보이는 순진한 모습이 되레 의젓하고 신선했다. 그런 유진이에게 응원의 말로 기쁜 마음을 전했다. 할아버지와 할머니는 "유진이가 상을 받게 되어 무엇보다 기쁘고 보람을 느낀다"고. 진솔한 맘이 통했음일까. 유진이가 실실거리며 평소와 달리 오늘 학교에서 일을 미주알고주알 주워섬겼다.

나는 아무런 축하 이벤트도 준비하지 못했었다. 하지만 할머니는 축하해 주려고 나름대로 꼼꼼한 준비를 했던가 보다. 유진이가 딴에는 마냥 흐뭇했는지 축하하는 의미에서 저녁 식사로 짜장면을 먹자며 방방 뛰었다. 그때 할머니가 특별히 고기를 준비했다면서 곧바로 고기 파티를 하자는 뜻밖의 제안을 했다. 고작해야 짜장면을 생각했는데 할머니가 허를 찌르는 융숭한 제안에 쾌재를 부르는 모습이 진정 행복하고 흡족하게 비춰졌다. 유진이 수상에 나는 은근슬쩍 곁다리로 끼어 맛있는 고기 파티를 맘껏 즐길 수 있음에 덩달아 신이 났었다. 이런 경우를 '원님 덕에 나팔 분다'고 하는 걸까.

2019년 6월 17일 월요일

남녘에서 스케이트 체험

유진이의 6학년 여름방학 버킷리스트(bucket list) 중의 하나가 '아이스 링크 스케이트 체험학습'이다. 남녘에 둥지를 튼 때문에 겨울 스포츠인 눈썰매나 스키를 위시해서 스노보드나 스케이트 따위의 운동을 접할 기회가 드물 수밖에 없다. 그렇다고 가족 중에 겨울 스포츠 애호가(mania)가 있어 적극적으로 이끌 계제가 아니기에 더더욱 그렇다. 엎친 데 덮친 격이랄까. 지방의 중소 도시인 마산에는 그 흔한 실내 아이스링크도 없어 그 옛날에는 스케이트 한번 타려 해도 인접한 도시인 창원을 찾아가야 했다. 물론 지금은 마산과 창원 그리고 진해가 대승적인 차원에서 하나의 통합 창원시로 개편되어 큰 틀에서 동일한 시(市)로써 구(區)의 명칭만 다를 뿐이다.

지우금(至于今)까지 유진이가 방학을 맞을 때마다 좀 더 알차게 꾸리려 온갖 궁리를 했었다. 하지만 지나고 돌이켜 보면 모두가 도긴개긴 격이었다는 관점에서 생각을 바꿔 작은 것을 알차게 실천하는 현실적인 쪽을 겨냥하기로 했다. 그래서 이번에 선정된 목표가 스케이트 타기였다. 우선 그동안 학교에서 한두 차례 단체로 체험학습을 했었다. 그 외에 태권도장에서 서너 해 전부터 여름방학마다 며칠씩 개설하는 '아이스링크 스케이트 체험학습'에 빠짐없이 참가시키고 있다. 올여름 방학에도 사흘에 걸쳐 실시하고 있는데 벌써 두 번 참가했다. 그리고 나머지 하루는 다음 주 수요일(8월 21일)에 진행될 계획이다. 언제나 참가할 때마다 무엇을 얼마나 어떻게 했는지 확인해 봐도 아리송할 뿐이다. 늘 다소곳이 참가만 하더니 최근에는 뜬금없이 자기가 소질이 있는지 공식 경기에 선수로 출전해서 객관적인 평가를 받아보고 싶다는 의견을 넌지시 드러내 깜짝 놀랐다.

현재 거주하는 아파트에서 창원의 '의창스포츠센터 아이스링크'까지 버스로는 대강 1시간 가까이 소요된다. 한편 승용차를 이용하면 얼추 30분 소요되기 때문에 제법 멀다. 하지만 여태까지는 태권도장에서 단체로 행하는 스케이트 체험학습이었기 때문에 참가비만 지급하면 되는 관계로 문제가 전혀 없었다, 한편 아이스링크 스케이트 체험학습은 불볕더위가 절정에 이를 무렵인 폭서기에 진행되었기에 피서를 대신할 묘책이기도 했다. 더위로부터 한 발 비켜설 수 있다는 매력에 마음을 뺏겼기 때문일까. 그날은 평소에 비해 상당히 일찍 일어나서 준비해야 함에도 몽니를 부리거나 눈곱만큼의 불만도 없이 고분고분 따라 신통방통했다.

나는 기껏해야 썰매나 탈 수 있는 수준으로 빙판 위를 걷거나 스케이트를 탄다는 것은 언감생심이다. 그런 까닭에 그 방면에 대한 지식이 맹탕인 맹꽁이이며 숙맥이다. 하지만 아내는 다르다. 대학을 졸업하고 교직에 근무할 때까지도 겨울엔 스케이트를 타 왔다는 얘기이다. 그러나 한 번도 아내가 타는 모습을 봤던 적이 없어 어느 정도의 경지인지 가늠할 길이 없다. 뻥튀기 같아 어디까지 믿어야 할지 가늠하기 어렵지만, 아내의 자화자찬이다. 적어도 20년 이상 겨울마다 타왔기 때문에 제비처럼 날렵하고 우아할 뿐 아니라 선수를 뺨칠 정도로 빨리 달린다는 허풍이다. 그러면서 마산에서는 겨울에도 스케이트장이 없다는 푸념을 자주 해왔었다. 너무 늦었지만, 이제라도 유진이와 아내가 아이스링크를 찾아가도 아무런 문제가 없으련만 그럴 기색이 아예 없는 것 같다.

유진이는 7년 동안 일주일에 3번씩(월·수·금) 받아오고 있는 태권도 수련을 위시해서 지난겨울부터 매주 토요일마다 받아오고 있는 수영 강습 따위를 통해 현재 진행형의 체력 단련을 꾸준히 해오고 있다. 따라서 행동이나 운동신경이 마냥 무뎌지는 않으리라. 그럼에도 남녘에 뿌리를 내린 까닭에 겨울 스포츠에 대한 기본적인 소양을 갖추거나 체계적인 담금질이나 연마를 하는 데는 분명히 한계가 있지 싶다.

다음 학기를 마치는 내년 경자년(庚子年) 2월이면 초등학교를 졸업하고 그다음 달 초순이면 중학교에 진학할 것이다. 그리되면 여러 가지 정황상 특별히 시간 내기가 어려우리라. 그런 맥락에서 초등학교에 마지막 방학인 다가올 겨울방학에 단 며칠만이라도 스키장에 데리고 가서 스키나 스노보드 또는 눈썰매 따위를 타는 체험을 쌓도록 만들 방법은 없을까. 우리 내외는 고령으로 불가능해도 제 아비는 마음먹기에 따라 전혀 불가능한 일이 아닐 터인데 말이다. 그 같이 다부진 꿈은 분에 넘치는 탐욕일지 모른다. 이런 까닭에서 욕심을 내려놓기로 했다. 그래도 스케이트를 타고 얼음판을 쌩쌩 질주하는 날렵한 유진이의 모습만큼은 꼭 볼 수 있도록 멍석은 계속 깔아 둘 요량이다.

2019년 8월 16일 금요일

조손의 봉암수원지 나들이

손주 유진이와 봉암수원지(鳳岩水源池)를 다녀왔다. 무더위가 기승을 부리리라는 예보에 잔뜩 주눅이 들어 새벽 일찍 깨워 서둘러 등산 채비를 하고 수원지 입구에 도착했는데 약간 일렀다(8시 반경). 방학을 맞아 늦잠을 자기 일쑤라서 일찍 기상시켜 수원지의 둘레길을 걷게 하려는 취지였다. 이 길은 크게 두 부분으로 나뉠 수 있다. 먼저 입구에서 수원지 제방 밑까지 이르는 1.4km이다. 다음으로 수원지를 중심으로 한 바퀴 도는 둘레길 1.5km이다. 하지만 전체적으로 보면 밋밋하게 오르내리는 평탄 길이기 때문에 초보자도 부담 없이 거닐 수 있다. 게다가 꽃등부터 울울창창한 숲속을 걷기 때문에 한낮에도 별 부담이 없다. 또한 일반 산업용수를 공급하는 수원지와 차이는 상수도용으로 용도가 폐기된 까닭에 항상 만수위 가깝게 저수되어 있다는 점이리라.

봉암수원지(창원시 마산회원구 봉암동 산12-1)는 팔용산 남쪽으로 흐르는 계곡의 중앙 부분에 제방(댐)을 축조하여 생겨났다. 그 숨겨진 역사는 대충 이렇다. 일제 강점기 일본인을 비롯해 일제 부역자들에게 수돗물을 공급할 목적으로 준공되었다(1930년). 그 이후 마산의 인구가 늘어남에 따라 제방을 증축하여 저수용량을 60만m^3로 늘렸다. 하지만 급속한 인구팽창으로 용수가 부족해지면서 안정적인 수자원 확보를 위해 광역 상수도 확장사업을 추진하게 되었다(1984년). 그 같은 변화에 따라 봉암수원지는 폐기되었다. 그러나 그 역사적 가치가 인정되어 등록문화재 제199호로 지정했다(2005년). 한편 제방 높이 23m, 제방 상단의 길이는 대충 73m이다.

수원지 입구 오른쪽에 '봉암수원지 1.4km'라는 안내판이 있다. 이를 확인한 뒤에 반대편인 왼쪽의 편의점에서 물고기 먹이 3통을 구입했다. 그리고 폭 3~4m의 완만한 오르막 포장도로를 터덜터덜 걷는데 길의 왼쪽에 조그마한 산불감시초소 곁에 세워진 '詩가 있는 수원지'라는 표지판이 퍽이나 친근하게 다가왔다. 갑자기 나타나는 울창한 나무숲과 가파른 절벽에 익숙해질 무렵 계곡의 양쪽 가파른 바위 절벽이 전설 같은 해병대 암벽지 교육대 자리였다는 안내판이 눈에 띄었다. 아름드리나무가 빼곡한 숲길에 취해 걷노라면 길 왼편으로 정지용의 '산에서 온 새', 이상화의 '비 갠 아침', 한용운의 '두견새'와 '나의 꿈'이라는 세라믹(ceramics) 재질의 시비(詩碑)가 반겨 더더욱 정겹게 다가왔다. 또한 길가에 가꿔진 맥문동, 팔손이, 상사화, 원추리 따위가 엄청 싱그러웠다. 나무숲 그늘인데도 조금은 지루해질 무렵 1.4km의 마지막으로 수원지 제방 아래에 자리한 휴게소인 서림정(署林亭)과 그 옆에 길게 펼쳐진 세족장(洗足場)에 이른다.

세족장의 폭은 1.5m 정도이고 길이는 10m쯤 되어 여럿이 동시에 옹기종기 둘러앉아 족욕을 즐길 수 있다. 서림정에 앉아 쉬면서 유진이에게 설명해줬다. 세족장의 물은 바로 위의 수원지에 저수된 것이 지하 암반 틈으로 새나와 흐르는 석간수로써 얼음물처럼 차가워 발을 담그면 아릴 정도라고 말이다. 서둘러 수원지를 한 바퀴 돌고 나서 세족하기로 작정하고 수원지 둘레길 1.5km 초입으로 향했다.

수원지 제방 들머리에 도착해 오른쪽에서 왼쪽으로 감아 돌며 둘레길을 걷기로 작정했다. 수원지 가장자리 산비탈로 뚫린 길을 조금 걷다 보니 애잇머리로 편백나무 숲이 반겨 맞았다. 편백 피톤치드 삼림욕의 효능 때문인지 사람이 숱하게 많아 놀랐다. 한참을 걷다가 설해교(雪海橋)를 지나 물가에 지은 2층의 봉수정(鳳水亭)에 도착했다. 여기서 한참 동안을 앉아 쉬면서 비단잉어와 피라미를 닮은 물고기와 어울리다가 느릿느릿 발길을 옮겼다. 얼마나 걸었을까. 물속에 왕 버드나무 몇 그루가 반쯤 누워있는 모양새였다. 이 나뭇가지의 여기저기에 어른 손바닥 크기의 거북들이 미동도 없이 붙어 있어 신기했다. 멈춰 물끄러미 지켜보다가 몇 걸음을 옮겨 명월교(明月橋)를 건너 웰빙광장에 이르렀다. 광장의 뒤쪽에 2층으로 건축된 동양정(冬陽亭)을 향했다. 1층은 미니 자유도서관, 2층은 망루이다. 텅 빈 망루에 앉아 둘이서 많은 얘기를 나누며 휴식을 취했다. 한편 이 주위에는 다양한 운동 시설과 여러 개의 평상이 놓여 있어 훌륭한 휴식공간으로 손색이 없었다. 휴식을 마치고 조금 걷다가 운호교(雲湖橋)에 이르렀다. 이 부근도 비단잉어와 피라미를 빼닮은 물고기의 집단 출현지이다.

운호교 부근의 호수 한가운데 정사각형의 작은 집이 눈길을 끌었다. 이는 호수에 방사(放飼)하는 오리집이라는 설명을 곁들이며 천천히 발길을 옮기는 중이었다. 그때 호수 가장자리 호젓한 숲속에서 낮잠을 즐기던 오리 한 쌍을 발견한 유진이가 신기해 미동도 하지 않으려 했다. 이렇게 너른 수원지에 오리를 방사한다는 사실은 상위 포식자인 삵이나 족제비 같은 동물이 주위에 없어 안전지역이라는 얘기가 성립되지 않을까? 유진이가 오리에 대한 호기심이 시들해질 때까지 진득하게 기다렸다가 길을 나서 수만교(水滿橋)를 지나 수원지 전망대에 이르렀다. 여기 또한 비단잉어와 피라미 같은 시커먼 물고기떼 뿐 아니라 엄청 큰 잉어가 펄떡여 두려울 지경이었다.

사람의 손을 타지 않고 잘 가꿔진 빽빽하게 웃자란 키다리 자연림과 띄엄띄엄 자리한 10여 개의 돌탑을 비롯해 김상용의 '남으로 창을 내겠소', 이육사의 '절정', 노천명의 '사슴', 김소월의 '자주(紫朱) 구름', 윤동주의 '서시', 정지용의 '산 넘어 저쪽', 김소월의 '진달래꽃' 따위의 시비에 취해 나도 모르게 흥얼거리며 걷다 보니 어느결에 수원지 제방 위를 지나 족욕장으로 돌아왔다.

둘레길에서 유진이에게 가장 인상 깊었을 두 가지이다. 먼저 봉수정과 운호교를 비롯해 전망대 등은 이 수원지에서 물고기 먹이를 주는 3대 명소이다. 여기서 각각 물고기 먹이 한 통씩을 노랗고 빨간 형형색색의 모습을 띈 팔뚝만 한 비단잉어와 피라미 비슷한 물고기들에게 주는 일이었다. 한 움큼씩 먹이를 던져줄 때마다 징그러울 정도로 몰려와 일제히 수면으로 튀어 오르는 물고기의 특이한 모습과 입을 쩍쩍 벌리는 기묘한 행동에 넋이 나갈 정도로 빠져들어 실실거렸다. 한편 한꺼번에 여러 마리의 거북이 물속에서 기어 나와 왕 버드나무에 붙어 동녘에 떠오르는 햇볕을 쬐는 평화로운 모습은 무척 인상적이었다. 그렇지만 벌건 대낮에 완전히 개방된 장소에서 천연덕스럽게 짝짓기하는 방자한 모습이 몹시 민망하게 투영되기도 했다.

낮 최고 기온이 기껏해야 30℃라고 했는데 무슨 조화일까. 겨우 구불구불한 수원지 둘레길 한 바퀴 휘도는 평탄한 길로써 짙푸른 숲길을 마냥 굼뜬 걸음으로 걸었을 따름인데 온통 땀범벅이 되었다. 그래도 폭서기이기에 썩어도 준치 값을 하는 격이었을까. 서둘러 세족장으로 갔다. 주위 사람에 대해 전혀 신경 쓰지 않고 후다닥 신발과 양말을 벗고 발을 푹 담갔다. 손주가 옆에 있어 호들갑을 떨 형편이 아니라서 입을 꾹 다물고 견뎠다. 하지만 너무 차가워 오금이 저리고 '억!' 소리가 절로 나 속으로는 쩔쩔맸다. 아니나 다를까. 체면이나 눈치를 볼 필요 없는 유진이는 차가워 죽겠다고 큰 소리를 지르며 방방 뛰었다. 그렇게 한동안 야단법석을 떨더니 온몸에 땀이 잦아들면서 시원해졌다며 믿기지 않는 현상이라고 주절댔다. 물리도록 그렇게 즐기며 노닥이다가 집으로 돌아왔다. 그때 유진이가 던진 마지막 한마디였다.

"할아버지! 우리, 여기에 물고기 먹이 주고 세족도 하러 자주 오자. 꼭~~"

2019년 8월 19일 월요일

초등의 마지막 방학

유진이가 초등학교 마지막 방학을 맞아 마냥 신나는 하루하루를 탐닉하고 있다(2019. 12. 25~2020. 01. 25). 생후 달포 남짓해 조부모인 우리 부부 품을 파고들었던 파랑새였다. 그런데 어느결에 떠꺼머리총각 냄새가 물씬 풍기는 어엿한 열네 살의 청소년으로 성장했다. 방학이라지만 졸업이 코앞으로 다가와 방학 숙제도 형식적으로 시늉만 내면서도 한껏 생색을 내고 있다. 게다가 중학교가 무작위 추첨으로 배정되는 때문인지 교과내용의 복습이나 보충학습을 비롯해 교양도서를 읽는 꼴을 구경하기 힘들다. 이에 비해 친구들과 어울려서 뻴때추니처럼 빨빨거리며 밖으로 나도는 일에는 도가 텄다.

놀이에 온통 정신이 팔려 정작 필요한 일을 제대로 챙기지 못할까 걱정이 앞섰다. 공연한 기우였을까? 신통방통하게도 중학교 배정 추첨일과 그 결과를 확인하는 방법을 한 치의 오차도 없이 꿰고 있었다. 어제(1월 3일) 밖에 외출했다가 헐레벌떡 돌아온 유진이가 휴대폰으로 인터넷에 접속해 추첨 결과를 검색해보고 '마산서중학교'에 배정됐다고 했다. 자세히 살폈는데 틀림없었다. 아울러 예비소집일(1월 10일)의 정해진 시각(오전 10 : 30)에 해당 중학교 체육관으로 집결해야 한다는 주의사항까지 똑 부러지게 챙겨서 조금은 놀랐다.

공식적인 확인 절차는 따로 정해져 있었다. 다음 주일 월요일(1월 6일) 유진이가 재학 중인 초등학교에서 담임선생님이 하나하나의 배정 결과와 예비소집에 관련된 사항을 알려 줄 계획이라고 했다. 그럼에도 불구하고 디지털 세대 아이들답게 개개인이 휴대폰으로 인터넷에 접속해 미리 확인한 것이다. 유진이에게 은근슬쩍 한 마디 던져봤다. "배정 결과와 예비 소집일을 알았으니 다음 월요일에 학교에 갈 필요가 없겠다"고 말이다. 그랬더니 엉뚱한 대답이 돌아왔다. 그날 "자기 반 친구들이 함께 점심을 먹기로 약속했기 때문에" 학교에 가야 한다는 얘기였다. 그러면서 이날 점심은 초등학교 6학년 같은 반 친구들이 함께하는 마지막 오찬으로 밥값은 각자 부담한다는 명쾌한 명분과 원칙도 들려줬다. 참으로 많이 변한 세상이다. 내 초등학교 시절에는 꿈도 꿀 수 없었던 일들이 자연스러운 지금이 부럽기도 하고 무척 낯설기도 하다.

내 지난날 경험은 유진이의 오늘에 견줌은 무의미하리라. 그 당시는 중학교 입학시험이 있어 국민학교(현 초등학교) 5, 6학년이 되면 보다 좋은 학교에 진학하기 위해 머리를 싸매고 입시에 매달렸었다. 그런데 지금은 중학교와 고등학교가 추첨제라는 교육정책 때문일까! 유진이가 초등학교 고학년이 되어서도 학교에서 제대로 된 시험을 실시하는 낌새를 엿본 적이 없다. 기껏해야 진단평가 아니면 성취도평가 정도가 전부였지 싶다. 공교육은 그런 방향으로 흘러가도 서울 강남에서는 초등학교 고학년 때 중학교 과정을 선행학습한다는 풍문을 들었다. 그런데 비해 유진이는 당해 학년에 배우던 교과 내용도 예습과 복습을 아예 외면 해왔다. 이런 맥락에서 앞으로 유진이가 열심히 공부했던 친구들과 치열한 경쟁에서 어깨를 나란히 할 수 있을지 의문이다.

지금의 중학교는 모두가 엇비슷해서 특정 학교를 따지는 것은 무의미하다. 그런데 유진이가 배정받은 마산서중학교는 신마산 쪽에 있는 두 개의 중학교 중에 먼저 개교한 곳이다. 이 학교로 배정받는 경우는 4개(가포, 신월, 해운, 월포) 초등학교 졸업생이리라. 한편 현재 우리가 거주하는 아파트에 인접한 학교로 도보로 대충 3~5분 정도 소요된다. 따라서 등하굣길에 사고 위험이 전혀 없을뿐더러 차를 타며 겪는 교통지옥에서 자유로워 다행이다. 스스로 선택하거나 시험을 통해 결정된 학교는 아닐지라도 알차고 보람된 배움의 터전이 되길 기원한다.

천고성(天孤星) 때문이었을까 아니면 역마살(驛馬煞)이 끼었던 때문일까! 나는 초등학교를 졸업하고 중학교에 진학하면서 부모님 품을 떠났었다. 그렇게 어린 시절 배움을 이유로 동가식서가숙(東家食西家宿)했던 타향살이가 고희의 중반을 넘어선 여태까지 지속되고 있다. 그 시절 철모르는 천방지축의 머슴아이가 겪어야 했던 외로움과 향수병은 결코 가볍지 않았다. 그랬던 나에 비하면 유진이의 학업 환경은 지나칠 정도로 완벽하고 풍요로운 게 아닐까. 이런 연유에서 열악한 환경하에 일궜던 내 학업 성과보다 몇 배 크고 알차게 거뒀으면 하는 욕심이다.

유진이의 인간관계는 아주 원만하고 폭이 넓고 성격은 활달하다. 그런 때문일까? 꽁꽁 묶어 두려 해도 부지불식간에 금지선인 울타리를 수시로 넘나들며 간을 보기 일쑤였다. 자기 학교 친구들과 어울려 축구와 야구를 비롯해 배구를 하는 경우가 숱했다. 그리고 비공식적이지만 자기 학교 대표로 이웃 해운초등학교 대표들과 자주 축구 시합을 했다. 또한 친구들과 어울려 시내로 진출해 키즈 카페(kids cafe)를 찾아 즐기기도 하는 눈치였다. 한편 입때까지 할머니 단골 미용실에서 머리를 깎아 왔다. 그런데 최근에는 성에 차지 않는지 불평을 자주 해댔다. 그러더니 급기야 오늘은 제 친구 단골 미용실에 가서 머리를 깎고 오겠다며 반기를 들고 밖으로 나갔다. 이같이 야금야금 주장을 펼치며 설 자리를 마련하다가 때가 되면 이무기가 용으로 변신해 승천하듯이 어른들의 품을 박차고 푸르디푸른 창공으로 훨훨 비상하리라.

어느결에 훌쩍 커버렸다. 이제 제 할머니를 내려다보며 나를 따라잡을 정도로 성장하고 있다. 중학교에 갓 입학하는 올해 안에 나를 거뜬하게 넘어서지 싶다. 무럭무럭 성장하는 심신에 걸맞게 생각이 넓고 깊고 높아져 앞가림을 제대로 하는 반듯한 청소년으로 거듭 태어난다면 더할 수 없이 좋으련만. 구김살 없고 맑고 바른 심성을 바탕으로 올곧게 자신을 갈고 닦는데 진력하는 유진이를 기대하련다.

2020년 1월 4일 토요일

중학교 진학 준비

요즘 유진이는 초등학교 마지막 방학의 즐거움을 한껏 즐기고 있다. 이전과 대비될 정도로 방학 숙제까지도 형식적인 까닭에 처삼촌 벌초하듯이 설렁설렁 넘기는 눈치이다. 남는 게 시간으로 적당한 읽을거리를 찾아 조신하게 독서에 빠져 봐도 좋으련만 도통 거들떠보지도 않으려 든다. 마냥 놀이에 빠져 분수를 지키지 못하는 게 아닐까 걱정이 앞선다. 그런데 신기하게도 꼭 해야 할 일이나 중학교 배정 발표일 따위는 정확히 챙기거나 빈틈없이 꿰고 있었다.

천방지축으로 날뛰는 선머슴애일지라도 중학교 배정 결과에 대한 공식적인 발표 며칠 전 인터넷에 접속하여 자기가 '마산서중학교'에 배정되었음을 확인하고 어른들께 귀띔했다. 그리고 공식적으로 중학교 배정 발표일(1월 6일)엔 자기 학교에 가서 담임 선생님으로부터 '중학교 배정통지서'를 수령하고 예비 소집일과 무엇을 어떻게 준비해야 하는지 꼼꼼하게 적바림해왔다.

공식적인 중학교 배정통지서를 수령하고 집에 돌아온 유진이가 해당 중학교 홈페이지에 접속하여 '예비소집', '반편성고사', '교복구매', '교과서 배부', '수익자부담경비 납부방법 신청', '체육복 구매' 등에 대한 안내서 출력하여 보여줬다.

예비소집일(1월 10일)에는 오전(10시 30분) 체육관으로 집결하도록 안내하고 있었다. 그때 지참할 서류로 교육청에서 발급한 중학교 '배정통지서', '수익자부담경비 납부방법(스쿨뱅킹 인출계좌) 신청서', '학교주관 교복구매 신청서' 따위였다. 예비소집 때 웬만하면 함께 따라갔으면 좋았을 게다. 그런데 공교롭게도 제 할머니가 병원에 입원해 있었던 때문에 그러지 못했다. 전날 밤에 유진이가 얘기했다. 친구들과 함께 갔다 올 터이니 할머니 간호나 잘하라며 되레 나를 안심시켰다.

초등학교 시절에 유진이 스쿨뱅킹인출계좌를 내 이름으로 개설된 통장으로 등록했었다. 따라서 초등학교 6년 동안 급식비를 비롯해 수익자부담경비는 모두 내 통장에서 인출되었다. 그런데 중학교부터는 제 아비 이름으로 개설된 통장을 등록하는 게 이치에 맞을 것 같아 바꾸도록 했다. 그렇게 함으로써 제 자식 교육에 대한 책임감을 느낄 것이라고 생각되었기 때문이다. 한편 교복이나 체육복은 누군가 기증자(donor)를 만나 수증자(donee)가 된다면 물려받아 입어도 된다. 그러나 현실적으로 기증자를 찾을 수 없어 학교에서 주관해 지정한 업체에서 구매하기로 했다. 두 가지 모두 개별적으로 맞춰야 하는 관계로 토요일(1월 11일) 제 아비와 함께 지정 전문 업체를 찾아가서 교복(스쿨룩스 마산점)

과 체육복(국일체육복)의 치수를 재고 맞췄다. 그런데 교복(동·하복 합해 301,000원)과 체육복(동·하복 합해 75,000원)의 가격은 비교적 저렴했다.

한편, 중학교에서 반편성고사(2월 4일)를 실시한단다. 당일 오후(1시 30분)에 해운초등학교 운동장에 집결해[61] 교실로 안내되어 국어와 수학 그리고 영어에 대한 필기시험을 치른다는 얘기이다. 각 과목마다 20문항을 30분에 걸쳐 실시하며 과목당 100점 만점이란다. 다양한 진로와 개별적 차이를 최대한 존중한다는 교육당국의 얘기와 달리 예비 중학생들의 반 편성 기준이 옛날의 관점과 달라진 게 무얼까 고개가 갸우뚱해진다. 내가 초등학교를 마치고 중학에 진학할 때와 크게 달라진 점이라면 "영어"가 반편성고사에 포함되었다는 사실이 전부이지 싶다.

해당 중학교에서 발암 물질인 석면 제거 공사 때문에 입학식은 조금 늦는가 보다(3월 5일). 개교한 지 40년 정도(1981년 12월 31일)밖에 되지 않았다. 그런데도 교실 내부공사에 석면이 사용되었던가 보다. 하기야 약간 정도의 차이가 있을지 모르지만 조금 오래된 모든 학교에서 엇비슷하지 않을까. 그 때문에 학교 출입이 자유롭지 못한지 신입생들이 사용할 교재도 입학 당일에 배부한다는 안내이다. 교재 목록 요약이다. 국어 1-1, 국어 1-2, 사회1, 사회과부도, 도덕 1, 수학 1, 과학 1, 영어 1, 기술·가정 1, 체육, 음악, 한문, 미술, 진로와 직업 등이다. 물론 교과의 구성과 체

---

61) 2월 4일 현재 마산서중학교에는 발암 물질인 석면 제거 공사가 진행하고 있는 때문에 부득이 '반(班)편성고사'를 이웃에 자리한 해운초등학교 교실을 빌려 치루는 것으로 알려졌다.

계를 비롯해 내용 따위가 옛날에 비해 격세지감을 느낄 만큼 많이 변했을 것이다. 하지만 커다란 카테고리(kategorie)라는 맥락에서 보면 '기술·가정'이 통합 교과로 바뀐 사실과 '진로와 직업'이라는 과목이 낯설 뿐이다.

예로부터 '신선놀음에 도낏자루 썩는지 모른다'는 말이 전해진다. 초등학교의 마지막 방학과 중학교 입학이 맞물린 묘한 시점인 때문인지 고삐 풀린 망아지처럼 여기저기 들쑤시고 다니며 놀기 삼매경에 빠졌다. 이따금 손에 닿는 책이라도 가까이하면서 청소년기의 꿈을 오롯이 담을 중학교에 대한 멋진 그림을 한번쯤 그려봄직 하련만 도통 관심이 없다. 붙임성이 있고 교우관계가 원만한 때문일까. 지난번 중학교 예비 소집일에 만났던 다른 학교 출신의 친구들과 그동안 휴대전화나 카톡 등으로 교류를 했었던가. 이달 초하루(2월 1일)에 그 친구 몇몇이 만나서 점심을 먹기도 했다. 비록 내세울 것이 없이 밋밋한 삶을 꾸렸을망정 일생동안 책상물림으로 살아왔던 내 생각으로는 며칠 뒤의 '반편성고사'나 다음 달부터 중학교에서 배울 내용에 조금이라도 관심을 가졌으면 하는 욕심이다. 남들처럼 선행학습은 언감생심이라고 치더라도 최소한 자기를 돌아보는 알뜰함을 기대함은 중국의 황하가 맑아지기를 기대하기 어려운 것처럼 백년하청(百年河淸)으로 공연한 짝사랑일까.

2020년 2월 10일 월요일

부부의 잠자리 사이를 파고드는 과똑똑이

자기 방 타령을 해온 지 네다섯 해쯤 되나 보다. 아마도 초등학교 3학년 무렵부터 자기 방에서 혼자 자겠다며 침대를 읊어댔다. 식구래야 우리 내외와 유진이가 전부로 달랑 세 식구인 관계로 네 개의 침실 중에서 하나를 손주에게 통째로 넘겨줘도 아무런 문제가 없었다. 하지만 제 부모와 떨어져 조부모 둥지에서의 삶이 외롭고 쓸쓸할 것 같아 잠자리는 늘 함께했다. 내외가 늙어가며 척추 문제로 침대를 없애고 방바닥에 커다란 요를 널찍하게 펴고 양옆엔 나와 아내, 가운데는 유진이가 눕는 잠자리를 원칙으로 지켜왔다. 그럼에도 여러 해 동안 줄기차게 침대와 자기 방을 주장해서 중학교 입학 무렵이 되면 절절한 소원을 들어주겠노라고 내약(內約)을 했었다.

지난해 섣달 중순 현재의 아파트를 매입해 이사를 하면서 유진이에게 했던 말빚을 깔끔하게 정리했다. 마침 올봄 중학교에 진학하기 때문에 그동안 이런저런 핑계를 대면서 미뤘던 약속의 채

무를 완벽하게 청산할 수 있었다. 그런데 자기 방에는 침대만 넣어둠으로써 오직 잠을 자는 방으로 쓰임새를 결정했다. 그리고 공부는 나와 함께 서재에서 하기로 합의하고 유진이의 책상이나 책장은 침실과 격리시켰다. 만일 책상과 침대를 같은 방에 배치하면 아무 때나 틈이 생기면 침대로 기어드는 경우가 허다하다고 들어왔기 때문에 이를 원천적으로 봉쇄하기 위한 포석이었다.

처음엔 신이 나서 '룰~루 랄~라' 흥얼대며 사랑땜을 했다. 그렇게 새 침대와 침구에 대책 없이 매료되어 헤어나지 못하고 빠져드는가 싶더니 시들해졌는지 시큰둥한 채 거리를 두기 시작했다. 나름대로 사춘기를 맞았다고 으르렁거리지만 아직은 구상유취(口尙乳臭)를 숨길 수 없는 과똑똑이일까. 처음 며칠 밤은 제 방에서 다소곳이 잠을 자며 정을 붙이는가 싶었다. 하지만 웬걸. 갓난아기 때부터 우리 내외 사이에 누워 잠드는 것이 버릇처럼 굳어졌기 때문에 텅 빈 방에서 홀로 잔다는 게 그다지 내키지 않고 편편치 않았으리라. 이 때문에 영화나 드라마를 통해 봤던 귀신이나 무서운 장면이 자연스럽게 떠올랐지 싶다. 그 상황에서 심리적 부담으로부터 벗어날 묘책을 심각하게 고민했던 모양이다. 어느 날 밤 제 할머니에게 귀신이 나타나지 못 하도록 제 방의 벽에 십자고상을 걸어달라는 생뚱맞은 주문을 했다. 비록 유아세례를 통해 미카엘이라는 세례명까지 받고 나서 발을 끊고 냉담 중인 얼치기 신자일지라도 연을 무시할 수 없던 이끌림 때문이었을까.

여러모로 속속들이 뜯어봐도 유진이 방은 쾌적하고 밝고 따뜻하며 새로 장만한 새 침대가 썩 잘 어울린다. 그럼에도 어린 아기 때부터 열네 해째 온몸으로 체득한 잠자리 분위기를 떨쳐내고 새로운 환경에 적응이 쉽지 않아 보인다. 자기 방에서 잠자리에 들었다가 밤 12~1시쯤 되면 이불과 베개를 들고 도둑고양이처럼 우리 내외의 침실로 살금살금 파고들기를 되풀이하는 무뢰한이자 과똑똑이다. 그런 무례함에 대해 아랑곳하지 않고 시침을 뚝 뗀 채 당당히 자리 잡으며 이죽거리기 일쑤다. 자기 방에서 자려다가 귀신이나 무서운 꿈을 꿨다면서 소곤대다가 아무 일 없었다는 듯이 표표히 꿈나라 여행을 떠나 버린다. 쓸데없는 유진이 얘기에 맞장구를 치다보면 어느 결에 잠이 싹 달아나는 까닭에 궁싯거려야 하는 낭패에 휩싸인 적도 숱하다. 지난밤에도 새벽 1시 넘어 몰래 파고들어 뭔가를 조잘거려 못 들은 척하고 한쪽으로 돌아누웠다가 깜빡 잠들었지 싶다. 퍼뜩 정신이 들어 손주를 찾았더니 내가 외면했던 게 비위가 거슬리고 괘씸했었는지 자기 방으로 돌아가고 없었다.

휑뎅그렁하게 큰 방에서 내외가 나란히 누우면 둘 사이 빈 공간이 운동장같이 넓다. 그런 때문에 유진이가 언제 어떤 형태로 파고들어도 아무런 불편함이 없다. 그런데 잠버릇이 문제였다. 밤새도록 이리저리 구르면서 팔다리를 마구 휘저어 자칫 잘못하면 떠꺼머리 같은 총각의 억센 발길에 차이거나 함부로 뻗어대는 팔에 얻어맞을 위험이 도사리고 있다. 그래서 손주가 가운데 누워 잠을 잘 때면 우리 내외는 항상 한쪽 끝으로 옮겨가서 잔뜩 웅크린 채 부지불식간에 발생할 봉변에 대비하기도 한다. 그래도 좋다. 손주가 밤손님처럼 몰래 숨어들어 아무 일도 없다는 듯이 태평하게 잠든 순수한 모습을 보노라면 더할 수 없이 행복하고 흐뭇하다. 태어난 직후부터 우리 내외의 품을 세상에서 가장 안락한 곳으로 알고 둥지를 틀었던 파랑새가 중학교에 입학을 앞두었으니 어찌 미쁘지 않을 손가. 하기야 중국의 우한(武漢)에서 발생한 코로나-19(COVID-19)가 팬데믹(pandemic) 현상을 보이며 우리 사회를 혼란에 빠뜨리지 않았다면 지금쯤 어엿한 중학생일 터인데 아직 입학 대기 중이다.

언제까지 우리 내외의 품을 끈질기게 파고들까. 아마도 열네 살이라는 나이와 하루가 다르게 우람해지는 덩치를 감안할 때 길게 지속될 개연성은 높아 보이지 않는다. 이런 연유에서 툭하면 바람결처럼 파고드는 도령에게 기분 좋게 립서비스(lip service)를 날려준다. "유진이가 밤중에 찾아와 행복하다고 말하면서 일어나 앉아 이불을 잘 펼쳐서 덮어주며 잘 자라고 토닥여준다." 그러면 기분이 좋은지 오밤중임에도 하고픈 얘기를 주저리주저리 읊어대는 푼수이기도 하다. 한편 진정 어떤 목적으로 그런 응석받이같이 귀여운 행동을 반복할까. 그렇다고 마구잡이로 파고드는 불한당이나 왈패의 삐뚤어진 행동과는 사뭇 다르다. 때로는 혼자서 외로이 누웠을 때 잠은 안 오고 뭇생각에 빠졌다가 무서운 장면이나 귀신이 떠올라 두려움이 엄습하기 때문일 수도 있으리라. 그에 비해 발칙하고 의뭉한 속내를 넌지시 드러내는 경우가 허다하다. 무언가를 꼭 하고 싶거나 가지고 싶을 때 정식으로 얘기해 허락받기 민망하거나 껄끄러울 때 파고드는 경향도 간과할 수 없다. 이럴 경우 부부 사이에 은밀히 이루어지던 베갯머리송사같이 잠자리라는 느슨하게 녹록해진 틈새를 잽싸게 이용해 얼렁뚱땅 해결의 실마리를 거머쥐려는 멀쩡한 소견이 넌지시 엿보이기도 한다. 그럴 경우 대부분 백기를 드는 쪽은 나로서 어이가 없어 그저 헤헤거리며 할 말을 잃고 꿀 먹은 벙어리 노릇을 하는 게 고작이다.

2020년 3월 10일 화요일

초유의 온라인 개학

누구도 가보지 않은 길이라서 낯설고 걱정이 앞선다. 유진이가 중학교 입학식도 없이 온라인 개학이란다. 괴질(怪疾)인 코로나-19가 몰고 온 새로운 문화로서 미답의 길에 조심스런 첫발이다. 어제(4월 16일) 온라인 개학을 했다. 하지만 의례적으로 따르는 교장 선생님의 훈화도 없었고, 심지어 담임선생님의 전공도 모른 채 비대면(非對面)의 인터넷 강의에 접속했던 까닭에 얼떨떨한 것 같다. 개학하는 첫날부터 여러 시간 동안 컴퓨터 앞에 얌전하게 쭈그리고 앉아 생소한 교과목 강의를 빠짐없이 시청하며 강행군하던 모습이 왠지 어설펐다. 전통적인 수업은 교복을 단정하게 차려입고 바른 자세로 의자에 앉아 임하는 게 상례였다. 그런데 헐렁한 잠옷 차림새에 부스스한 머리 모양이 영 아니었다. 게다가 아직 반에서 몇 번인지도 모르는 까닭에 중학생이라는 실감을 제대로 느낄 수 없지 싶다.

지난 2월 초순에 초등학교를 졸업하고 다음 달 초순에 중학교 입학식을 가질 예정이었다. 그런데 마가 끼었던지 고약한 역병의 분탕질로 입학과 개학이 몇 차례 연기되다가 벼랑 끝으로 몰려 당국에서 빼든 카드가 온라인 개학이다. 이는 어느 누구도 경험한 바가 없어 많은 문제점을 내포하고 있을법해도 다른 대안이 없다. 입학식이 없었기에 정식 중학생인가 의구심이 들기도 하고, 자기 교실의 위치를 모르는 상태이기 때문에 모든 게 시큰둥해 보였다. 기껏해야 자기가 진학할 학교가 '마산○중학교'로서 '1학년 2반'에 배정되었으며 담임선생님은 여자 선생님으로 '김○선'이라는 사실이 전부가 아닐까.

지난 겨울방학부터 따지면 얼추 넉 달째 초등학생과 중학생의 경계인(境界人)으로 살아온 꼴이다. 그런데 돌림병을 따돌리기 위해 시작된 사회적 거리두기(social distancing) 때문에 각종 학원을 비롯해 태권도 수련까지 쉬면서 무작정 집안을 맴돌고 있다. 이렇게 시간이 흘러 넘쳐날 때 다소곳이 책상 앞에 앉아 다양한 독서를 하거나 배워야 할 교과목을 스스로 예습하는 전향적으로 대응한다면 얼마나 좋을까. 그런 바람과는 거리가 먼 축이기에 하루에도 몇 차례씩 목소리를 높이며 얼굴을 붉혀도 쇠귀에 경 읽기로 입만 아팠다. 이렇게 끝 모를 밀고 당기기를 반복하는 와중에 온라인일지라도 개학을 한다니 한시름 놓을 것 같은 기대에서 쾌재를 불렀다. 어찌 되었든 이러한 시도는 물리적 접근을 막는 멀리서 교류하기(distant socializing) 일환의 하나이리라.

인터넷에서 "EBS중학"에 접속하여 "학생용"을 클릭하여 지역(경남), 시군(창원시), 학교(중학교)를 차례대로 선택한 뒤에 '마산○중학교 1학년 2반'의 시간표에 따라 원하는 교과목을 학습하는 시스템이었다. 약간의 차이는 보이지만 기본적으로 EBS에서 녹화한 표준 강의와 학교의 해당 교과목 담당 선생님이 녹화한 내용을 함께 학습하도록 설계되어 있었다. 따라서 선생님이 다수의 학생에게 정보를 전달하는 단방향 교육 시스템으로 즉시(real time) 질의응답은 불가능했다. 물론 자유로운 실시간 질의응답이 가능한 양방향 교육 시스템은 아직 대학에서도 완전하게 시행할 수 없는 현실을 감안 할 때 이런 불만은 시기상조가 아닐까. 한편 대부분의 선생님들은 온라인 수업을 위한 교수 설계나 녹화 기술이 부족한 데서 나타나는 한계도 분명히 존재한다. 이를 어떻게 효율적으로 극복해 나가는지 잠자코 지켜보는 게 진정한 격려이며 응원이지 싶다. 게다가 현실적으로 디지털 격차(digital divide) 문제를 위시해서 온라인 교육의 기반시설 여건이나 인적 훈련이 미흡한 현실적인 상황도 충분히 참작되어야 한다.

하기야 창살 없는 감옥에 갇힌 꼴의 손주도 내심은 편편치 않았지 싶다. 모든 대외 활동이 단절되며 생활 리듬이 깨진 상태에서 좁은 집안을 맴도는 게 답답해 짜증이 나기 때문에 밖으로 나갈 핑계거리 찾기에 골몰했으리라. 그런 상황에서 카톡(kakao talk)방을 통해 같은 중학에 입학할 예정인 몇몇 친구들과 교류하면서 틈새만 엿보이면 밖으로 뛰쳐나가려 으르렁 왈왈댔다. 그럴 때면 다수가 모이는 장소는 감염의 위험이 시퍼렇게 도사리고 있기 때문에 대면할 일이 별로 없는 등산을 권장했다. 한편 입학이 마냥 지연되면서 입학식 날부터 입을 교복이 입고 싶다는 충동이었을까. 아니면 교복 차림의 모습을 사진으로 남기겠다는 핑계를 빙

자하여 스트레스를 풀려는 의뭉스러운 몽니였을까. 입학식 날 입어야 할 교복을 단정히 차려입고 외출하는 촌극을 벌이기도 했다.

입학이 마냥 미루고 미뤄지면서 유진이의 기상 시간이 들쭉날쭉해 아침마다 실랑이가 거듭 되풀이되었다. 그에 따라 낮까지 마구 뒤엉켜 하루의 일상이 엉망으로 뒤틀리기도 했다. 그렇다고 무턱대고 닭장 같은 아파트 집지킴이 노릇을 하라고 윽박지를 수 없어 끌탕을 치는 상황이 무척 곤혹스러웠다. 어쩌면 집안에 붙들어두기 힘든 임계점에 이른 시기에 어정쩡할지라도 온라인 개학이라니 버선발로 마당까지 내려가 쌍수를 들어 반겨야 할 희소식이 아닐 수 없다.

온라인 개학이 시작된 어제부터 매일 6~7시간 인터넷 강의를 듣기 위해 꼼짝없이 컴퓨터 앞을 떠날 수 없었던 까닭에 하루가 어느 결에 지나갔는지 모른다. 그로 인해서 손주와 밀고 당겨야 할 일이나 시간이 그만큼 줄어들어 무척 홀가분해 신바람이 났다. 하지만 엄밀하게 말해서 우리의 현실에서 최고 수준의 온라인 교육이 펼쳐지리라는 바람은 턱없이 무리한 꿈이다. 하지만 이전처럼 등교하여 대면(對面 : face to face) 수업이 불가능한 현실에서 유일한 선택지가 이 방법이기 때문에 어찌할 도리가 없지 않은가.

첫술에 배부를 수 없는 노릇이다. 이런 맥락에서 실시간으로 질의응답이 가능한 쌍방향 정보통신이 가능한 하드웨어 장비와 소프트웨어 확보, 선생님들의 온라인 콘텐츠 개발능력 제고와 학습 콘텐츠 개발이나 촬영기술 연마와 그에 따른 현대화 장비 확보, 온라인 학습 효율 제고방안과 평가방법 개발, 학생들의 학습 몰입도 제고 방안, 학교별 교육격차 해소 방안, 다중 동시 접속에 따른 트래픽(traffic) 문제 해결방안 따위는 완벽한 온라인 교육을 위해 선결해야 할 필요충족전제조건임을 제대로 깨우치지 못하는 어리석음을 범하지 않기를 간곡히 비손한다. 아울러 돌림병의 위협이 상존하는 현실에서 유일한 선택지로서 외길에 들어서며 완전무결을 기대함은 어불성설이다. 아직 대학에서도 명실상부한 온라인 교육의 기반 구축이 미흡한 현실이다. 그러므로 원격교육 경험이 거의 없는 상태에서 갑자기 모든 초·중·고교를 대상으로 개점한 온라인 개학의 첫걸음인데 소모적인 흠결 들춰내기보다는 묵묵히 감싸고 응원하며 십시일반으로 울력을 보태는 대승적인 참모습을 기대하고픈 지금이다. 왜냐하면 미증유의 역병이 디지털 사회의 특징인 원격진료와 화상회의 또는 원격교육과 공장 무인자동화, 물류 언택(untact) 배송 체계 일상화, 재택근무 같은 새로운 문화를 조기에 정착시키는 기폭제이자 신호탄이라고 긍정적으로 수용한다면 혹독한 시련의 세월이 훨씬 가벼워질 법하기 때문이다.

2020년 4월 17일 금요일